ちくま学芸文庫

他者といる技法

コミュニケーションの社会学

奥村 隆

筑摩書房

目次

序　章

問いを始める地点への問い

——ふたつの「社会学」——

1　他者といることへの問い

この本に書かれていることは、ほとんどがあなたがすでによく知っていることである。あるいは、いつもやっていて、そのやり方をすでに身につけていることである。ただし、やっていること、やり方を身につけていることと、そのやり方がどうであるか気づいていること、それを言葉にできることは、まったく違うことだ。いつもやっていることほど、それに気づき言葉にすることは難しく、そうするにはなんらかの方法がいる。私は、そうした、ほとんどの人がやっているが、多くの場合気づかずあまり言葉にされることがないことを、この本で描きたいと思う。それを、できるかぎり透明に描き出したいと思う。

【1】

他者といるということ。これが、この本の主題である。これは、私たちにとってごくありふれたことがらで、かなりの場合あたりまえに通りすぎていくことのように思われる。もちろん、ある居心地の悪さを感じてこれについてあらためて考える、ということもあるだろう。しかし、次のようにきかれて、そう簡単に答えられるものではないように思う。

あなたは他者といるときいったいなにをしていますか？——漠然とした問いだが、その答えとして思いつくものを列挙したとしてどれくらいのことが並ぶだろうか。私はこんなふうに思う。他者といる場所、そこにはある「技法」がつねに存在する。おそらくその技法を、ほとんどの人がすでに身につけていていつもやっている。でもふだんそれに気づくことはあまりない。その技法——「他者といる技法」——を、この本はできるかぎり透明に描こうというわけだ。それについて考えることを、次の想像から始めてみよう。

あなたの目の前に他者がいて——友だちでも恋人でも家族でも、たまたま出会った知らない人でもよい——、いまあなたとふたりで話をしているという場面を思い浮かべてもらいたい。さて、そこで、あなたはなにをしていますか？　あなたは、どのような「技法」を使っていますか？——この問いにあなたはどう答えるだろうか。いま思いついた答えを頭の隅に残してもらっておいて、次にこんな想像をしたら——私はときどき想像してちょっとぎょっとするのだが——どうだろう。その他者がある瞬間から、あなたに対していっさいの表情を顔に浮かべるのを止めてしまったとしたら。彼（女）はうなずきも微笑みもしない。あるいは、あなた自身のほうが、突然自分の顔から表情を、うなずきや微笑みを剝ぎ取ったとしたら。このときふたりがいる場所ではなにが起こるだろうか？

じっさいにだれかとやってくれるとよいが、想像するだけでもよい、そこでずいぶんぎくしゃくとした居心地の悪さが生まれることはまちがいないだろう。相手にそんなことをされたら、聞いているのかと不安になったり、失礼だなと不快になったりする。うなずかないでいる人のほうもある落ちつかなさを感じて、うなずきたくてしかたなくなる。また、それまで友だちや恋人だったその人が、急に疎遠で、なにを考えているのかわからず私になにをするかわからない、まったく安心できない不気味なもの、私とは全然別のそれこそ「他者」として私の目の前に現れる。他者といるこの場所は、それまでのあたりまえに通りすぎる平穏さが一挙に壊れた空間になってしまうだろう。――これは、考えてみれば、不思議なことだ。たかがうなずきや微笑みひとつだけで、他者といる場所はその様相を一変させてしまう。他者といるということは、そのようなあやふやなものによって成り立っているようだ。そして、そのあやふやなものを剝ぎ取ってみると、他者は、私とはひどく距離がある、危険で不気味な存在として立ち現れる。しかしながら、私はこう考える。他者といるということは、そもそもそのようなあやふやなものではないだろうか。あるいは、他者とは、そもそもそのような危険で不気味なものではないだろうか。

私たちは、そのような他者と、しかしあたりまえにいっしょにいる。ごく自然に、うなずき、微笑み、表情を作って、他者といる場所がそうしたぎくしゃくした場所にならないように、他者がわけのわからない不気味な存在として現れないように、また私も他者にそんなふうに見えないように、しつづけているのだ。私たちは、こうした「他者といる技法」をつねに行いつづけている。その技法は、身につけばつくほど、あたりまえになればなるほど、気づかれたりあらためて言葉にされたりすることはない。しかし、いまの簡単な想像が私たちに教えてくれるのは、それなしには私たちは他者といっしょにいることはほとんどできないだろう、ということだ。そんな見えにくいものが、この場所を支える不可欠なものである、ということだ。そして、もうひとつ、いまはその技法を剝ぎ取った地点を想像してみるという方法を使ったが、なんらかの方法なしにそれに——つまり、私たちが他者といてなにをしているか、というじつに素朴なことに——気づき、言葉にすることはとても難しいということ、これもここから私たちが教えられることがらである。

【2】

さて、もう少し想像をめぐらせておこう。あなたが他者といるときに、たとえば表情を浮かべるという「技法」をほぼいつも行っていること、このことはまちがいないだろう。ではもうひとつ質問なのだが、その表情は、うなずきや微笑みは、あなたの「こころ」と一致しているだろうか？　想像してもらいたいのはこういうことだ、もしあなたが、あなたのこころのなかで感じていることをそのまま表す表情を、うなずきや微笑みを、浮かべたとすれば、そこでどんなことが起きるのだろうか？——おそらく私の予想では、だれもが、表情とこころは一致することもあるが、一致しないことも多いということを知っている。私たちは、相手の話に納得していなくてもうなずき、その場が別に楽しくなくても微笑む。もし、納得していないときうなずかず、楽しくないとき微笑まないという「こころ」に正直な表情を浮かべたとしたら、その場は簡単に——もしかしたら表情を剝ぎ取ったとき以上に——壊れてしまい、相手は（私も）きっとひどく傷ついてしまうだろう。私たちは、「こころにもない表情」を浮かべるという技法を——「おとな」であるかぎり——すでにしっかりと身につけている。そのような技法によって、他者といるということがはじめて可能になるのだし、他者といっしょにいる場——「社会」と呼んでもよい——は、はじめてありふれたものとして成り立ちつづけることができるのだ。

この文章を読んで、あなたはどんな感じをもつだろうか。ある人は、自分の表情の「嘘」を指摘されたような気がして不愉快な気持ちになるかもしれない。では、どうしろというのだ、表情を作るのをやめろというのか、しかしそんなことは目の前に他者がいるかぎりできようはずがないではないか、と。ある人は、そうそう、そういう「嘘」に私は違和を感じて他者といることに疲れていたのだ、と反応するかもしれない。他者がいてもそういう不一致がないやり方をしたいものだ、それをぜひ教えてほしい、と。

私は次のように考える。他者といる技法——たとえばいま述べている、表情という技法——は、ほとんどの場合、ふたつの側面をもつ。ひとつは、それが開くさまざまなすばらしさである。この例でいうなら、こころと一致しない表情を作ることができることによって、私たちはたくさんの人とたくさんの場面で平穏にいっしょにいることができる。それが「社会」をゆたかな可能性をもった領域として作りだす技法であり、この能力を私たちがもたなければ「社会」という領域はもっと貧弱で広がりの小さなものにとどまることであろう。しかし、もうひとつ、この技法は、ある苦しみを私たちに与えるという側面ももつ。こうした表情を作らなければならないことは、ときに私たちにある無理を強い、「嘘」についての自責の気持ちを呼び起こして、私たち自身を苦しめる。他者といる技法をもつ必要がなければどんなに解放されるだろう、と私たちは夢想したりもする。

私は、他者といる技法はそもそもこうしたふたつの側面をもつものではないか、と考えている。あるいは、前項の想像で少し感じてもらった、ずいぶんと不気味で疎遠にみえる存在である「他者」といっしょにいるということ、いっしょにいて「社会」を作るという面倒なことをすることは、そこから広がるすばらしい可能性と、それをするために生じる苦しみとを、ほとんどつねに同時に内包するのではないか、と考える。素朴にいって、「社会」とはそのような領域ではないだろうか。そのすばらしさを獲得するために、私たちは「社会」を作る苦しみを引き受けなければならない。苦しみをすべて切り捨てようとする瞬間、「社会」はおそらく存立しえず、そのすばらしさも捨てなければならない。「社会」とは、このふたつを同時に含まなければ存在できないものではないか、と私は考える。

私がここで行いたいことはこういうことだ。私たちがもっている「他者といる技法」を、それがもたらすすばらしさとそれがもたらす苦しみとを、ともにできるだけくまなく描くこと。すばらしさだけを描くことも苦しみだけを描くこともせず、できるだけ公平に描くこと。これが、さいしょに述べた「できるかぎり透明に描く」ということだ。すぐに予想がつくことだが、この「透明に」ということはたいへん難しいことであるように思う。ある技法について考え始めたとき、ほとんどの場合、すばらしさと苦しみのどちらかがより強く感じられ、この技法はすばらしい（よいことだ・そうしよう）とか、この技法は苦しい（悪いことだ・やめよう）といった構えができてしまう。たとえば、人に対して「微笑む」ことはすばらしい、「嘘」をつくことはいけない、というように。しかし、私たちは「嘘の・微笑み」を現に浮かべている。このことに気づき言葉にすることは、おそらくそれほど簡単ではなく、なされていることでないかもしれない。さいしょにできた構えを壊すという面倒なことをしなければならないし、人をどうしていいかわからない宙づりの状態におくことになってしまうから。しかし、繰り返すが、現に私たちはそうしつづけているのだ。だから、私は、その両方をできるだけ透明に描くことを、ここで試みたい。すばらしさにも苦しみにもすぐには着地しないで、できるだけ長いあいだ宙づりの状態で、ある技法のすばらしさと苦しみの両方を描くことをしてみたい。

【3】

このようなことを、私は「社会学」という方法を用いて行おうと思う。——こういわれて、少し意外に感じる人がいるかもしれない。なるほど、ここまでで書かれてきた場所を「社会」と呼ぶことはできる、だからそれを扱う研究も「社会学」と呼んでもいいのかもしれない。しかし、それはこれまで「社会学」という言葉でイメージしてきたものとうまく重ならない、こんな感想をもつ人がいるかもしれない。

そこで、私はほんの少し、「社会学」という言葉で私がなにを考えているのかを書いておくことにしよう。そのことで、これまでに述べた、この本でなにをしようと考えているかという私の立場も、もう少しくっきりできるように思うからである。

2 ふたつの「社会学」

【1】

「社会」を問う、という作業は、たいへん奇妙なふるまいであるように思われる。考えてみれば、私はいつも「社会」のなかに生きており、多くの場合、それを「問う」などということをすることなしに「社会」と「私」はつづいていく。それで、比較的多くのことがうまく進んでいるようにみえるし、じっさいうまく進んでいく。だから、「社会」を問うということは、なにかのきっかけなしには始まりそうにない。(1)

しかし、ある人々は「社会」を問う、ということを始めていく。その出発点のひとつは、「社会」にある違和や問題を感じることにある、といっていいだろう。たとえば、自らの生きる「社会」をもっとよくしようとする人々や、いまの状態で守ろうとする人々が、現在や将来に直面する病理や危機から「社会」を救うために「社会」を問い始め、その成果を「社会」を改革していくために用いるということがある。「社会学」のある部分はここから出発し、この立場の人々――「改革者」とでも呼ぼう――を顧客として成果をあげてきた。他方、自らに差し迫ったもの、まさに自分の苦しみとして違和を感じている人々が、その苦しみを自分に与える「社会」を問い始めることもある。通常「被害者」や「弱者」と呼ばれる立場の人々が、自らの貧困や被差別や環境の悪化などを問題にし、それを生む「社会」を問う作業を始めるということだ。ときには、その人自身はけっして「弱者」ではないが――つまり「当事者」ではないが――そうした立場の人々になんらかのきっかけで共感し、その立場に役立つ成果をあげるための「社会学」を始める、という人々も存在する。

いずれにせよ――このふたつの立場は、ときに目指すものが正反対であったりするが

——これらの人々の「社会」への問いは、ひどい違和から始まる。ただふつうに「社会」を問わずに生きているのでは間に合わないほどの著しい違和。それは、いってみれば、問いの対象である「社会」から彼らをはみ出させるほどの違和であり、それほどの違和があるからこそ彼らは「社会」を問うことを始める地点に立つことができる。現在の「社会」を「病理」だと感じる私は（つまり、彼は「病理」ではない地点に自らの身を置こうとしているのだ）これを改革したい。私を疎外したり抑圧する「社会」を（つまり、彼はその「社会」の外側にはみ出しているわけだ）解明したい。——こんなふうにいっていいだろう。彼らは、問いの対象となる「社会」の「外」にいる。そして、「社会」が自らのいる地点の「外」に、距離のある場所に存在することによって、彼らは自らと「社会」を引き離して、ふだん相対化・対象化しにくい「社会」というものを問い始めることができる。

こうした地点——ここでは「社会の外」と呼んでおこう——から出発する「社会学」はこれまでも成果をあげてきたし、社会にさまざまな病理や危機、「被害者」や「弱者」が存在しつづけるかぎり、成果をあげつづけることだろう。しかし、私は、これとは違う社会学の出発点と考え方があるように考える。逆にそこから見れば、ここで述べた「社会学」にある疑問を感じもするのだ。そのことを次に述べておかなければならない。

【2】

簡単に考えよう。こうした地点からの「社会」への問いは、どのような人にとっても有効なのだろうか。もちろん「改革者」の立場からの問いや「弱者」の立場からの問いはある有効性をもち、他にかえられない価値をもつ。しかし次のような立場も存在する。――「改革者」でも「弱者」でもない立場。いや、じつは、社会のただなかに生きている人々の多くは、このどちらでもない立場にいるのではないだろうか。そして、このような立場にいる人々にとって、いま述べたような「社会」への問いは有効なのだろうか。

彼らは、いってみれば、先にあげた問いを始める地点ほど「社会」からはみ出ていない、といっていいのかもしれない。たとえば、彼らの多くは、自分が「社会」によってある苦しみを与えられ、ある違和を「社会」との関係に感じているかもしれない。しかし、自分が社会の「改革者」の立場にいるなどとは感じないだろうし、自分を「弱者」や「被害者」と感じ「社会の外」にいると感じて、自らの生きる世界の「外の社会」を問うという距離の取り方をすることもできない。なぜなら、彼らはその苦しみや違和を与える「社会」が、彼らにある居心地のよさや利益を与えてもいることをよく知っているから。彼らが感じるズレは、「社会」からはみ出て「社会の外」に立つようなものではない。

このような人々にこんな言葉が投げかけられることがある。しかし、あなたにそのような感じを抱かせる「社会」はやはり問題を抱えているではないか、それをしっかり問いなさい。だが、彼らはこういわれた次の瞬間、その「社会」が私にある幸福を与えてもおり、それを切り捨てて「社会の外」から「社会」を問うことがなにか嘘臭いことではないかと、もしかしたら誠実に感じ取ってしまう。この「社会」には「弱者」や「被害者」の立場の人々がいてその立場を取ることは大切だ、それをあなたはしないのか。そういわれて彼らは、そういう立場が一挙にとれればどれほどすっきりするか、とため息をつくかもしれない。その立場が重要で正しいことはよく知っている、しかし、私はそうした「弱者」を生む「社会」のなかで生き幸福も得ている、そうした私の立場を棚に上げて「弱者」の立場をとる、などというおおざっぱで、ある意味で不誠実なことはできはしない。

彼らはこのように感じる。「社会の外」から「社会」を問うことによって得られる像は、じつに明快ですっきりと「社会」の姿をわからせてくれる。しかし、それはあまりにもすっきりとし、いいかえればおおざっぱすぎる。私はそのような「社会の外」にいるのではなく、外にはみ出てしまうベクトルも感じながら「社会」のなかに私を引き止めてそこで生きられるようにするベクトルの力も感じている。このふたつの力に同時に引かれあいながら、私は「社会のなか」で生きつづけている。この立場で感じる違和や「社会」に対するすっきりとしない問い、居心地のよさも悪さもいっぺんに感じてしまうので意識することさえ困難な問いを、「弱者」や「改革者」の立場からの明快な問いはすくいあげること場を立ち去ることはできない。かといってその場に同化することもできない。その立場をとった瞬間、外に出かかりながら・いつづける、という微妙な立場は一挙に消え失せてしまう。どうやら、彼らのいまいる立場を別の立場に一挙に引き寄せず、その場にいながら問う（その場でしか問えない）もっと繊細な問いが必要なのだ。

次のようにいってもよいだろう。「社会」を問うとき、問われる対象としての「社会」に、「私」は入っているのだろうか？——あまりにも素朴すぎるいい方かもしれない。しかし、一方に、問いの対象に「私」をわざと入れないことで、鋭い問いを立ち上げる、という問い方があることを確認しておきたい。「改革者」自身は、「改革」すべき病理、それをもたらした「社会」の外側におり、「弱者」は、自らを苦しめる「社会」から自分ははみ出ていると感じていてその「外」にいる、とさきほど述べた。問題を抱えた「社会」は、私の外にある。そうした私の外にある——つまり私が当事者ではない——「社会」を、私は問いつめよう。しかし、そのとき、当然のことだが「私」は問われない。「私」はその外にあり、「外」という地点にいるからこそ「社会」を鋭く問いうるのだ。だとすれば「社会」には私が入っていない。つまり、問いの対象に「私」は入っていない。

このことに、「弱者」や「改革者」でない人々は、自らの立場に届かない感覚や、なんらかの違和、強くいうなら不誠実さ、を感じてしまうように思われる。でも、あなたは、問いを立てているあなたは、どこにいるのか？　あなたは、「外」にある「社会」は問うが、あなた自身は問わないのか？——繰り返すが、彼らは、いま自らがそのなかにいる

「社会」が問題を抱えていることを知っている。同時に、その「社会」から「私」を切り離すことが――それが一挙にできればどんなに幸せだろう！――けっしてできないことも知っている。私は「病理」や「弱者」を生む「社会」のなかにいて居心地のよさも悪さも両方感じており、その「社会」から「私」をぽっかり抜いて私がいない「社会」を問うというふるまいが、ひとつには、「私」と「社会」の絡み合った関係を誠実に問うておらず、もうひとつには、それを問わないことには、私がいま苦しんでいる微妙な苦しみにとってなんら有効な答えが得られない、このふたつのことをよく知っているのだ。私は、このような「改革者」でも「弱者」でもない立場にいる人々に有効な「社会学」。私は「社会」から利立場から出発する「社会」への問いを構想しなければならないと考える。「社会」から利益も違和も受け取っている人々の現実を切り捨ててしまわないような問い。そのような立場の人々が感じる違和（と利益）をていねいに言葉にするような問い。

【3】

それでは、こうした立場からの「社会」への問い――「社会学」――は、どのようなものになるのだろうか。私の考えでは、それは、これまで述べた「弱者」や「改革者」の立場からの社会学とは、ある点で、まったく対照的なものになるように思われる。

これまで述べてきた「社会学」とは、「社会」からはみ出てしまった地点、つまり、「社会の外」から「外なる社会」を問う、という構図をとる。しかし、「弱者」でも「改革者」でもない人々の「社会学」は、完全にははみ出ていない人々の立場から出発しなければならない。彼らは「社会」への違和を感じてもいるが、それによる利益も感じている。彼らはまさに（中心からズレてはいるかもしれないが）「社会のなか」にいる。「社会の外」に出て距離をとって社会を対象化する、というすっきりした立場を、彼らはとることはできない。「社会のなか」にいて、その社会と自分が切り離せないことを痛感しながら、でもその「社会」を問う、ということを始めなければならないのだ。

このとき、彼らにとって問題なのは、私に違和を感じさせるあの「社会」といった形で突き放してはっきり指定できるものではない。私がいつもそのなかにいて、いつも私と切り離せない「社会」こそ、いや、そのように「社会」などと名づけることができるほど形をもったものでもなく（そうした名詞をつけて形にしてしまうと、いつもの実感からむしろ遠ざかってしまうような）、いま私がいて、それをとりまくぼんやりしたなにか、その私となにかとのかかわりのなかで生じる違和と苦しみが（しかもそれらが居心地のよさやよろこびとセットになって）感じられるというその事態こそ、問うべきものなのだ。そこでは「社会」は、けっして外にあるのではなく、それぞれの人が作り、それぞれの人を作る、あるいはそれぞれの人のなかにすでに浸み込んでしまったものとして、そう簡単に身から切り離せないものとして感じられる。そして、それはそのようなものとして、比喩的にいうならば「私のなかにある」という地点で、問われなければならない。

私と「社会」（という呼び名も思いつかないほど私は巻き込まれており、私と絡まりあっているなにか）がどうかかわり、そのなかで私はどのように生きており、私のなかに「社会」はどのように入り込んでいるのか。「私」抜きの社会を問うのではなく、「私」そのものを問う立場。――じつは、私というものを問うとき、その答えを探す過程で「社会」が登場するかどうかは、問い始める時点の当事者にはわかりはしないのだろう。この立場から出発して、それぞれの人の身につき、その存在に絡みついている「社会」と呼ばれるべきものを、剝ぎ取って目に見えるようにすること。このことこそが「弱者」でも「改革者」でもない立場からの「社会学」には必要なことであり、そうした問いは、これまで述べた「社会学」の立場からは、けっして登場しないように私には思われるのである。

ひとつ断っておくならば、これは「心理学」という学問とはあるところで似ており、あるところで決定的に異なる、と私は考える。「心理学」もまた、それぞれの「私」が感じる違和や苦しみを問いの対象ないし出発点とするだろう。しかし、その問いは――私は「心理学」については素人なので、推測するには――、ひとりの人の「こころ」の方へと進んでいく。この違和や苦しみの原因はなにか、という問いが辿り着く先は、私の「こころ」のなかのより詳しい観察であろう。たとえば、「こころ」の仕組みのなかに、日頃それとつきあいつづけて苦しみを感じていたぼんやりしたなにかがあることが発見される。そのなにかをきちんと描き、言葉にすること――たとえば、フロイトが精神分析によってしたように、ふだんなんとも名づけられずに「それ（es）」とでも呼ぶしかないものを発見し、言葉にすること――は、私がその苦しみから自由になるために有効な手段のひとつなのだろう。「心理学」とは、私の考えでは、このような問いの方向を取るものだ。

たとえば、「エス」や「無意識」と呼ばれるものが私の「こころ」のなかにあり、その「力」が私を動かしていることを知ることで、なにかがわかり、解決される可能性は確かにある。それと同様に、「こころの外」「私の外」にあるなにかによって私が衝き動かされていて、それがふだんは私と切り離せず「外」にあるとは見えないまま「私のなか」に入り込んで私に「力」を及ぼしていることに気づき、このふだん名づけようもない力をたとえば「社会」と名づけてその力をくっきり描くことができれば、それは私の違和や苦しみを解明し、解決する可能性を開いていくだろう。私は、そうした「社会」のいくつもの力の線によって貫かれていながら、その力の線はふだんきわめて見えにくく（「無意識」の力の線が対象化できないのと同様に）、それゆえその力に私たちは振り回されることがある（「無意識」の力に振り回されるのと同様に）。私がいう「社会学」は、そうした力の線を少しずつなぞって見えるようにして私のなりたちを明確にし、私のなりたちを描くことを通してそうした私を貫く力の線そのもの＝「社会」を描く、という作業の全体である。それは、だから、ここでいう「心理学」とある意味で同じ作業をすることになる。しかし、「心理学」がその力をほぼ確実に「私のこころ」のなかに求めるのに対して、「社会学」は「社会」と最終的には名づけられるべき領域にそれを求める。

「社会のなか」にいて「私のなかの社会」を問う、という問い。この本で私が行おうとすることはそうした作業のひとつである。――ただ、もう少しだけ、この「社会学」を性格づける試みをつづけておきたい。それは、とくに前節の【2】で述べたことを、もう一度なぞることにもなるだろう。

3　透明に描くこと

【1】

私は1節の【2】で、他者という技法を「できるかぎり透明に描く」ということを述べた。ある技法がもつすばらしさも苦しみもくまなく描く、ということをしたいのだ、と。もしかしたらそのときあなたはこう感じたかもしれない。そのようなことをしてなんになるのか。それは、せっかくすばらしさと苦しみを仕分けして安心して生きている世界から、人をひっぱりだし、宙づりにするだけのことではないのか。——しかし、私はこれが「改革者」でも「弱者」でもない立場から出発する「社会学」にとって、大切なことだと考えている。このことをもう少し説明することで、私の立場をはっきりさせようと思う。

まず、「社会」のなかにいることによる苦しみ、他者と「社会」をつくることに付随する「悪」ということについて考えてみよう。おそらく、このことを、「社会」を問い始めるふたつの地点、「社会の外」から始める立場も、「社会のなか」にいつづける立場も、ともにその問いの焦点にするといってよいだろう。私は、この苦しみや「悪」というものに対するとき、ふたつの態度の取り方があるように思う。ひとつは、「悪」を根こそぎ消し去って、「悪」を解消した社会を構想しようとする立場。もうひとつは、社会のなかに「悪」が存在することを前提としたうえで、その害を少なくすることを考えるという立場である。

このふたつの立場に対する評価は、もちろんさまざまに可能であろう。たとえば、前者は「社会」を根本のところから変更しようとする立場であり、後者は「悪」の存在を前提にしてしまっていてなにも変えられない、あるいは「社会」の根本のところに手をつけない現状維持的な立場である、という評価もあるだろう。しかし、私は、次のようなこともこれまで生じてきたようにも思う。前者は、「悪」を根こそぎにするためにより大きな「悪」を生み出してしまったり、見える「悪」を消去しようとしてより見えにくい場所に

「悪」を移動させてしまったりしてきた。また、「悪」を一挙になくすという目標を立てることによって、いつまでたっても存在しつづける「悪」のまえに無力感に陥り結局なにも変わらないのだとする態度や、逆側に「悪」をそのまま容認する立場を成立させつづける結果をかえって生み出してきたようにも思われる。これに対し、後者は、たやすく「悪」を消去できるとする楽観主義やそのまま「悪」を受け入れる悲観主義のいずれにも着地しないで、それが現に存在する社会のなかで人を生きやすくしていくことを考えるための方法であったようにも思われる。「悪」は存在する、ではどうするか、という問いが、ここからはじめて開かれる。──ただ、繰り返すが、こうした評価は論者によってさまざまだろう。ここで述べたいことは、このふたつの立場が、これまで述べたふたつの「社会学」の出発点と重なり合うのではないか、ということだ。

どうやら、前者の立場は、これまで述べた「外なる社会」を問うという立場と対応することが多いように（つねにそうではないにしても）思われる。私の「外なる社会」に存在する「悪」を描く態度は、「悪」を切り捨てる、という態度と近接する。なぜなら、その「悪」を生む「社会」は「私」の外にあって「私」はそれとかかわりない──だから、これを「悪」として鋭く描きうる──か、私はその「悪」の被害者でしかないのだから。この立場は「社会」を私からあちら側へと突き放し、そこにある「悪」を描き、それを消去することを考える。それに対して、後者の立場は、「弱者」でも「改革者」でもない立場からの「社会学」に近接する。そうした違和や「悪」を私自身が生み出したりもったりしているという地点から出発するとき、それを一挙に切り捨てることは――それは「私」を切り捨てることと等しい――できず、そうした「悪」をはらんだ「社会」、そのなかにいる「私」とひとつひとつつきあっていく、という作業しかなしえない。あるいは、こうした立場からこそ、そうした「悪」を私のこととして引き受け、いったん引き受けたうえでそれを問う、という面倒な作業を始めることができるように思われる。

断っておくならば、「悪」を自分から切り離さない立場の必要性が高まっているとすれば、それはひとつには、「悪」を自分から突き放して考える立場が成果をあげてきたことによって生じたことだといえるだろう。「社会」の「悪」を指摘する成果が「改革者」や「弱者」の立場から始まる「社会学」によって積み重なり、それを受けて「社会」がその「悪」を減らす方向に少しずつ変化する。その結果、かつてなら「弱者」の立場にいただろう人々が、苦しみだけではなくすばらしさも「社会」から得るようになる。このような人々は、もう「悪」を突き放して向こう側にあるものとして攻撃することはできない立場にいることになる。――つまり、「悪」を突き放す立場は、自らの成果によって有効性を感じる人を減らしてしまうというわけだ。これは、だから、この立場の大きな成果である。しかし、その結果、新しく別の有効な問いを立てる必要が生じることもまちがいない。「他者といる技法」を透明に描くこと。これも、こうした「社会」への問いの作業のひとつである。私が行っている「社会」をつくる技法を、そのすばらしさと同時に、その苦しさや困難さ、「悪」をもすべてくまなく、私が行っていることとして描くこと。これが、この本で私が試みたいと思うことである。このことは、すばらしさと苦しみがすっきりと仕分けされる世界から、その両方が存在する世界へと、私たちを連れていくことになる。そこでは、私たちが行う「すばらしい」と思うことがいかに「苦しみ」を生み、「苦しみ」に見えることがいかに「すばらしさ」を生むかに、焦点があてられることになるのだ。

【2】

このことを「悪」とは逆の側、つまり「理想」の方から、考えてもよいだろう。「社会の外」から出発する「社会学」は、「悪」を消去したすばらしい「社会」を、その「理想」を描くことをたびたび試みてきたように思われる。いうまでもなくこれはとても大切なことである。人はなんの根拠もなく望ましい状態を夢想することもできるが、この「社会学」は、それにかえて、ある「社会」の現状（とくに「悪」を生む仕組み）を描き、それを根拠にしてはじめて描きうる「理想」を描いてきたのだ（たとえば社会学を創始したコントは「予見するために見る」といい、マルクスとエンゲルスは「空想から科学へ」と主張した）。根拠に基づく「理想」を描くことは、やみくもに描いた「理想」を追い求めるよりもずっといい。しかし、そうした描き方に、いまこの文章が照準している人々――「弱者」でも「改革者」でもない人々――は、こころを動かされないかもしれない。それにはリアリティを感じられず、自分の生きる世界に届かないように感じるかもしれない。

さきほどから述べているように、こうした人々は、「社会」のもつ「悪」がそのなかにいる「私」にもしっかりと分有されていることを知っている。いかにその「悪」に自分が違和を感じているとしても、「社会」のもつ「悪」を、つまりは私のなかにも存在している「悪」を一挙に消去した「理想」など描くことはできない。いや、「理想」を述べることはやさしい、でもそれを現実のものにするのはとても難しい。「悪」は私の外にあって私にはないとする人々は一挙にそこまで跳ぶことができるかもしれないが、「悪」が私にもあると知ってしまった人々は、そのような「理想」に簡単に近づくことはできない。

だから、こうした「理想」は、かえってこの人々を苦しめてしまうことになるかもしれない。この人々は、私のなかにある「悪」と（それと裏表のよろこびや利益を含めて）つきあうこと、微妙な違和に向きあうことをつづけていかなければならないのだ。ところが、そこにきわめてクリアで、まったく異議をさしはさみようもない「理想」が、つまり「悪」を消去した「社会」の姿が、ある人々から提示される。それはまったく正しい、しかし私たちはそれに届かない。あるいは、それは私たちに届かない。そのような「理想」はあまりにも遠くかつおおざっぱで、それを達成しようとするとき、多くの無理を――もしかしたら「自分を棚に上げること」を——必要とする。そのような「理想」があることはわかる。しかし、「悪」を含み込み、引き受けなければならない「私」と「社会」に、どうしろというのだ。一挙に「理想」を提示することは、人々を苦しめる効果——ないし、その「正しさ」から人々をかえって遠ざける効果——しかもたないように私は思う。

これまで述べてきた立場に届く「社会」への問い。それは、おそらく、一挙に「理想」を描くことをしてはならない。まずするべきこと、あるいはできることは、おそらく別のことだ。私の考えでは、それは、いまそれぞれの「私」がどんな違和を抱え（と同時に、どんな居心地のよさを抱え）、それはどのような「社会」の力の線によってなりたっているのか、いや、もっと簡単にいって、私がいまなにをしているのか、をどこまでもていねいに描きだすこと、これである。まずするべきことはこれだけであり、これが成果をあげるまで、「理想」を述べることは、踏みとどまって我慢しなければならないように私は思う。いや、私には、このようないま私はなにをしているのかを描く作業のほうが、望ましいやり方はどうなのかを一挙に描くことよりも、ずっと難しい作業のようにも思われる。「悪」を消去した「理想」を描くことと、「悪」を含み込んだいまを描き切ることとでは、私には、後者のほうが根気のいる、自覚的な作業のように思われるのだ。これをしようとするとき、私たちは、すぐに、ある「理想」や、それに近接するおおざっぱな図式に引き寄せられかける。しかし、「理想」やそうした図式に寄りかかりたくなる欲望を抑えて、ていねいに「私」とそれを通した「社会」をそのまま描くことを、しなければならない。

これはただ描くことだけだ、そこからはなにも始まらないではないか、という人々がいるかもしれない。しかし、自らがなにをしているかを知らないことにはなにも始まらない。感じる違和がどこに原因をもち、それがどのような利益と絡まり合っているのかを知らなければ、どちらにも動きだすことはできない（その違和を一挙になくす方策をとることは、とても危険だ）。なにができ、なにができないかを仕分けすること。なにをしているかを知ることから、そのことがようやく始まるのだ。なにをしているかを知ることなしに、なにかを変えることはできないし、おそらくそうしてはならない（そうしてはならないといいつづけることが、社会科学と呼ばれる営みのひとつの使命であると私は思う）。「理想」を提示することは、ある意味でやさしい。しかし、重要なのは、そこまでの道を、いまここから出発して一歩一歩埋めていくていねいな作業だ。そして、その方向に進むことも、いまここで私たちがなにをしているかを描く作業なしには始めてはならない。それを行ってはじめて、私たちはなにかを変える可能性をようやく手にするのだ。

また、私は、「理想」や「すばらしさ」「正しさ」がもつ危険にも、「透明な」記述は敏感でいられるように思う。「すばらしい」ことの「すばらしさ」のみを描くとき、私たちは、その「すばらしさ」に振り回される。もっと「すばらしく」もっと「すばらしく」と、「すばらしさ」を追求してしまう。しかし、その「すばらしさ」が、「すばらしい」がゆえに見えにくい「苦しみ」や「悪」を同時に含んでいるとしたら、「すばらしさ」の追求は、その「悪」をも増大させてしまう。その「悪」に直面したとしても、私たちは「すばらしさ」のなかにはその原因を発見できず（だってそれは「すばらしい」のだから）、かえってもっと「すばらしく」ならなければとその方向に進みつづけてしまう。──これまで「理想」や「正しさ」を人間が手にしたとき、このようなことが繰り返されてきたと私は思う（さきほどそれを、「悪」を根こそぎにするためにより大きな「悪」を生み出す、と表現した）。「理想」や「正しさ」がもつ「悪」や「苦しみ」に敏感であること、「すばらしさ」だけを見ることによって振り回されてしまう危険につねに自覚的であること、このことを、すばらしさと苦しみを同時に透明に描く「社会学」は可能にすると私は考える。

もうひとつ、私は、こうも考える。こうしたふたつの側面をはっきりと知るだけで、もうすでにかなりのことが変わっているのではないか、と。ある「悪」とある居心地のよさが同じひとつの原因でここにあるということ。これを知らないで名づけられない違和を感じているのと、それを知っているのとは、かなり違う。自分がそのなかに括り込まれている矛盾の解きがたさを知って、絶望してしまう人ももちろんいるかもしれない。しかし、それを知ることで、その矛盾を解きほぐす作業を始めたり、矛盾を断ち切れはしなくてもそれが知らないまま自動的に働くのを遮るような方策を講じたりはできるように思われる。いや、だれもがこのような矛盾に直面しているのだと知ってずいぶんと安心したり、そうした矛盾がありながらこうやってみんな生きているんだ（私と同じように！）と知って楽になったりする、そんな素朴なことさえ、とても大切なことかもしれない。——もう一度確認するならば、私は、「改革者」でも「弱者」でもない、「社会」のすばらしさも苦しさも感じる立場から出発し、この立場の人々に有効な「社会学」のことをいま考えている。それには、このようなことがらも重要なことであるように、私には思われるのだ。

【3】

付言するならば、そのための叙述のスタイルは、私の考えでは、結局どこまでも問いを開きつづけるものである。「社会学者」は、ある問いを開く。そして、もちろん、それに対するある答えを出す。しかし、そのような答えを述べてしまうことで、その問いはいわば出来合いの答えに辿り着いてしまい、問いつづけられる道を閉ざしてしまうかもしれない。ある定まった答えを述べてしまえば、その瞬間、読者はもう自らは問わなくてよいことになってしまい、その問いはリアリティを喪失してしまうかもしれない。もしかしたら、「社会学者」は、答えてはならないのかもしれない。少なくとも、ある暫定的な答えを見いだすことはできるが、それを当初の問いとともに読者に投げ出し、ふたたび読者に自らの現実に即して問いを問い始めてもらう、このような形でしか、こうした「社会学」は書くことができないのかもしれない。答えるのはひとりひとりでなくてはならない。そうでない答え、たとえば「社会学者」が与えた答えは、ひとりひとりが責任をもって引き受けることができる答えではなくなる可能性がある。もちろん、「社会学者」が書いた答えは、「社会学者」自身が責任をもって引き受けるべきものだ。しかし、必要なのはそれぞれの人がそれぞれに問い、答えることであって、「社会学者」の答えはそのような答えの一つ、他の人がその答えを聞いて自分の問いを始めるための参考資料でしかない。「社会学者」はそうした参考資料をできるだけ透明に提供すべきであろう。そして、それが、自らが責任をもって引き受けている答えであることとともに、他の人が問い・答えるための参考資料にすぎないことを、つねに明記しておくべきなのだろう。

それぞれの人がそれぞれの位置で問うための材料を透明に提供すること。——このような立場の「社会学」にできることは、せいぜいこうしたことにすぎない。いや、「社会学者」は、それ以上のことをしてはいけないのかもしれない。そのための問いを、一挙になにかに着地せず、むしろ答えへと閉じていかずに、開きつづけること、それがこのような立場の「社会学」にできることであり、しなければならないことである。私たちは、どこかの答えに着地したがる。しかし、着地する方法よりも、着地しないで問いつづける方法を開くことが、より重要であると私は思う。この「社会学」は、その方法をじっさいに使える形にして伝えることを最大の課題とする。

この本はそうした試みの第一歩である。どうやら、ここに載せられた文章では、そのような、問いを読者に投げ返す書き方がされている。この「序章」のような立場を考えているうちに、私にはそのような書き方しかできなくなってしまった。もちろん、投げ返す手前までの答えは、ここで述べたような「社会学」の立場から、「他者といる技法」をめぐる問いを、私ができるかぎり問うたものである。このほんの小さな成果が、あなたがあなた自身の問いを問い始める過程にうまく接続できることを、私はこころから願っている。

4　この本の構成

この本は、以上のような主題と立場のもとに書かれた六つの文章から成っている。ただし、はじめからあるプランのもとに書かれたものではなく、これまでに書いたものや考えたが書かれなかったものを、この本を編むために書き直したり新しく書いたりして集めたものだ。だから、以下の各章は独立しており（少し重複もあったりする）、どの章から読んで下さってもよい（第2章は第1章の「補論」であるが、第1章を読まなくても読むことができるものである）。読みやすさのために、各章の内容をここで簡単に紹介しておこう。

第1章で登場するのは、「思いやり」という、他者といるときに私たちが用いる技法である。このすばらしい技法をもつ人が、しかし、同時に他人の「かげぐち」をいうことも日頃頻繁にみられることであろう。この事実から、私は「社会」という領域を成り立たせる技法のひとつの側面を浮かび上がらせようと思う。この章は、他の章に比べてもっとも凝縮した文章になっていて、読みにくいかもしれない。ただ、これが、私がこの本に書いたすべてのことを考えるきっかけになった文章なので、できれば読んでいただきたいと思う。

第2章は、第1章の議論で出発点とした精神医学者R・D・レインの議論の、そこでは省略せざるをえなかった部分を辿っていった補論である。彼が研究する統合失調気質や統合失調症の人の「私」の姿と、「私」を破壊するコミュニケーション過程を描くことを通して、それと多くのものを共有している私たち自身の「私」とコミュニケーションのありさまを描き出すことが、この章の課題である。

第3章から第5章には、私たちが日常的に他者と接する場所からは少し離れた、ある具体的な主題をめぐる文章を集めてある。第3章は、「外国人」という他者に私たちがどのように出会っているのかを、一九八〇年代の新聞や雑誌の記事を分析することから描こうとしたものである。もしかしたら、少し距離を感じるかもしれないこうした記事から、私たち自身が日頃「異質な他者」といるときに用いている技法を透視することができたらと思う。

第4章は、「リスペクタビリティ」、つまり尊敬に値すること、きちんとすること、をめぐる文章である。それがもつすばらしさと生きにくさの両方を透明に描くために、ここでは二人の社会学者と何人かの歴史学者たちの議論をまとめる作業を行った。それを通して、あなたの日常に存在するすばらしさと生きにくさを測定することを行ってみたい。

第5章も第3章と同様、雑誌の記事を分析することによって書かれた文章である。一九八〇年代後半に注目された「自己啓発セミナー」についての雑誌記事を収集し、それを非難する「語彙」を分析することで、逆に、そうした非難をする「セミナー」の外側の社会の現在、外側にいる私たちの「他者といる技法」を描こうとするのが、この章のねらいである。

そして、第6章は、ふたたび少し抽象的に、他者といる技法のひとつである「理解」について論じたものである。「理解」という私たちがだれでも知っている技法のもつすばらしさと苦しさをともに透明に描くことが、ここでの課題である。この章で書かれたことは、この本をまとめているうちに思いついた着想でじつに未熟なものなのだが、そこから「他者といる技法」をより一般的に考えることができたらと思い、さいごにそのことを記してもいる。

＊

「他者といる技法」。この「序章」のはじめに、この本に書かれていることは、ほとんどがあなたがすでによく知っていることだ、と述べた。そして、この本で、それに気づき言葉にすることを、私はしよう、と。いまの簡単な紹介をみて、あなたは、以下の章にどんなことが書かれていると予想されるだろうか。その予想をほんの少しでも裏切り、この小さな本があなたの新しい問いをひとつでも開くことができれば、書き手の私としてはたいへん幸せに思う。――さあ、それでは、どの章からでも読んでいっていただきたい。

注

(1) 以下の2・3節は、奥村編［1997］の「序章・社会学になにができるか」の内容と、「おわりに」に書いた社会学の「顧客」は誰かという問いから、発展したものである。

参考文献

奥村隆編 1997『社会学になにができるか』八千代出版

第1章

思いやりとかげぐちの体系としての社会

——存在証明の形式社会学——

1　はじめに

「思いやり」と「かげぐち」。――どちらも、私たちの日常にありふれた現象である。私たちがよく知っているように、片方はよいこととして奨励され、片方は悪として非難される。しかし、この対照的に評価される営みを、同じひとりの人が行うこともまちがいない。あなたはこんな経験をもっていないだろうか、ある日他人に「思いやり」を示し、同じ日に他人――同じ人かもしれない――の「かげぐち」をたたく、という経験を（少なくとも私はたくさんもっている）。これは、いったいどういうことなのだろうか？

私は、このふたつの現象を、私たちが他者とともにいて「社会」を形づくる形式・技法として考察されるべきものではないかと考える。私たちが「社会」をつくるためにある技法を採用するのはどうしてか。その技法を「社会」形成の形式として採用するとき、その社会はどのような性格をもつのか。こうした問いの焦点にこのふたつの現象を位置づけることで、私たちの「社会」をより透明に描くことができるのではないかと考えるのだ。

しかしながら、こうしたありふれて見える「技法」は、それを描く視点が日常の自明性のなかにあるかぎり、対象化して描き出すことはできない。この文章では、次のような方法をとろうと思う。まず、ある視点から、論理的に一貫した「社会」のモデル（ここでは

「原形」と呼ぶ）を描く（2節）。そのモデルを基準にすることで、日常の営みが、それからズレたものとしてはじめて観察できるものとなる。そこで、そのズレや距離（「転形」と呼ぼう）を測定することで、私たちが日常採用している技法、私たちにそうさせている力を、できるだけ記述してみようと思うのである（3・4節）。

さて、その視点になにを選ぶか。私は、ここで、「存在証明」という視点を採用する。ここから組み立てられる「原形」は、他者とともにいて「社会」を形成することのもつ困難さを、私たちに明示してくれる。そして、この「原形」からみるとき、「思いやり」と「かげぐち」が、その困難さに折り合いをつけながら「社会」を形づくる技法であり、それゆえにこのふたつが結びつかざるをえないものであること、そして、この技法をもつ「転形」（すなわち私たちのじっさいの社会）に「原形」とは別の種類の困難さが存在していること、これが浮かび上がってくるのである。

2 「原形」としての社会

【1】

「社会」の記述は、ある有効な視点を選ぶことによってはじめて可能となる。たとえば、生活のための物質的手段の生産と領有から社会をとらえるという視点、これは、やはり、一定の有効性をもっているといえるだろう。K・マルクスをはじめとするこの視点は、簡単にいえば、第一に、人間が生きていくために不可欠な活動に着目しており、第二に、この活動は人間ひとりでは完結しえず、他者との共働・分業を必要とするからである。人間がどうしても「社会」を形成せざるをえない契機に着目することで、この視点は、社会のできあがる「形式」を記述することができるのだ。しかしながら、この視点は、ある側面を鋭く見通しながら（それゆえに）、他の多くの側面を視野に入れることができない。私は別の、しかしこの視点と同様に有効性をもつ視点を選ばなければならない。

「存在を証明することproving self-worth」――「アイデンティティ」（E・エリクソン）や「存在論的安定」（R・D・レイン）と呼んでもいいことがらを、このように動詞を用いて表現し、それをM・ヴェーバーに倣いながら社会の「説明形式」として採用しようとする石川准は、平明に、次のように私たちに語りかける。「人は存在証明に躍起になる動物だ。……「自分は価値ある特別な人間なんだ!」ということを証明しようとすることに人は没頭するあまり、じつにいろいろな悲喜劇が演じられてしまう」(石川[1992:5])。反省してみよう、私たちは「望ましいアイデンティティを獲得し、望ましくないアイデンティティを返上しようと日夜あらゆる方法を駆使する」、そして「この存在証明のために膨大な時間とエネルギーを」いや「人生の大半を消費する」!(石川[1992:15])

このことがらが、人間が生きていくうえで最も重要な問題のひとつであることはまちがいなかろう。しかし、それが、「私」がいかに自分の存在を証明するか、自分のアイデンティティを管理するか、を論ずるだけであれば、これは「心理学」の問題であって、ことさらに「社会学」の軸とすべき問題構制ではない、と考えられるかもしれない。だが、この視点は、もちろん、人が「社会」を形成する相を透視する力を備えているのだ。

たとえば、R・D・レインは次のようにいう。「女性は、子供がなくては母親になれない。彼女は、自分に母親のアイデンティティを与えるためには、子供を必要とする。……〈アイデンティティ〉にはすべて、他者が必要である。誰か他者との関係において、また、関係を通して、自己というアイデンティティは現実化されるのである」(Laing[1961=1975:94])。アイデンティティ、すなわち「自分が何者であるかを、自己に語って聞かせるストーリー」(Laing[1961=1975:110])は、「他者による自己の定義づけ」(Laing

[1961=1975:99]）があってはじめて確かなものになる、このことはすでに周知の事実といってよかろう。他者が、私を、承認する――それが、私の存在証明を補い、完成する。そして、同様に、私が他者の存在証明を、他者ひとりでは得られない承認を与えることで、補完することもある。レインはこれを「補完性」と呼ぶが（Laing [1961=1975:94]）、社会は、いわば、この「補完性」の体系として人々に要請され、形成される。

同じことを、E・ゴフマンは「敬意」という用語を用いて論じている。敬意とは「ある相手に対し、……自分の評価を適切に伝えるための象徴的手段として機能するような活動の成分」（Goffman [1967=1986:51]）なのだが、あまりにも当然なことに、人は「自分で自分に敬意を与えることは許されず、他者にそれを求めなければならない」。だからこそ、人々は社会をつくる必要がある、「それを他人から求めるために、人は、自分に敬意を払ってくれる人々を捜し出す必要があることを知り、そして社会のほうは、そのおかげで、成員が相互作用と関係に入っていく一つの保証を得るのである」（Goffman [1967=1986:52]）。それゆえ、「いかなる社会も、敬意を五分五分に分けあう仕組みのシステムとして、研究することができる」（Goffman [1967=1986:58]）と、ゴフマンはいうのだ。

人間がどうしても「社会」を形成せざるをえないもうひとつの契機――私は、ここで、他者による「承認」という契機に着目しようと考える。社会は、自分ひとりでは獲得しえない存在証明のために、人々が他者からの承認を求めて形成するもの、という視点から記述することができるのだ。存在証明を分け与えあう人々のつくる社会、〈承認の体系としての社会〉。これが、存在証明の視点からみた、社会の「原形」なのである。

【2】

しかしながら、この「原形」から、社会をすべて記述できる、というならば、それは不十分だといわざるをえない。相互に承認しあう人々の集まりから、現実の社会はあまりにも離れているのだ。どうやら、この、存在証明からみた社会の原形を、すぐに修正する必要があるようだ。まず、「承認」という契機そのものを考察してみなければならない。レインの論考を参考にしてみよう。そこからは、この契機が内包する、次のような異なった社会の姿を生み出す性格が浮かび上がってくる。

他者による承認は、私が存在を確証する手段として必須の要件である、と先に述べた。では、これが最も重要に感じられるのはどんな場合であろうか。答えるのは容易だろう、それは存在証明が不確かな場合、レインの用語でいえば「存在論的不安定」の場合である。このとき、他者からの承認は切実に希求され、それが与えられるときの安堵も最大となる。それほどに、他者による承認は、私にとってポジティブな意味をもつ。

しかし、他者による承認とは、私にとってこれだけの意味しかもたないのだろうか。

「存在論的不安定」について、統合失調気質の事例をたよりにレインがした記述は、次のことを示唆している。すなわち、承認されることが重要になればなるほど、承認されることがいっそう大きな不安を生む、ということを。

他者が、私を、承認する。——これによって、私は私の存在を確かめうるのであった。しかし、このことは次のことをも意味する。すなわち、私の存在証明は他者の承認に依存する、私の存在は他者次第である。ここでは、他者が「主体」であり、私は他者という「主体」にとっての「客体」であるにすぎない。この関係が重要になればなるほど、他者が「主体」であり、私が「客体」であるという様相は強まってゆく。そこでは、次のような不安が生じるだろう。私のアイデンティティは他者という「主体」に「呑み込まれる」のではないか。ここでは「理解されること、愛されること、そして単に見られることにすら、危険が感じられる」(Laing [1960=1971:55])。あるいは、他者が自由な「主体」であればあるほど、「自己を他者の客体として体験する可能性」、「自己の主体性が消褪したと感じる可能性」にさらされる(Laing [1960=1971:59])。他者は、自己、すなわち私が自律的に行為する能力にとって著しい脅威となる(Laing [1960=1971:60])。

他者とは「主体」なのである。だからこそ、彼に承認されることが私にとって存在証明となる〈力〉をもつ。しかし、同時に、自由な意思をもった「主体」としての他者は、ただ承認してくれる相手などではなく、いつ私を承認しない「主体」となるかもしれないのだ。いや、たとえ承認されたとしても、彼の「主体」は、私を「客体」にしてしまうかもしれない、私の「主体」としての自由、自律性、〈力〉を奪ってしまうかもしれないのだ。彼は私を「押しつぶす力」(Laing [1960=1971:61])をもっている。私の「主体」としての〈力〉ではコントロールできない領域に、「他者=主体」は存在するのである。

私は、このような「主体」と〈承認の体系〉をつくることになる。そこでは、承認しあう関係があらかじめ前提されていることはけっしてない。こうした〈力〉をもつ「主体」同士がつくる社会——ゴフマンもまた、それが「繊細な壊れ物」(Goffman [1959=1974:64])であることに気づいているようだ。「主体」同士が出会うときなにが起こるか——「参加者がいくらか当惑する可能性が相当あること、あるいはひどく辱められる可能性が少しはあること、に手をださないような相互行為はないように思われる。人生に賭のようなところはあまりないかもしれないが、相互行為は賭なのだ」(Goffman [1959=1974:287])。「他者=主体」とつくる〈承認の体系〉は、「賭」という性格をもつ。だから、それは、一瞬にして次のような形になるかもしれない。

【3】

レインに戻ろう。彼は、娘が統合失調気質になった家族を分析するなかで、次のような

〈承認の体系〉を描いている。そこには「われわれは、自律的になんでもいいあう仲のよい家族である」という状況定義がある。それによって、あるメンバー（たとえば母親）は「私は他の家族のよい話相手となっており、家族に認められている」という存在証明を確保している。他のメンバーもお互いに承認しあい、それぞれ存在証明を得ている。

ところが、ひとりのメンバー（たとえば娘）が、じつは「ここでは、自律的な表現などなく、この家族はよそよそしい家族だ」ということに気づく。この状況定義のもと、彼女にとっていままでの存在証明は無意味となってしまい、彼女は「私はこの家族がほんとうはどうなのかを知っている、私はこの家族から独立できる」ということを確かめることで存在証明を獲得しようとするかもしれない。彼女は、この状況定義をだれかに認めてもらいたい。しかし、他のメンバーは、彼女が表現する内容を肯定・承認しない。それどころか、彼女が自分でそのことを考え、表現しているという事実が存在していること自体を（そして、さらには自分たちが否認していることをも）否認するのである。[1]

一般に、他者による状況定義が私（たち）のそれと矛盾・対立するとしても、それをつねに否認するとはかぎらない。しかし、この場合は、母親をはじめいままでの〈体系〉のなかで存在証明を確保しているメンバーは、娘の状況定義の存在を認めることができない。なぜなら、娘は、彼らにとって、承認を与えてくれる重要な他者、「補完性」の相手である（「子供がなくては母親になれない」！）。その他者が「『家族』を自分の体系から排除」し、

「自分自身のなかの「家族」を解消」して「去っていこうと望む」(Laing [1969=1979:24])ことは彼らにとって、「家族」という〈体系〉にとって、重大な危機である。ここでは、他者(娘)の存在証明のための状況定義が、私(母親)たちの存在証明を支えている〈承認の体系〉を破壊してしまう〈力〉をもつ。〈体系〉は、そして、そのなかにいる私の存在証明は、他者のこのような〈力〉に「傷つきやすい」のである。

前項の考察をふまえながら敷衍しよう。他者が自らの存在証明のために「主体」として、状況を定義する。たとえば、私を定義する。それは、私を定義される「客体」の位置に置くことであって、ときに私の存在証明を不安定にし、私の「主体」の位置を奪い取る。私は自分の存在証明を、自分の「主体」としての〈力〉を無効にされないために、他者の状況定義を無効にしなくてはならない。他者が「主体」として状況定義をしたという事実の存在を否認し、他者の「主体」としての〈力〉を剝奪し、さらに私によって定義される「客体」の位置へと貶めなければならない。ここでは、「主体」と「主体」が両立できない。私の「主体」のために他者の「主体」を奪わなければならない。一方の存在証明は他方の存在証明を傷つけ、脅かす。だからここでは、それぞれの存在証明を賭け金とする切実な闘争が繰り広げられる。

これを「主体」の相互否認とよんでも、状況定義権(権力)をめぐる闘争と呼んでもよいだろう。ここでは、〈葛藤の体系としての社会〉と呼んでおこう。存在証明を奪い取りあう人々のつくる社会。社会とは、存在証明をめぐる否認・闘争・葛藤の場として、記述することができる。

〈承認の体系としての社会〉〈葛藤の体系としての社会〉。これはともに「主体」としての〈力〉が出会うことによってつくり出されるものだ。私たちは、自らの存在証明を求めており、そのために他者による承認が必要となる。その他者とは、私という「主体」にはコントロール不可能な〈力〉をもった、もうひとつの「主体」であった。それゆえに彼からの承認は私の存在証明を支える〈力〉となる。と同時に、そのコントロール不可能性は、私の存在証明・「主体」を傷つける〈力〉をもち、私と他者は、それぞれの存在証明・「主体」の〈力〉を守るために葛藤することになる。〈承認の体系〉はつねに〈葛藤の体系〉に転じる可能性をもち、「葛藤」の可能性があるからこそ「承認」が意味をもつ。「主体」同士がつくりつづける社会は、このふたつの相を行き来することになる。

こうして、存在証明の視点から、ひとつの社会の姿が浮かび上がった。私は、これを「原形」としての社会として措定しようと考える——私と他者という複数の「主体」がつくる、〈承認と葛藤の体系としての社会〉。これを基準として、現実の社会との「距離」を測定しようと思うのだ。そして、この原形からみることで、私たちが日常採用している社会をつくる形式・技法が、以下のような姿をもって浮かび上がってくるのである。

3 「思いやり」という制度

【1】

いま仮に、「原形」としての社会に住まう人々を想定してみよう。それは、不安とよろこびに満ちた社会である。ここでは、「主体」と「主体」が承認しあう関係がいつ葛藤に転じるかもしれず、彼らは、承認と存在証明が、いかにあやうく困難であるかを知っている。それは、つねに万人に分け与えられるものではない、「稀少性」をもつものである。そして、それだけに、これは貴重なものである。彼らは、それを僥倖《ぎょうこう》と感じ、それを深く味わうすべを知っている。

しかし、いかによろこびが深かろうとも、この社会のかかえる重大な問題は、いま述べた「稀少性」であり、それが生む不安と痛みである。他者にいつ存在証明を奪われる（＝傷つけられる）かもしれない不安。自分の存在証明のために他者を「客体」に変えてしまう（＝傷つける）痛み。こうした「危険性」は、他者が私にはコントロール不可能な〈力〉をもった「主体」であり、それゆえに相互行為が「賭」としての性格をもつことに由来する——このことは、すでに述べたとおりである。

望まれるのは以下のことだ。こうした「稀少性」や「危険性」を最小限にしながら、私の存在証明を確保したい。他者によって「客体」へ貶められる不安や他者の「主体」を剝奪する痛みをできるだけ排除し、いわば「相互―主体」化を可能にする仕組みを形成したい。そのためには、おそらく、他者という「主体」のコントロール不可能性を小さくすることが必要となるであろう。いいかえれば、他者を「安全」な存在にし、相互行為の「賭」的性格を排したい。いかに存在証明(あるいは承認)が他者から与えられるしかないものであるにせよ、できるだけ私という「主体」にコントロール可能なものに近づけなくてはならないのだ。その技法を彼らは必死になって発明しようとするであろう。

彼らはどうすればよいのか? 私は、その技法のひとつが、「思いやり」と呼ばれる営みである、と考える。いや、これは、そのつどの「技法」や「営み」というより、発明・形成された「体系」あるいは「制度」と呼ぶべきものであると考える。このいささか唐突な主張を、ゴフマンのすぐれた記述を再構成しながら裏付けることにしよう。

ゴフマンは、社会集団のメンバーは「ある水準の思いやりをもつことが期待されている」という。彼らは「参加している他の人々の感情と面子を救うために、ある程度のことをするよう期待されている」というのだ(Goffman [1967=1986:7])。彼のいう「保護的措置」を考えればよい。相手が、それまで私に呈示していた自己像と矛盾する行為(それが指摘され状況の定義に組みこまれれば、相手の存在証明が傷ついてしまうような行為)をしてしまったとき、私は「察しよく」気づかぬふりをして、相手が呈示しようとしている自己像を救わなければならない（Goffman [1959=1974:268-274]）。それを指摘するときにも、他の人に気づかれないような表現をとりながら婉曲に、あるいは冗談めいた態度で指摘する。こうして、私あるいは私と相手は、「面子に対する侵害が起こらなかったという虚構」（Goffman [1967=1986:12-13]、傍点引用者）を維持するのである。

私たちの日常生活の秩序は、このような「他人に親切な立場を基礎にして」（Goffman [1967=1986:38]）組み立てられている。私たちは「思慮と方便的なうそによって、表面的な合意を保ち、相互承認の仮定を裏切らないようにしなければならない」（Goffman [1967=1986:32]、傍点引用者）。この仮定によって、それぞれの立場は「通常そのまま認められ」、「すべての人々が一時的に他のすべての人々の立場を認めるという状態」が現出する。もちろん、これは、こころからの合意に基づいた「真の容認」ではなく、ほんとうには合意していない判断に対し一時的なリップサービスを行う「便宜的容認」に基づいたもの、といえるだろう（Goffman [1967=1986:7]）。

「虚構」「方便」「便宜」といったゴフマンの表現は必要以上に露悪的であり、またほんとうの「親切」や「思いやり」はこんなものではない、という反発が寄せられるかもしれない。しかし、言葉のもともとの意味を考えてみれば、私がほんとうに思っていることをしたときは「思いやり」が存在するとはいわない。それは思いどおりのことをしただけだ。

相手のことを「思いやって」、こころのなかで思っていることをわざわざ表現しなかったり、思っている以上の評価をわざわざ示すときにのみ「思いやり」は存在する。

これにはもうひとつの営みが付随することが多い。「謙遜」である。私たちは、他の人々をほめ、満足させる一方で、自分をけなし卑下する。自己をけなすことは、第一に、「他人が自分を満足させ、ほめてくれるであろうと、まず確実に期待できる」技法であろう。こうして得られた他者からの「自己に対する好ましい判断は、寄せられるままに受け入れ」よう。第二に、「自己に対する不都合な判断は、みずから表明する」(Goffman [1967=1986:25]) ことで、他者が不都合な判断を私に寄せることを禁ずる、あるいはその〈力〉を殺ぐことができる。人にいわれれば痛みを感じる評価を自ら表明しておくとき、同じ評価でも痛みは少なく、それをわざわざ繰り返す他者はそうはいまい。いってみれば、「主体」は「主体」の位置を確保しながら、自らの手で自分を罰する。自分の存在がけっして他者という「主体」の「客体」にならないよう、自分という「主体」にとっての「客体」の位置に、先手を打って囲い込んでおくのだ。「人は自分の手による虐待を受け入れる特許状はもっているが、他人からの虐待を受け入れる権利はもっていない」。ゴフマンがいうように、これはすぐれた「安全装置」なのである(Goffman [1967=1986:26-27])。

こうして、私たちは、「安全」と「存在証明」をふたつながら確保できる。一方がわざわざ「思いやり」を示す。それに気づいた他方もわざわざ「思いやり」を返す。ここではお互いに敬意をきわめて安全に与えあい、確保しあうことができ、このメリットゆえに私たちはこの営みを繰り返し、繰り返しのゆえに安全というメリットはさらに高まっていく。「思いやり」は、互酬的なものになる。こうして、あらかじめ、お互いの存在証明をあつらえあう制度ができあがるのだ。このなかでは、他者はコントロール不可能な〈力〉によって私を「客体」へと貶め、傷つける「危険性」をもはや保持しない。ただ、私の存在を承認するばかりであり、他者という「主体」の〈力〉は安全な範囲にコントロールされている。このような、存在証明の「稀少性」と「危険性」を最小限にする社会、これをひとまず、〈思いやりの体系としての社会〉と呼ぶことにしよう。

【2】

この説明は、しかし、きわめて不十分なものである。「思いやり」の体系がもつ「安全」というメリット。いま、このために人々は「思いやり」という営みを採用すると述べたが、事態はこれだけで説明できるのだろうか。以下のようなケースを考えるとき、むしろ、これが「制度」としてもっている、別の性格が明るみに出ることになる。

この「安全」な〈体系〉を、多くの人がつくりあう場面。そこに次のような人が登場することがある。たとえば、「感受性が鈍すぎ、機転にとぼしすぎ、……思慮がなさすぎる者」である。この人たちは、せっかくつくりつつある存在証明の〈体系〉にとって次のような意味をもつ。「そのような人は、周りの者にとって、本当に安全をおびやかす存在である」（Goffman [1967＝1986:35]）。この〈体系〉は、感受性と機転と思慮によってはじめて可能になっているのだ。そんななかで微妙な「思いやり」をもたずに思っていることをそのまま表現したのでは、せっかくあつらえあったはずの承認が「便宜的」なものであり、「相互承認の仮定」が「虚構」のものであることが白日のもとにさらされてしまう。

彼らはどうなるのか――「だから、彼はしばしば仲間はずれにされてしまう」（Goffman [1967＝1986:35]）。もうすでに多くの人々が参加しているこの〈体系〉を、ふたたびコントロール不可能性や危険性の巷《ちまた》に戻すことはできない。〈体系〉のなかにいる者にとって必要なことは、彼を排除してしまうことである。あるいは、彼がこの〈体系〉を破った「重要性に応じて」、彼の行為を「行為者の自我あるいはその本性のあらわれとして強く告発する必要がある」（Goffman [1963＝1980:252]）。この〈体系〉の規則に問題があるのではなく、逸脱者自身に問題があるのだ、彼は「不自然な者、不完全な人間」（Goffman [1963＝1980:251]）なのだ。ゴフマンは、「われわれは状況における逸脱行為者が病気であると考える必要がある」（Goffman [1963＝1980:252]）と指摘する。

この必要性を満たしてくれるのが、たとえば「精神科医」であろう。ゴフマンによれば、「精神科医」たちは、「思いやり」というわざわざつくった人工的な〈体系〉、「あまりに整然としていて真実とはいいがたいような」調和の存在を、ほとんど気づかぬままアプリオリに支持している。それゆえに、彼らは、それにあわない行為を「そのように振舞う人の病気のせい」とする（Goffman [1963=1980:252]）。「精神障害的な行為とは、まことにしばしば、自分の面前にいる人々と不適切な形でかかわりあうことである」（Goffman [1967=1986:144]）。そして、「法的秩序を乱す者が刑務所に拘置されるのと同様に、不適切な行為をする者は精神病院に収容される」（Goffman [1963=1980:267]）。こうすることとすべてが、〈思いやりの体系〉を、いいかえれば「社会的場面の神聖さとその参加者の感情を」（Goffman [1963=1980:252]）保護する機能をはたすことになるのである。

【3】

この議論は、「原形」と「転形」の次のような距離を浮かび上がらせる。〈承認と葛藤の体系としての社会〉では、葛藤は日常茶飯のことであった。他者に否認されたり、矛盾する状況定義を行う可能性は常に開かれており、人々はこの「危険性」に対処する用意をしておかなければならない。葛藤の契機はいわば〈体系〉のなかに存在しているのである。〈思いやりの体系〉は、これらの要素を最小限にする転形をたどる。「安全」が、相互にあつらえられた「思いやり」やそれに付随する「謙遜」によって確保されていく。しかし、これだけでこの〈体系〉が十全なわけではない。不適切なふるまいをする人は、この〈体系〉のなかに葛藤の要素を持ち込んでしまう。そもそも「便宜的な」「虚構」としての相互承認の仮定は、葛藤の契機を解消したわけではなく隠蔽しただけであって、このようなふるまいひとつでこのことが露になる可能性は潜みつづけているのだ。しかし、この可能性を〈体系〉のなかに入れてはならない。それを想定しなくてよい仕組みをお互いにつくってきたのであり、その結果、この〈体系〉内部にはこの可能性に対処する技法が備えつけられなくなっている。あるのは「危険性」を最初から排除する方法だけである。彼らは〈体系〉の外部に排除されるしかない。

いいかえよう。「原形」においては、対等な「主体」同士が葛藤する。人々は、それに決着をつけるために「客体」にされる不安や相手を「客体」にする痛みを知っている。それらは、人とかかわるときに当然存在するものであって、それぞれが引き受けるしかないものなのだ。「転形」では、こうした不安や痛みはもともとないものとされる。それを引き受け、それを感じながら人とかかわるやり方を人々は知らない。その可能性、それを生むかもしれない人は、もともと〈体系〉から排除しておかねばならないのだ。そして、その「排除」は、「主体」同士葛藤し、自分が排除してしまった、という痛みをともなわない方法でなされるべきであるし、なされねばならない。たとえば、「精神科医」によって、あるいは全員一致のこの〈体系〉にそぐわない相手のほうが悪いという理由によって、それぞれの「主体」にとってはあつらえられた方法で排除が行われることになるのだ。〈思いやりの体系〉は、「思いやり」をもたないものを〈体系〉として排除する仕組みを備えている。とすれば、それは「安全」に満ちたものであるがゆえに採用されるだけでなく、自分が排除されないためにも採用されるのだ。この〈体系〉に多くの人が参加し、それが確かな仕組みになればなるほど、「排除」は効力を増す。その内部にいる人は「思いやり」にしがみつかざるをえないし、そうでない人への「排除」を強めることになる。簡単にいって、「自己規制」と「相互監視」によって「思いやり」と「謙遜」の技法は維持されている。「思いやり」とは、このような「制度」なのである。

4　「かげぐち」の領域

【1】

「思いやり」のもとでの存在証明は、次のような変容をとげることがある。「思いやり」をもてないとこの制度からの制裁を招くので、人々は「思いやり深く」なければならない〈存在証明の必要条件〉。人々は「思いやり」ある自分を他者に呈示することになる。いや、それ以外は呈示することが控えられる、なぜなら、「思いやり」以外はいつ制裁を受けるかもしれない危険性をもっているから。他者は「思いやり」以外なにも見せない（もたない）存在に近づいていく。このとき、彼の存在を承認する判定基準には、彼が「思いやり」をもつかどうかだけしか残らないだろう。「思いやり」さえもっていれば、承認されることになる（存在証明の十分条件）。

これは極端な例であるが、〈思いやりの体系としての社会〉は、ここに行き着くベクトルをもっていると思われる。この〈体系〉は、存在証明の「危険性」「稀少性」を解決するものである、と繰り返し述べてきた。それを「安全」「平等」なものにして、「制度」的に「あつらえあっている」わけだ。私たちは、これがいかに居心地よいものかをよく知っている。しかし、これも私たちがよく知っていることだ、「あらかじめあつらえられた」存在証明などときに紙屑に等しく思われ、抵抗がない気軽さは手応えのない不気味さと重なりあう。いま述べたように、「思いやり」ある人、というだけで、この承認は与えられる。そんな承認をいくら与えられたところで、与えられれば与えられるほど、その価値は下落するのではないか。これは「存在証明のインフレーション」ともいえる事態だ。他者の「思いやり」が深ければ深いほど、「社会」が存在証明のあつらえを巧妙に行えば行うほど、私の存在証明の確信は薄れていく。「危険性」と「稀少性」を解決するこの技法は、「真実性」と「希薄性」という新しい問題を抱えることになるのだ。

三つほどの事態を想定しておこう。第一。〈思いやりの体系〉のなかで、私は、自分が他者にきわめて容易に評価・承認を与えていることを知っている。ということは、他者も私にそれと同じ程度のことで評価・承認を与えていることになる。自分が評価されているとしても、それはなんという低い基準によるものだろう！　私は、自分がもっと高い基準によっても評価・承認される存在であることを示したい。そういう基準を自らに課していることを示したい。その水準をクリアしていない者を「思いやり」をもってふだんは評価・承認しているのだが、自分が自身に課しているより高度な水準からすれば彼などとても承認できるものではないとほんとうは思っている、ということを示したい。

第二。この評価・承認の基準は、「思いやり」をもっているかいなかに徐々に限定されていく。しかし、この「安全な」基準以外に人は多くの側面をもっており、そこでは私は他者を承認できるかどうかわからない。ここには葛藤の可能性がある。しかし、その側面は見せないことになっている。だから、葛藤はけっして起こらないことになっている。けれども、その側面は、どうやら存在しているらしく、ときにほの見える。こうして、「思いやり」以外の側面でその他者を承認できないことに気づいたとき、しかし、「思いやり」ゆえに葛藤・対立できないとき、なんらかの解決が必要となる。

第三。「思いやり」の〈体系〉に組み込まれるなかで、人々はより「安全」になるためにそれぞれがより高度な「思いやり」を発揮する。このとき彼らは、他者のほんの小さな

「思いやり不足」をも敏感に感じるようになるであろう。小さな瑕疵が大きな逸脱と感じられる。しかし、彼らは「思いやり」の権化でもある。それを許さずに非難するのは、いかにも「思いやりない」態度だ。それはできない。「思いやり」が高度化するほど、非難への衝動と非難への抑圧はますます乖離していくのだ。

こうして、この〈体系〉では、存在証明の「真実性」「希薄性」という問題が厳しさを増していくことになる。しかし、この問題に、前節の、「思いやり」のない他者を外部へ排除する、といった解決法はなじまない。どのような他者も一定の「思いやり」をもっている。彼を排除できるかどうかわからない、逸脱していると思っているのは私だけかもしれない。彼を非難するなら、それは私がした非難（全員一致や専門家によるのではなく）であって、私自身が他者から「思いやりがない」と非難される危険性に宙づりにされることになる。少なくとも「思いやり深い私」という存在証明は、どうしたって傷つき痛むであろう。私は「安全」を守りたい、しかし「真実性」問題は残る。私はどうすればよいのか。

すでに、予想されているであろう――この問題を解決すべく案出されるのが、「かげぐち」の領域である。〈思いやりの体系〉のなかでの存在証明を危険にさらさないようにしながら（葛藤を惹起するわけにはいかない）、「真実性」問題を解決する（他者を承認しつづけるわけにはいかない）技法、これは、この領域にしか求めえないのである。

【2】

ゴフマンは、「舞台裏版のオーディエンス像」(Goffman [1959=1974:252]) という言葉で、通常「かげぐち」と呼ばれる現象に注意を払っている。ただし、彼自身の関心はきわめて「演出論的」であるが。たとえば、顔を合わせているときは従業員から「相互的顧慮とある優しさ」を示されるホテルの客は、その場からいなくなるやいなや従業員に「ばかにされ、とやかくうわさされ、戯画化され、悪態をつかれ、貶刺される」(Goffman [1959=1974:200])。このことは、客という「オーディエンス」の前で自己呈示=演技を行う従業員の「パフォーマンス・チーム」にとって重要な意味をもつ。

この演技は「緊密な協力」(Goffman [1959=1974:91]) なしには不可能だろう。表舞台でのふるまい方についての作戦会議が必要だし、チームの連帯と志気を維持することも重要だ。表舞台での「顧慮と優しさ」というリアリティは、舞台裏で別の「オーディエンス像」を構成することなしには維持できない。しかし、後者のリアリティが前者が流通している場面に少しでも流入すれば、前者は破壊されてしまう。私たちは「表舞台」と「舞台裏」を慎重に分離しながら(ふたつのリアリティのオーディエンスを分離(Goffman [1959=1974:55-56])しながら)、「舞台裏版」のリアリティを形成するのだ。また、この像を共有すること自体、ふたつのリアリティの分離を保証する効果をもつ。客と親密になりすぎたり、欺いているという罪の意識から、舞台裏でしていることを客に教えてしまう「背任行為」、これこそリアリティ分離を脅かすものだが、客のネガティブな像は、客との親密さや罪意識を防ぎ、密告を抑止するのである（Goffman［1959=1974:200-205,252］）。

ふたつのリアリティをもたねばならない、しかし、それは切り離されていなければならない。ゴフマンが「演出論的」に主張することの事情は、「存在証明論的」にも主張できることであろう。存在証明の「危険性」「稀少性」問題を解決するための「思いやり」のリアリティ。しかし、このリアリティを構成するがゆえに「真実性」「希薄性」問題が生じてしまうのだった。これを解決するために必要とされる別のリアリティ——しかし、容易に想像されることだが、これを解決するためのリアリティが仮に〈思いやりの体系〉のただなかでつくられるなら、そこはふたたび葛藤の場となり、そもそも「思いやり」自体が維持できないだろう。〈体系〉から分離されたリアリティの領域＝「かげ」の領域をつくらねばならない。ある場合には、それは、純粋に「かげ」となる領域、つまりひとりひとりが他者に表出しない「心理」という内的領域で間に合わせられるかもしれない（「思いやり」の社会のなかの個人の「心理」！）。しかし、「真実性」問題が鋭くなるとき、その解決の負担は、ひとりで支えることの領域では負いきれないこともあるだろう。個々の「心理」に課せられる負担を、〈体系〉から分離されながらも他者に表出し承認してもらう領域＝「かげぐち」の領域に持ち出してはじめて解決しうる、という事態が生じるのだ。

私たちは、「かげぐち」を、分離したリアリティの領域として保つ技法を発達させる。たとえば、いま述べたとおり、「かげぐち」をいうとき慎重にオーディエンスを分離し、密告を防ぐ手だてをとる。それだけではない。たとえば、「ここだけの話だけど」というメタ言説や、「酒の席である」という状況転換をふまえて「かげぐち」を開始する。こうした状況のメタ言説は、これからのリアリティがいままでとはちがったリアリティのフレームにある、と宣言する「転調」として働く（Goffman [1974:40-41]）。〈体系〉内にある日常とは別のリアリティである、というフレーム指示を行い、元のリアリティを侵食しないようにしてから、この領域は形成される。そして、こうして分離を確保することによって、このリアリティ構成はある自由を確保する。ここで、〈体系〉の「自己規制」と「相互監視」のもとにあった「主体」が、いわば流動化し、開放される場を得るのだ。

しかし、「かげぐち」の領域は、たんに開放され、自由な領域なのではない。その開き方は、うしろめたさを感じながらのものであり、私たちは、「かげぐち」に道徳的にはネガティブな評価を与えてさえいるのだ。しかし、このネガティブな感覚もまた、リアリティ分離の技法のひとつとして了解できるのではないかと私は考える。「かげぐち」の領域にいる私と「思いやり」の体系にいる私とは、内容的には両立しない。「かげぐち」をいうことによって、「思いやりある」私はわずかなりとも傷を負う。このとき、私たちは、「かげぐち」をいう私とはなんと不道徳なのだ！と嘆き、反省し、苦しむ。そうすることで、ほんらいの私は「かげぐち」などいわないのだ、「かげぐち」は一時的な私なのだ、私のもっている道徳心は自分のいった「かげぐち」を許せないほど高いところにあるのだ、「思いやり」深いのだ、という自己のリアリティを再度確認するのである。「かげぐち」のリアリティは「真実性」問題を解決するように利用される一方、「思いやり」のリアリティを傷つけないような位置に押しやられ、分離される。ここで「主体」は開かれるが、それは「思いやり」の〈体系〉を破壊するような開かれ方ではけっしてない。開かれながら、〈体系〉のなかにあることを越え出ないよう慎重に調整されている。「かげぐち」の領域もまた、「思いやり」の〈体系〉のなかに位置づけられ、〈体系〉に許されながら生きつづけているのである。

【3】

こうして、「転形」における「思いやり」と「かげぐち」の逆説的な——通常対照的な評価をされるものなのだから、こう呼んでよかろう——結びつきは了解されたであろう。「思いやり」のリアリティを維持するためにこそ、「かげぐち」が必要となったのだ。もし「思いやり」が存在しなければ、「かげぐち」は必要ない。そして、「かげぐち」が存在しなければ、「思いやり」は自らがつくりだす問題を解決できない。〈思いやりの体系〉は、どうしても〈思いやりとかげぐちの体系〉にならざるをえないのである。

この逆説は、他者とともに社会を形成する「原形」にたちもどるとき、より了解されやすくなるであろう。他者が「主体」としての〈力〉をもつという性格、相互行為が「賭」であるという性格、それゆえに「葛藤」の可能性をもつという性格――これらは、「転形」においてもなにひとつ解決されていない。「思いやり」という技法は、それらを最小限のものにするのだが、それを〈体系〉のなかに入らないよう隠蔽したにすぎない。それを顕在化させない「制度」ができあがったのであって、可能性としてはいつも潜在しているのだ。とすれば、「転形」は「原形」とは別の方法で、この可能性を処理しなければならない。そのひとつが、前節で述べた、〈体系〉の外部に、その可能性（あるいはそれを顕在化させてしまう人）を排除するというものであった。そして、もうひとつが、〈体系〉を壊さないような領域をつくり、そこでこれを処理するという方法である。

「原形」は、こうした社会をつくるさいの困難さを、〈体系〉のなかで処理する。人と人との間にある、お互いにコントロールできない空間に投げ出し、そこで決着をつける。これは、〈体系〉のなかに、予期できない、ときに非常に大きな負担を課すことになる。しかし、問題は、「社会」＝人と人とのかかわりにおいて解決がはかられることになる。「転形」では、問題が〈体系〉のなかに投げ出されることはない。人と人との間のコントロール不可能な空間は、できるだけ縮小される。すなわち、投げ出す前に、それぞれのコントロール可能な空間で、それぞれがあらかじめ葛藤を解決し、コントロールできるところまで処理しておいて、人と人との間の空間に投げ出す。問題は、投げ出されるよりもしまいこまれる。「社会」は、あらかじめあつらえられた成功の空間となる。そこには、葛藤を処理する技法はいらないだろう。それゆえ、そこには葛藤を処理する技法はなくなるだろう。「社会」は、あらかじめ別の領域で葛藤を解決しておかなければ維持できなくなるだろう。負担は、そういう領域（ある場合は個人の「心理」、ある場合は「かげぐち」）に押しつけられる。そのようにして、平穏で安全な「社会」が運営される。

この、社会の「形式」についての議論は、「主体」の〈力〉をめぐる、もうひとつの逆説と照応する。この「転形」は、他者のもつ「主体」としてのコントロール不可能な〈力〉を、私の存在証明にとってコントロールできるものにするためのものである、といってよいだろう。「思いやり」という技法によって、他者はコントロール可能なものになったのだ。しかし、こう問うてみよう——では、自分という「主体」にコントロール可能な領域とはいったいどこにあるのか？　この〈体系〉にいるとき、私たちは、自らの「自由」がきわめて限定されている、と感じるのではないか。さきに述べたように、自分が自由にコントロールできる領域といえば、残されているのは「かげぐち」をいいあう領域ぐらいではないか。それ以外では（その領域でさえ）、「思いやり」をもつ私を離れることはできず、自由に行動し、自分にコントロールできる領域はないのではないか。

ここでは、他者にコントロールされる不安はなくなった。しかし、私がコントロールできる領域もなくなった。他者と同様、私の「主体」も、コントロール可能なものとなり、その〈力〉を失ったのである。それでは、コントロールする〈力〉はどこにあるのか？――いうまでもない、それは、「思いやり」という「虚構」あるいは「擬制」によって成り立つ〈体系〉に委譲されているのである。この〈体系〉を維持することが、私をも他者をもコントロールする〈力〉をもつ。あるいは、私からも、他者からも、「主体」としての〈力〉を奪いとらなければ、この〈体系〉が維持されることはありえない。

危険と不安に満ちあふれた「原形」において、その源泉は、他者の「主体」としての〈力〉であった。しかし、そこでは、コントロール不可能性にさらされながら、私もまた「主体」としての〈力〉をもっている。「転形」において、こうした危険は、あらかじめ削除されている。このことは、コントロール不可能な〈力〉が、この〈体系〉から削除されていることを意味する。それは、他者の「主体」だけでなく、私の「主体」についても同様である。それぞれの「主体」に〈力〉があり、それが承認と葛藤を繰り返す社会。その危険度を減じるために、その〈力〉を〈体系〉へと委譲し、安全性を購《あがな》い、と同時に各「主体」は〈力〉を喪失した社会。図式的にいえば、「原形」と「転形」はこのように対比できよう。コントロール不可能性を回避するために、コントロール可能性を喪失する――これが、このふたつの間の「距離」に書きこまれた、もうひとつの逆説なのである。

5 おわりに

私は、「思いやり」と「かげぐち」という日常なじみ深い現象を記述してきた。ここに、日常的な反省を越えた、なんらかの発見があっただろうか。このふたつが存在証明の技法として構造的に結びついていること。この〈思いやりとかげぐちの体系〉が「稀少性」や「危険性」という〈承認と葛藤の体系〉のもつ問題を解決するべく形成されながら、「真実性」や「主体」の〈力〉の喪失という別の問題を生み出すこと。——これらが新しい発見だとすれば、それは、他者とともにあって「社会」を形づくることの困難さを「原形」として措定するというこの文章の方法が可能にしたものだ、ということを確認しておきたい。

もうひとつ確認しておくべきは、この困難さに対処する技法はひととおりではない、ということだ。ここでは、「社会」を形成するふたつの対照的な「形式」が、論理的に導出され、その利点や問題点が描出された。こうした「形式」は、それぞれの「社会」ごとに大きな相違があり、けっして共通の、あるいは自明の「形式」などないだろう。

だとすれば、この「論理的モデルの提示」から、次の課題が浮かび上がってくる。実在するそれぞれの「社会」が形づくる「形式」は、どのようなものなのか。単純に述べるなら、それは〈承認と葛藤〉の極に近いものか、〈思いやりとかげぐち〉に近いのか、それとも別の極を想定すべきなのか。それぞれの「社会」の「形式」を比較して論じる、という課題がまず提起されよう。この課題は、この論理的なモデルを下敷きにすることで容易になるだろうし、この課題を果たすことでこのモデルの説得力を増すこともできるだろう。(2)この「比較社会学」は、また、あるひとつの「社会」の歴史的な変動にも向けられるべきである。その「社会」の「形式」は、歴史的にどのように変容してきたのか。これもまた、このモデルの助けを借りて展開されるべきであるし、変動を起こした要因を析出する作業によってモデルの精緻化がふたたび要請されることになる。(3)

そして、こうした課題の解明は、結局ひとつの課題にいきつくだろう――いま、私たちは、いかなる「形式」によって「社会」をつくっているのか？　これを問うために、論理モデルをつくり、比較を論じる、といってもよい。比較は、それぞれの「形式」のもつ利点と問題点を浮き彫りにするだろうし、変動への接近は、「形式」のもつ変わらざるをえない要因を指摘することになるだろう。それでは、私たちの「形式」は、どのような問題点をもっているのか？　そして、それは、どのような方向に変わろうとしているのか？

こうしたアクチュアルな課題を解明することが、この文章の先には開かれている。しかし、もちろんそれは、これからの研究に譲るしかない。日常の記述がマクロな社会分析と通底すること、これをさいごに指摘して、この文章をひとまず閉じることにしよう。

注

（1）この「否認の否認」について、ここでは議論の展開上、きわめて抽象的な書き方をしている。より具体的には、本書・第2章の「補論」を参照されたい。

（2）ここでの〈思いやりとかげぐちの体系〉の記述は、じつは「日本社会」を念頭に行っている。しかし、現段階では比較による論証によってこれが日本（だけ）の特徴だといえるだけのデータを持ちあわせておらず、それゆえこの文章は論理的な記述という体裁をとっている。

（3）N・エリアスの「文明化の過程」論は、その重要な業績である。彼の議論が、レイン、ゴフマンのそれとともにこの文章の発想の源泉である。奥村［1994］を参照されたい。

参考文献

Goffman, E., 1959, *The Presentation of Self in Everyday Life*, Doubleday & Company. ＝1974（石黒毅訳）『行為と演技——日常生活における自己呈示』誠信書房

——1963, *Behavior in Public Places : Notes on the Social Organization of Gatherings*, Free Press. ＝1980（丸木恵祐・本名信行訳）『集まりの構造——新しい日常行動論を求めて』誠信書房

——1967, *Interaction Ritual : Essays on Face-to-Face Behavior*, Doubleday & Company. ＝1986（広瀬英彦・安江孝司訳）『儀礼としての相互行為——対面行動の社会学』法政大学出版局

——1974, *Frame Analysis : An Essay on the Organization of Experience*, Harper & Row.

石川准 1992『アイデンティティ・ゲーム——存在証明の社会学』新評論

Laing, R. D., 1960, *The Divided Self : An Existential Study in Sanity and Madness*, Tavistock Publications. ＝

1971（阪本健二・志貴春彦・笠原嘉訳）『ひき裂かれた自己――分裂病と分裂病質の実存的研究』みすず書房
――1961, *Self and Others*, Tavistock Publications. ＝1975（志貴春彦・笠原嘉訳）『自己と他者』みすず書房
――1969, *The Politics of the Family and Other Essays*, CBC Publications. ＝1979（阪本良男・笠原嘉訳）『家族の政治学』みすず書房
奥村隆 1994「礼儀作法、個人、社会秩序」『千葉大学人文研究』第23号

第2章

「私」を破壊する「私」

――R・D・レインをめぐる補論――

1　はじめに

私たちは、ひとりひとり「私」を抱えながら生きている。他者も、それぞれの「私」を抱えながら生きている。そして、そうした「私」と「私」が、日々出会い、同じ「社会」という場所に生きていかなければならない。これは、しばしば、ほとんど意識されずに通りすぎていくことがらである。しかし、しばしば、もっとも折り合いがつけにくいこととして私たちの前に現れることがらでもある。

＊

R・D・レインは、統合失調症を、対人関係におけるパターンから解明しようとした。彼は、精神の「病理」を「例外なくその人間が生きうべからざる状況を生きるために発明した、とっておきの戦術」（Laing [1967=1973:120]）ととらえる。そして、どのような対人関係からどのような「生きうべからざる状況」が生じるのか、その状況を生きるために「精神病者」と診断される人々がどのような「戦術」をとるのか、を記述しようとする。その「状況」も「戦術」も、じつは「病者」とはされない人々——ここではあえて「私たち」と呼んでしまおう——が日頃生きている世界とそう遠くない。「病者」の世界は私たちにとって了解可能であり、「精神病者とは、ハリー・スタック・サリヴァンが述べたように、結局のところ、他の何かであるというよりも、〈人間そのもの〉なのである」(Laing [1960=1971:39])。とすれば、その「状況」と「戦術」を描くことは、私たち自身の「状況」と「戦術」のひとつの局面を映し出すのに有効な鏡になるようにも思われる。

この補論では、彼の議論をひととおりなぞっておきたいと思う。第1章で、私たちの日常――「思いやり」と「かげぐち」によって支えられるような――との距離を計る「原形」を組み立てるためにレインの議論を参照したが、この議論自体をそれ以上に展開することはしなかった。この章では、彼の「統合失調症」についての議論をそのまま辿ることによって考えるための筋道を確保して、私たちの日常の「技法」のなかに存在する(しかし、ふだんは見えにくいと思われる)ある局面を浮かび上がらせようと思うのだ。

まず、彼が描くかぎりでの「統合失調症」が、どのような「とっておきの戦術」なのかを抜き出しておこう。この「病理」のなかで、人はいったいなにをしているのかがまず検討される(2節)。次いで、その「戦術」をとらざるをえない「状況」がどのような「対人関係」によって生み出されるのか(3節)、さいごに、どうして「病者」の周囲の人々(レインは家族、とくに母親を問題にする)がそうした「対人関係」を形成するようになるのか(4節)、を論じていくことにする。――これらを通して、「病者」といわれる人々のどのような「状況」と「戦術」が浮き彫りになり、そこから「私たち」のなにが見えるようになるだろうか。

2 「戦術」──「私」を破壊する「私」

【1】

前章で触れたレインの議論を、まず、確認しておこう（第1章・2節を参照）。レインは、アイデンティティを「自己による自己の定義づけ」と「他者による自己の定義づけ」の二側面からなるととらえ、アイデンティティにはすべて他者からの承認が必要である、と考える。「女性は、子供がなくては母親にはなれない。彼女は、自分に母親のアイデンティティを与えるためには、子供を必要とする」（Laing [1961=1975:94]）。母親は、子どもによって「母親」と認められることで母親としてのアイデンティティを確保している。また、子どもも、母親によって認められることで、はじめてそのアイデンティティを確認することができるだろう。このような、自分ひとりではけっして獲得できない「他者からの承認」という欠けた部分を補い合う関係を、彼は「補完性」と呼ぶ（【1】）。

他者による承認は、誰もが知っているとおり、自らの存在が不確かな場合、より重要なものになってくる。しかし、レインが敏感に強調するのは、このとき、他者による承認が私の存在を脅かす危険となる事態も存在する、ということだ。私の価値は他者からの承認次第のものとなってしまい、他者という「主体」に承認されることが重要になるほど、私は他者という「主体」にとってのたんなる「客体」であるように感じられてしまう。「存在を確信する手段」である他者による承認が、「存在を喪失する危機」となる（【2】）。「存在論的不安定」という「状況」がどのように生じるのかを具体的に論じること（前章では抽象的に述べたが）は、次節での課題としよう。ここではまず、この「状況」に置かれた人がなにをするかという、前章ではまったく触れなかった問題を描いておきたいと思う。つまり、この「状況」で選ばれる、「統合失調症」という「生きるための戦術」とはどのようなものなのか、という問題だ。レインは、これを次のように論じる。

【2】

他者が、私を、承認する。――このことを少しだけていねいにいうならば、私は他者の前にまず「身体」として現れ、その「身体」を他者の目や耳や皮膚が感じ、「身体」が存在することを（さらには、それに価値があることを）他者が承認する、ということになるだろう。そうした他者による私の知覚や承認を、私のほうも（まずは他者の「身体」の知覚を通して）知覚し、このことによって、自らの存在が他者に承認されたことを確証することになる。簡単にいえば、他者が私を知覚・承認していることを現実的に感じることによって、私が存在していることもまた有意味に感じられる。このような循環が、私たちが生きる世界である、といってよいだろう。

しかし、「存在論的不安定」においては、そのように他者が私を知覚・承認していること、それを私が知覚・承認してしまうことこそが、私を「客体」へと釘付けにする危険と感じられるのだった。私は、承認されること、知覚されること、単に見られることさえもが生み出すこの危険から、私の存在を守らなければならない。この危険にいったいどう対処すればよいだろう、そもそも私は「身体」として、どうしたって他者に見られ、知覚されてしまうのだが。——レインが描く人々は、そこで、次のふたつの「戦術」をとる。

第一。私のこの「身体」、これが他者に知覚されるたびに私の存在は喪失するように感じられてしまう。しかし「身体」とは私なのだろうか？　彼らはこう考える、他者に知覚されるこの物体は別に「私」ではない。「ほんとうの私」は他者に知覚される場所ではなく、誰にも知覚されない場所、私以外の誰もさわれない「内面」にこそあるのだ。この物体自体は、私でもなんでもない！——通常、私たちは他者と自己の間に大きな断絶を感じる。しかし、レインによれば、彼らは自己と身体の間にもっとも大きな断絶を感じるように現実を組み立て直す。「内的自己」（＝「ほんとうの私」）と「身体化された『にせ』自己」の間に境界を引く、こうすることで、私は他者の知覚を現実的に感じないですむ。他者が見ようと、承認しようと、愛そうと憎もうと、それは「にせ」の私に対することだ。

「ほんとう」の私は、この隠された場所にとってあっていっさい傷つくことはない。このこのようにすれば、私は、世界と出会うとき・他者と出会うときに感じる容赦ない喪失感から、私を守ることができる。

第二。この「内的」自己は、他者から切り離されたものとして、完全な自由をもつことになる。私がなにを想像しようと、夢想しようと、その世界は、外の世界、他の「主体」が存在する世界からはなんの制限も受けないのだ。では、このとき、私の「価値」はどうしたら感じられるのだろう。この節のさいしょに述べたように、私たちは、通常「自己による自己の定義」と「他者による自己の定義」を突き合わせながら、私の価値を確認している。しかし、ここでは、「他者による自己の定義」は現実的なものとして感じられない（そうしないと私は危険に瀕するから遮断したのだった）。「自己による自己の定義」＝私は価値があるというストーリーを自らつくってみる、しかし、それは「他者による定義」に突き合わされ、裏書きされることはけっしてない。いったい「私」は、価値があるのか？——ならば私は、さらに価値のある「私」の定義を制作しよう。誰もそれを止めることはない。しかし、誰もそれを裏付けることもない。裏付けられない価値をなんとか確証したいがために、私による「私」の定義はさらに膨らんでいく。こうして、宇宙を覆いつくすようなストーリーを私は自由に制作し、「私」の価値を確認しようとする。他者のいない「内的」な世界は、他者による抵抗がないからそのような膨張したストーリーを可能にするし、他者による承認が得られないから価値を確証するためにこれを必要とするのだ。身体化した「にせ」自己と「内的」自己とを解離し、他者や世界との現実的な接触を断つこと。「内的」自己のなかで、自由に「自己による自己の定義」を膨らませ、その価値を確認すること。——このふたつが、彼らにとっての「存在論的不安定のなかで直面する危険から逃れて二次的安定を得ようとする試み」、つまり存在を喪失する絶対的な危険から逃れ、よりましな安心できる境地を獲得する試みである。そして、「統合失調症」とはこの試み全体を指す名称だ、とレインは論ずるのである（Laing [1960=1971:118-119]）。

【3】

ここに描かれている事態を、ある意味で、私たちはたいへんよく知っている。素朴にいうと、これは、「私」という仕組みがもつしたたかさとやっかいさを示している。一方で、「私」という仕組みは、みごとなまでのしたたかさで、価値を失いかけている自分を、確かに価値があるものだと感じられるように操作・管理する。よりましな境地を見つける戦術を、私たちは数多く身につけている（たとえば、価値のない自分を隠すよう演技したり、名誉挽回しようと過剰に努力したり、たいした失敗じゃないと開き直ったり、もっとだめなやつがいると他人を差別したり、私たちは、する）[1]。

しかし、「私」という仕組みは、じつにやっかいなものでもある。私たちは、自らに価値を見つけ存在を安定させるために、やらなくてもいいことをやってしまったり、他人や自分を傷つけてしまったりする。よりましな境地を獲得する戦術を遂行する、「存在論的安定」を得るということから私たちが自由であれば、私たちは多くのことをしないですむし、多くのことをこだわりなく行えるだろう。しかし、私たちは、この戦術を発動せずにはおれない。「私」に価値を見つけようとする「私」の仕組みに、私たちは振り回される。「私」というもっとも身近なものとのつきあい方に、私たちはひどく悩んだりするのだ。

レインが描いた過程で、「私」は、自らを喪失する危機を回避するために、他者や世界との接触を断ち、「ほんとうの私」のなかでのストーリーを膨らませる。これは、「私」によりましな境地、価値のある感覚や存在論的な安定を与えてくれるだろう。しかし、そのことによって、世界や他者との相互作用の回路は奪われる。それゆえにストーリーは手応えなく膨らみ——ふつう「妄想」と呼ばれるものにいたるまでに——、いくら膨らんでも確証は得られない。「最初は、自己に対する破壊的な危害を予防するための守備軍あるいは防壁として作られたものが、ついには自己を閉じ込める牢獄の壁となりうるのである」(Laing [1960=1971:186])。「私」を防衛するための戦術が、「私」を世界のなかで死滅させてしまうという逆説。しかし、存在論的安定を求める「私」という仕組みは、「私」をつくる他の多くの要素を破壊してまでもそうする「力」をもっているのである。——これはなにも「統合失調症」にかぎらず、私たち自身がよく知っていることかもしれない。まずもって〈人間そのもの〉である「私」がもつこのような逆説を、ここで確認しておこう。

さて、レインが描き出した「統合失調症」の「戦術」としての側面をこの節では検討し、そのことによって私たち自身の「私」の仕組みをほんの少し浮かび上がらせてみた。しかし、次のことはまだ触れられていない。そうした「戦術」をとらざるをえない、彼らが置かれた「状況」とはどういうものか。それは端的にいって「存在論的不安定」と呼ばれるような「状況」なのだが、それはどのようにして彼らの周囲に形成されるのか。——そして、ここでレインが注目するのが、冒頭に述べたように、「対人関係」あるいは「コミュニケーション」なのである。

3 「状況」——第三のコミュニケーション

【1】

おそらく、「存在論的不安定」すなわち自らの「実在性とアイデンティティについて核心からゆるぎのない感覚」の欠如（Laing [1960=1971:47]）という状況は、さまざまな原因で生じるだろう。大切な人を失う経験、災害や戦争の経験、自らの価値を失墜させる自身の失敗の経験、などなど。しかし、レインは――たとえば「精神医学とは、二人以上の人間を包含し人と人との間において進行する過程を研究する学問である」というサリヴァンの見解（Sullivan [1940=1976:20]）を踏まえて(2)――日常的な対人関係、コミュニケーション・パターンの繰り返しのなかに、その原因を探っていく。レインの研究と治療の方法の中心は、患者をその家族（とくに母親）とともに面接することにあった。

では、どのようなコミュニケーション・パターンが繰り返されるとき、人は存在論的不安定＝「安住できない境地」に置かれるのだろうか？　これが、この節の問題である。すぐにその答えとして予想されるのは、「自己による自己の定義」と「他者による自己の定義」が食い違うとき、つまり、私がつくったストーリーが他者に「否認」されるという事態であろう。それはそうだろう、このふたつが一致する、つまり、私によるストーリーが他者によって「承認」される状況よりも、この事態のほうが「安住できない」ことは確かだろうから。しかし、レインは、「承認」はもちろん、「否認」という事態よりもさらに人を不安にさせる、もうひとつのコミュニケーション・パターンがあることを強調する。そして、そのパターンは、先取りしていえば、たんに「精神病者」の周囲にあるだけでなく、私たちが対人関係を結ぶときにおそらく頻用している技法なのである。では、それはどのよ「承認」でも「否認」でもない、もうひとつのコミュニケーション。

うなものなのだろう。——以下では、この「第三のコミュニケーション・パターン」を、レインが面接現場からモデル化した例をもとに私なりにアレンジして例示していくことにする。【2】でふたつ、【3】ではもうひとつの例を、順次検討していこう。

【2】

ひとつめの例。次のような場面を想定してほしい（Laing [1961=1975:122]）。

五歳の男の子が、大きな虫を捕まえて、母親に見せようと走ってきてこう言う。「お母さん、ほらすごく大きな虫を捕まえたよ」。それに対する母親の対応を想像しよう。第一。「ほんと、大きい虫ねえ。すごいわねえ」。「承認」である。子どもはもちろん満足し、安心するであろう。これに対して第二。「なんてきたない虫なの。捨ててらっしゃい」。子どもの行動は「否認」される。母親は虫が嫌いだったのだ。彼は、少し悲しくなりながら、虫を捨てることになる。もちろん、彼の心は第一の場合より不安定になるであろう。——しかし、レインは、このふたつ以上に、子どもを不安定にする対応があるという。第三。「服が汚れているわよ。おうちに帰って着替えてらっしゃい」！

レインは、これを「的外れ応答」と呼ぶ。おそらく（いや、まちがいなく）母親は虫を好ましく思っていない。しかし、彼女は、「否認」のように、それを直接述べはしない。

むしろ「虫」という子どもが言及したいと思っている対象とはまったく無関連な「服」のことを話して、「虫」を完全に無視するのだ。「否認」では、明らかにネガティブではあるにしろ、「虫」を子どもがもってきたという現実はいったん母親に指さされ、そのうえで否定される。しかし、この第三の応答では、「虫」をもってきた現実自体が認められていない。いわば、現実が根こそぎ「無効化」されるのだ。第二の答えより第三のほうが優しい口調で言われるかもしれない（このことについては後で述べる）。しかし、子どもはより深く困惑するだろう。虫をどうしていいのかわからない（第一・第二ではどうすればいいか明白だ）。お母さんは、ぼくが虫をもってきたことに気づいているんだろうか（第一・第二ではこれも明白だ）。このパターンが繰り返されるとき子どもは大きな不安に陥る、とレインは考える。

しかし、この例だけでは十分に説得的ではないだろう。「承認」でも「否認」でもない第三のコミュニケーション。ふたつめの例は、有名な事例を少しアレンジして示すことにしよう。

ある母親が、なんらかの理由で長く会えなかった子どもに久々に会うことになって、ふたりが出会うという場面を想像してみよう。彼女は、子どもを抱擁できるように自分の腕を開きながら、こういう、「さあ、いらっしゃい」。そこで子どもは彼女に近づいていく。ところが、近づくにつれて、彼女の体はこちこちに硬直してしまう。それに気づいた子どもは、もじもじと立ち止まる。すると、母親はこういう、「どうしたの、さあ、お母さんの方にいらっしゃい」。子どもはふたたび近づこうとするが、そうすると母親の体はさらに硬直する。子どもは立ち止まり、そこで母親は……（Laing [1961=1975:180-181]）。

いうまでもなく、これは「ダブル・バインド」という状況を説明するための例である。この、G・ベイトソンによって定式化された、統合失調症を生むとされるコミュニケーション状況は、図式的にいうならば、次の三つの命令が複数の人間の間で反復される場合を指す（Laing [1961=1975:178-179], Bateson [1972=1986:301-303]）。まず、第一の命令。この場合だと「来い」という言葉による命令が発せられている。次いで、第一の命令と矛盾する、しかし別のレベル（より抽象的なレベル）で発せられそれゆえに矛盾を指摘できない、第二の命令。この場合だと、身体のこわばりという非言語的手段による「来るな」という命令である。これが、言語による命令であれば、母親の「来い」／「来るな」というふたつの命令の矛盾は明白である。しかし、言語と身体というレベルの相違によって、その指摘はきわめて困難であり、子どもは、矛盾を解きえないまま、矛盾した命令にさらされる。そして、このふたつの命令が同時に存在する場から逃れることを禁止する、第三の命令。この場合、第三の命令はこの場で直接に発せられてはいないが、第一・第二の命令が通りすがりのおばさんから発せられている場合と比べればよい。見知らぬおばさんとの関係であれば、子どもはこの場から逃げだせば、それですむ。しかし、この命令を発しているのは、ほかならぬ子どもの母親である。その前から子どもは走り去ることはできない。

ふたつの矛盾する（そして矛盾が指摘できない）命令が存在し、その場から逃れることができない状況。この「ダブル・バインド」において、子どもが「安住できない」、どうしていいのかわからない境地に置かれるのは予測がつくことだ。ひとつめの例と同様、母親の答えを三つの場合に分けるなら、「いらっしゃい」という言葉と受け入れる身体が存在するとき（「承認」に対応）、拒絶する身体と「あっちにいって」という言葉が存在するとき（「否認」に対応）、いずれも子どものとるべき態度は明らかであり、母親が自分をどう思っているのか（愛しているのか、嫌っているのか）も疑いない（もちろん後者は子どもを傷つけるが、子どもはそれに対処できる）。しかし、「承認」でも「否認」でもない「ダブル・バインド」という第三の場合では、子どもは近づくべきか、遠ざかるべきかわからない。母親に愛されているのか、嫌われているのかわからない。母親にとって自分の存在がなんなのか、確定できない。「私」はいったいなんなのだろう。——もっとも深い不安が、この「第三のコミュニケーション・パターン」の繰り返しによって生み出されるのである。

【3】

三つめの例。それは、いってみれば、以上のふたつを組み合わせたようなものである。

また、これは、第1章の2節【3】で抽象的に論じたものだが、ここでは「第三のコミュニケーション・パターン」の内実を明確に示すために、レインの叙述に近い形で再構成することにしよう（Laing [1961=1975:187-196], Laing & Esterson [1964=1972]）。

ある家族において、母親や他のメンバーたちは、つねづねこんなふうにいっているとする。「うちは仲がよくて、なんでもいいあえる家族だね」。ところが、ひとりの娘が、こんなことを言い始める。「みんなはそんなふうにいうけど、うちはなんでもいいあえる家族なんかじゃないわ。そんなふうに嘘をついてるお母さんなんて、私は嫌い！」これに対する、他の家族、たとえば母親の対応を、これまでと同じく三種類想像してみよう。

第一のケースは、こうだ。「うーん、そうね、そうかもしれないわね。どこをそう思うか話してくれない」。「承認」である。このあとどうなるかにはさまざまな可能性があるが、とにかく娘の言葉は母親に受け止められている。これに対して、第二のケース。「お母さんのことが嫌い？　なにいってんの、生意気いうんじゃないわよ」（平手打ちを一発！）。これは明確な「否認」である。娘ははっきりと悟る、「なんでもいいあえる」なんていっているけど、嘘だったんだ。これからはいわないようにしよう。彼女は黙ってしまう。あるいは正反対に、娘はこういい始めるかもしれない。「お母さんはいつもなんでもいえるっていってるのに、いまはいってはいけないっていった。矛盾してるよ」。矛盾を指摘することで、これまでとはちがう「葛藤」が開始される可能性も存在する。

さて、こうした「承認」とも「否認」とも違う第三のケース、それにはさまざまな形態がありうるが、次のような応答をレインはあげている。じつに巧みな応答である。――「お母さんなんて嫌い」と娘がいう、すると母は答える、「お前はいい子だからほんとうはそんなこと思っていないってこと、お母さんは知ってるわ」！

この応答は、「第三のコミュニケーション」のこれまであげた二例でそれぞれが果たした効果を、一挙に達成する力をもつものだ。まず、無効化。「承認」しても「否認」しても、そこでの答えは、まず娘が「お母さんなんて嫌い」といったことを現実として認めたことを示す。しかし、この応答――レインは、他者が外側からある人に特定の境地を割り当てる「属性付与」と呼ぶ（Laing [1961=1975:187]）――は、娘がそういったこと、さらにそう頭のなかで思ったことを、現実として認めない。「お前はほんとうはそんなこと思っていない」、ではほんとうはどう思ったか、それは「お母さんは知ってるわ」。娘の経験した現実は、完全に無効化されてしまう。彼女のいったことは、この世には存在しなかったのだ。そして有効な現実は、つまり娘が「思っていること」は、娘が思っていると「お母さんが知っている」ことだけであり、それを決めるのは「お母さん」なのだ！

そして、この応答はダブル・バインド状況をも形成する。このようにいったあと、母親はこういいつづけることができるのだ。「お前はほんとうはそんなこと思ってないって、お母さんは知ってるわ。さあ、なんでもいっていいのよ。お前がほんとうに思っていることならなんでも」――このメッセージと「なんでもいいあえる家族」というメッセージは（もちろん外側から見れば矛盾しているのだが）、母親にとっても、娘にとっても矛盾しない。この家族は、やはり「なんでもいいあえる家族」なのだ。娘は、「生意気いうんじゃないわよ」といわれたケースのように、なにもいわないと決心するのではなく、「なんでもいっていいのよ」と促されつづける。でも、おそらく母親の気にいらないことをいうと（「ほんとうは思ってない」といわれて）それは無効化される。そして、そこでもなお、「なんでもいっていい」という命令はつづく。いっていいのか、いけないのか。矛盾する命令は、矛盾を解けないまま、生き残りつづけることになる。

娘はどうしていいかわからない。自分は、母親に受け入れられているのだろうかいないのだろうか。さらには、自分がなにをいったのか、なにを考えたのかさえも、はっきりしなくなってしまう。ここで述べたようなコミュニケーション・パターンが反復されるとき、他者による「私」の承認が、また他者という「主体」が存在していることそのものが、私を呑み込み・操る「存在の喪失の危機」の契機と感じられるようになる――すでに述べたこのような「他者」への感じ方は、もはやそれほどわかりにくいものではないだろう。

「承認」はもちろん、「否認」でも事態ははるかに安定的だ。私はどの現実に拠って立てばいいのか了解できる。しかし、この第三のどちらでもない（どちらでもある）コミュニケーション・パターンは、人をどの現実にも着地できないようにする。このときこそ、人は

「安住できない境地」のなかで「存在論的不安定」の状況に置かれることになる。

人を不安にさせる「第三のコミュニケーション・パターン」。以上の例示で、これについて、ある程度了解可能になったことと思う。そして、日常を振り返ってみると、私たちがこうしたコミュニケーションをとることはいくらでもあるように思われる。

しかし、さらに振り返ってみよう、では、どうして私たちは、そのような――「承認」・「否認」と比べれば、ずいぶん複雑で面倒にみえる――コミュニケーション・パターンをとるのだろうか。あるいは、ここでの事例でいえば、どうして「母親」や「家族」が、「子ども」に対して、このような――愛すべき「子ども」を著しい不安に連れていくような帰結を招く――コミュニケーションをするのだろうか。次に、このことを考える必要がある。そして、そのために私たちは、この状況をつくるもう一方の側――「子ども」ではなく、それをとりまく「母親」あるいは「家族」の側――の置かれる「状況」と、そこでとる彼らの「戦術」に、目を向け変える必要があるように思われる。

4　もうひとつの「状況」と「戦術」

【1】

ここでは「母親」と「子ども」の関係に限定することにして、考えていくことにしよう。いったいどうして、「母親」が、「子ども」に対して、不安を生むようなコミュニケーション・パターンを繰り返すのだろうか？——これがここでの問いである。

ひとつ確認しておくならば、これまで「第三のコミュニケーション・パターン」と呼んできたものが子どもを「存在論的不安定」に導くには、重要な条件があった。おそらく同じコミュニケーション様式でも母親が行うのと他人と（前節での表現では「通りすがりのおばさん」）では、子どもへの効果は大きく異なる。多くの時間を共有する母親とのコミュニケーションは繰り返されるものだし、さらに決定的なのは、母親は子どものアイデンティティにとっての「補完的な他者」だからである。母親が認めてくれなければ、子どもは「母親にとっての子どもというアイデンティティ」を自らに与えることはできない。

さて、このことは、考えてみれば、母親にとっても同様である。彼女も子どもと多くの時間を共有しているし、子どもに「母親」として承認されることは決定的に重要である。

2節で引用したレインの単純な言葉をふたたび引用しよう。――「女性は、子供がなくては母親にはなれない。彼女は、自分に母親のアイデンティティを与えるためには、子供を必要とする」。子どもが私をどう見るか、このことは彼女にとって切実な重要性をもつ。「家族」というものは（素朴にいって「うまくいっている家族」は）、こうした補完的な他者同士が形成する「補完性のネットワーク」であるともいえるだろう。母親が子どもを承認し、子どもが母親を承認する。妻が夫を承認し、夫が妻を承認する。そこに、ある「家族についての幻想」が共有されることもあるだろう（Laing [1969=1979:23]）。優しいお母さん、信頼できるお父さん、まじめなお兄ちゃん、やんちゃな妹、なんでもいいあえる愛情に満ちた家族！　そうした「幻想」あるいは「家族神話」のなかで、それぞれの構成員がアイデンティティを確保するという事態も、ありふれたことだ。お互いに認めあうネットワークとして、あるいは「家族」という「幻想」を共有しあうシステムとして、「家族」は、それぞれのメンバーにとって重要なものである。

ただし、この「家族」のシステムには、次のようなケースもある。相手からの承認を得たいのだが、得られない部分が自分にはある。そこで私は他のメンバーが認めてくれるだろう部分だけを見せ、相手は見せられた部分を承認する。相手のメンバーもまた私が承認するだろう部分を見せ、私もそれを承認する。つまり、承認されない部分を隠しながら「補完」しあう関係、レインはこれを「共謀」と呼び、こうして支えられるアイデンティティを「共謀的アイデンティティ」と呼ぶ(Laing [1961=1975:129-138])。しかしながら、「家族」という補完性システムは、ほとんどの場合、こうした「共謀」によって支えられているようにも思われる。「優しいお母さん」「まじめなお兄ちゃん」とは違う「私」、それぞれのメンバーは「家族」の幻想にはおさまらない「私」をほとんどの場合もっている。そうでありながら、「家族」というシステムにおさまる「私」を見せあい、認めあう。全構成員が完全に「家族」のなかにおさまってしまうある意味でグロテスクな「家族」以外、家族は「共謀」によってしか支えられないようにも、私は思う。

さて、前節の三つめの例から考え始めることにしよう。あるとき、子どもが、「うちはなんでもいいあえる家族なんかじゃない。お母さんなんて、嫌い!」といい始める。この言葉は、子どものたんなる思いつきである場合もあれば、この「家族」に存在する「共謀的アイデンティティ」が隠蔽してきた部分を的確に指摘している場合もあるだろう。そして、繰り返すが、「子ども」は、「母親」や「家族」にとって、そのアイデンティティのための重要な「補完的他者」である。そのような他者からの、「家族」と「母親」に対するこの言葉は、もちろん母親にとって(また他の家族にとって)「否認」の意味を帯びた、看過しがたい言葉であることはまちがいない。補完的他者からのこの言葉に対して、母親や家族はどのようなコミュニケーション様式をとるのか。——ここで生じている事態を、こんどは母親と家族の「戦術」の側から、少していねいに考察しなければならない。

【2】

前節で、三つの例それぞれについて、三つの対応の仕方を考えた。そこでは、それが「子ども」になにをもたらすかを論じたが、ここでは、「母親」にとっていかなる意味をもつかを考える必要がある。まず、いま考え始めた三つめの例における娘の言葉に対して、母親にはどのような対応が可能だろうか。ここから考えてみよう。

第一に、「承認」するという対応がある。しかし、この対応をしてしまうことは、母親にとって、この家族は「なんでもいいあえる家族」ではないこと、私が娘に「嫌われている母親」「優しくない母親」であることを、はっきり認めることを意味する。このとき、「家族」の神話も、「母親」としての「私」のアイデンティティも、どうしても少しは傷ついてしまう。母親として、できるだけ、これはとりたくない。

では、第二に想定される対応、「否認」はどうか。「なにいってんの、生意気いうんじゃないわよ」、あるいは「そんなこというんじゃありません」。この対応は「なんでもいいあえはしない」という娘の言葉の内容を否定することができるものだ。しかし、すぐにわかるように、この対応をとることは、母親にはできない。なぜなら、こう口に出した瞬間に、母親は自分の言葉によってこの家族が「なんでもいいあえはしない」家族であることを証明してしまうことになるから。あるいは自分の言葉によって、自分が、子どものいうことを厳しく否定する「優しくない母親」であることを証明してしまうことになるから。

母親が、「なんでもいいあえる家族」という「家族」の幻想のなかでアイデンティティを見いだし、子どものいうことを受け入れる「優しい母親」という自己定義をもつ場合、端的にいって、この娘の言葉は母親のほうを（前節で述べた「子ども」の側に生じるのとは別の構造の）「ダブル・バインド」に置いてしまうのだ。「承認」すれば、（娘のいうことを「承認」する「なんでもいいあえる家族」でありつづけるが）「承認」された娘の言葉の内容によって「なんでもいいあえる家族」は傷つく。「否認」すれば、（「なんでもいいあえない」という娘の言葉は消去できるが）娘の言葉を否認したという自らの対応そのものによって「優しい母親」の定義は傷つく。だから母親は「承認」も「否認」もできない。ではどうするか？「承認」＝娘の言葉の内容が存在しつづけることで傷つくことも、「否認」＝自分の対応によって傷つくことも、しないですむような対応、「優しい母親」でありつづけながら、娘の言葉を根こそぎ無効化する対応――「お前はいい子だから、ほんとうはそんなこと思っていないって、お母さんは知っているわ」、この対応によって、「なんでもいいあえる家族」も「優しい母親」も傷つかずに生き残ることができるのだ。

これは他のふたつの例でも同じだ。子どもが虫をもってきた。虫が嫌いな私はこの行為を否定したい。でも「優しい母親」はそういってはいけない。とても優しくこういおう、

「服が汚れてるわよ、着替えてらっしゃい」！　どうしても私は子どもを抱く気がしない。しかし「優しい母親」はそんな気持ちをもってはいけない。私の身体はコントロールできないでこわばるが、言葉では優しくいわなければ、「さあ、いらっしゃい」！——ここで母親は、「優しい母親」という自己定義と、自分のなかの虫が嫌いだったり、子どもを抱きたくなかったりする「優しくなさ」のふたつに縛られている。「優しくなさ」を認めること、「優しい母親」を捨てることは、彼女にはできない。でも「優しくなさ」は私のなかにある。そこで選ばれるのが、「優しく」ありながら「優しくなさ」を示してしまう方法、つまり「無効化」や「ダブル・バインド」という第三の方法なのである。

【3】

母親（をはじめとする家族）が置かれる「状況」、そこで選択する「戦術」。それが「第三のコミュニケーション」に水路づけられていくありさまは、このようなものだ。もうひとつのダブル・バインドともいえる状況が「精神病理」のちょうど反対側の場所にある。つまり、「子ども」の言葉や動作によって、母親（や家族）の側に「安住できない境地」が生み出され、この「状況」を解くためにとる「戦術」＝コミュニケーション・パターンが、「子ども」の側に「安住できない境地」を作りだす結果を生む、ということになるのだ。

ひととおり辿ったこの筋道の出発点を、レインは厳しく次のように表現する。先に家族とは「補完性のネットワーク」と呼んでもよい、と述べた。しかしながら、いや、そうだからこそこうもいえる、家族とは、互いに「暴力」を振るいあうものなのだ、と。

たとえば、娘の「なんでもいいあえる家族じゃない」という言葉は、母親や他の家族にとって――彼女が「補完性」の他者であるからこそ――、そのアイデンティティを壊す「暴力」として作用する（Laing [1967=1973:94]）。これに直面して行われること、それは、母親が、家族が、自らのアイデンティティを守る作業である。レインは、フロイトがいうひとりの人のこころのなかで行われる「防衛」とは異なる、人と人との間に生じる防衛＝「トランスパーソナルな防衛」という作業の存在を指摘する。つまり、「自己が自分の内的世界を保存するために他者の内的世界を統御しようと企てる」もうひとつの防衛メカニズムを、「暴力」を受けたメンバーたちは作動させなければならないのだ（Laing [1969=1979:23]）。それは、ときに、私（たち）のアイデンティティを守るために、他者のアイデンティティを破壊する、という事態にまで進展する。私（たち）を防衛する「力」は、他者の「暴力」に「暴力」を振るい返し、その内的世界を破壊するのである。

レインはこんなふうにいう。家族とは、「もし誰かが限界を踏み越えようものなら、誰もが暴力で彼を脅か」すという「暴力」、つまり家族を破壊する力に対する「暴力」が存在する場所である。そして、それぞれのメンバーが、この「暴力」が自分自身に対して振るわれないために相互の保護・安全を提供する「相互テロリズム」の場所である（Laing [1967=1973:94]）。「暴力」を振るわない（限界を越えない）かぎり、家族は安全な場所だ。しかし、「暴力」を振るってしまう（家族の限界を越えてしまう）と、「家族の安全」を守るために、その「（家族を壊す）暴力」への「（家族を守る）暴力」が他の家族から振るわれる。そして、その「暴力」を振るわれないために、私たちは「暴力」をけっして振るわない。そのような（レインの表現でいれば、「ギャング仲間みたいな」（Laing [1967=1973:94]））「相互テロリズム」による「安全」が、レインの描き出す、家族という場所なのだ。

彼にならってここで辿った事態を「暴力」と呼んでもよいだろうが、より注意するべきことは、それがとても「優しい」姿で、たとえば「なんでもいってよい」という言葉とともに現れるということだ。いや、形態として、この「暴力」が見えにくい――「無効化」や「ダブル・バインド」は、いつも「優しい姿」をとっている――ことよりも、強調すべきは、「優しさ」や「なんでもいってよい」という言葉に縛られているからこそ、この「暴力」が必要となり、生まれてしまう、という本質のほうである。

いったいなにがここに存在する「暴力」なのか。子どもにとっては、いま述べた、見えにくい形で作動する母親の「優しい＝第三の」コミュニケーションが「暴力」である。では、母親にとっては？――彼女を「嫌いだ」という子どもの言葉、彼女が子どもを嫌いだと思ってしまう気持ち、厳しく子どもに「否」をいわなければならない状況などが、彼女のアイデンティティを危機に曝す「暴力」であるともいえよう。しかし、もうひとつの「暴力」の契機がある。それは、「優しい母親」という自己定義そのもの、「なんでもいいあえる家族」という幻想そのものがもつ、彼女を振り回す力である。これを守るためにこそ、母親は、家族は、その「暴力」を作動させなければならないのだ。だから、その「暴力」は、いつも「優しい私」という自己定義と矛盾しない、「優しい」形態をとる。

考えてみよう。もし彼女が、「優しい母親」という定義などなくても「母親」のアイデンティティを保つことができると確信していたら。そのとき、彼女は、「お母さんのこと嫌い」という言葉や子どもを抱きたくないという気持ちを、そのまま「承認」することもできただろう。「なんでもいいあえる家族」でなくなったとしても「家族」でいつづけられると思うことができたとしたら。そのとき、子どもの言葉に対して「そんなことというもんじゃない」といって「否認」し、「なんでもいいあえはしない家族」のなかにいること(少なくともこの家族にそういう側面があると認めること)を選ぶこともできただろう。「優しくない」ところがあったとしても、私は「母親」であり、「なんでもいいあえない」ところがあっても家族は「家族」である、と考えられるのだから。しかし「優しくなければ」ならない、「なんでもいいあえる家族」でなければならない、そうでなければ「私(たち)」ではなくなる、と考えるとき、コミュニケーションの技法は大幅に制限される。「優しくありつづける」ための、「なんでもいいあえる」ためのコミュニケーションは、すぐに「承認」も「否認」もできないコミュニケーションになってしまう。それが、「第三のコミュニケーション」なのだ。そして、これこそが、子どもに対する「暴力」として——もちろん、まったく意図せざる結果として——働いてしまうことになる。

「優しい母親」、「なんでもいいあえる家族」、この「私」のアイデンティティを支えるストーリーが「私」の自由を大きく奪う。さらに、他の「私」を破壊しなければ「私」を維持できないような狭い道に「私」を閉じ込めてしまう。2節の終わりでこう述べた。「私」は自らを維持するしたたかさと、維持しなければならないやっかいさをもっている、と。「優しい母親」という「私」のストーリーもそうだ。それは、「承認」でも「否認」でもないコミュニケーション様式をほとんど自動的に採用し、自らを維持するしたたかさをもつ。そして、そのために、自らのコミュニケーションの経路を狭め、さらには子どもを（あるいは他者一般を）傷つけてしまうやっかいさを発揮する。

でも、考えてみよう。「優しい母親」という自己定義のために、「なんでもいいあえる家族」という幻想のために、「母親」であることや「家族」であることそのものを破壊してしまうことは、不条理なようにも思われる。そもそも、いつも「優しい母親」、いつも「なんでもいいあえる家族」など絶対に存在しないものではないか。ちょうど「共謀」のない家族がほとんど想定できないのと同じように、私たちは、「なんでもいいあえる家族」からはみ出してしまう部分をもっていたり、「優しい母親」からはみ出してしまう部分をもっている。ところが、そうしたありそうにない私（たち）を「私（たち）」のアイデンティティのメインストーリーに据えるとき、それは、「私（たち）」をほとんど「暴力」のように振り回す。そして、さらに、「他者」に対しても「私（たち）」が「暴力」を振るわなければならないような状況を作りだす。逆説的にいえば、「優しい私」でありつづけようとするために、他者の「私」を破壊してしまうような、もっとも暴力的な「私」が成立することになってしまうのだ。

そうした「私」から自由になるには。そうした「家族」から自由になるには。いや、もちろんそれは、「優しい母親」や「なんでもいいあえる家族」だけでなく、「完璧な教師」や「あたたかいコミュニティ」であってもなんでもよい。その「完璧さ」や「あたたかさ」がもつ、人を閉じ込めたり振り回したりする「暴力」、それから自由になるには。

――しかし、この新しい課題を考えることに踏み込むには、レインの「統合失調症」論を素描するためのこの補論は、明らかに準備不足である。

私たちもまた、それぞれに置かれた「状況」のなかで、「私」でありつづけるための「戦術」を行使している。それが、ここで述べたような「暴力」を（とても優しい暴力を）含みこんでしまう事態は、ごくありふれた日常にも、存在してはいないだろうか。――私たちはひとりひとり「私」を抱えながら生きている。他者も、それぞれの「私」を抱えながら生きている。そして、そうした「私」と「私」が、日々出会い、同じ「社会」という場所に生きていかなければならないのだ。

注

（1）この例示は、石川［1992:27-33］による。本章をはじめ、この本の他の章も、石川准氏の「アイデンティティ管理」の社会学から多くのことを学んでいる。

（2）サリヴァンの議論については、奥村［1994］を参照されたい。

参考文献

Bateson, G., 1972, *Steps to an Ecology of Mind*, Ballantine Books. ＝1986（佐伯泰樹・佐藤良明・高橋和久訳）『精神の生態学（上）』思索社

石川准 1992『アイデンティティ・ゲーム――存在証明の社会学』新評論

Laing, R. D., 1960, *The Divided Self: An Existential Study in Sanity and Madness*, Tavistock Publications. ＝1971（阪本健二・志貴春彦・笠原嘉訳）『ひき裂かれた自己――分裂病と分裂病質の実存的研究』みすず書房

――1961, *Self and Others*, Tavistock Publications. ＝1975（志貴春彦・笠原嘉訳）『自己と他者』みすず書房

――1967, *The Politics of Experience and the Bird of Paradise*, Penguin. ＝1973（笠原嘉・塚本嘉壽訳）『経

験の政治学』みすず書房
――1969, *The Politics of the Family and Other Essays*, CBC Publications. ＝1979（阪本良男・笠原嘉訳）『家族の政治学』みすず書房
Laing, R. D., Esterson, A., 1964, *Sanity, Madness, and the Family : Families of Schizophrenics*, Tavistock Publications. ＝1972（笠原嘉・辻和子訳）『狂気と家族』みすず書房
奥村隆 1994「リアリティ・コントロールと「主体」形成――H・S・サリヴァン、R・D・レインを中心に」庄司興吉・矢澤修次郎編 1994『知とモダニティの社会学』東京大学出版会
Sullivan, H. S., 1940, *Conceptions of Modern Psychiatry*, W. W. Norton & Company. ＝1976（中井久夫・山口隆訳）『現代精神医学の概念』みすず書房

第3章

外国人は「どのような人」なのか

——異質性に対処する技法——

1　メディアがつくるイメージ

【1】

ふたつの問いを投げかけることから、この章を始めることにしよう。

ひとつはかなり抽象的な問いだ。あなたがあるときある場所で、見知らぬ、自分とはまったく異質な「他者」に出会ったと想像してほしい。そのときあなたはどうするだろうか。たとえばその他者が「外国人」と呼ばれる人なら、あなたはどう対応するだろうか。

もうひとつの問いは、ずっと具体的なものだ。左のマンガを見てほしい（図1）。これは、一九八七年一一月二〇日付の『朝日新聞』朝刊に掲載されたサトウサンペイ「フジ三太郎」というマンガである。これを見て、あなたはどんな感想をもつだろうか。ここに「外国人」に対するひとつの対応が存在するわけだが、あなたはこれを見てどう思うだろうか。

この章は、異質な「他者」と出会ったとき、私たちがどうするのかを問題にする。おそらく、「異質性」を前にしたとき、それに対処するためのさまざまな「技法」が存在しうるだろう。私たちは、そのうちのどのような「技法」を身につけているのだろうか。

しかし、それを一般的に描くのはとても難しい。ここでは、それを描くために、マスメディア、とくに活字メディアの記事をデータとして用いることにする。新聞や雑誌に「外国人」がどのように描かれてきたのか。これが、ここで考える具体的な問いである。

【2】

一九八〇年代、日本社会には多くの「外国人」が暮らすようになった。アジア諸国など各国からやって来た「外国人労働者」「留学生・就学生」「経済難民」と呼ばれる人々への

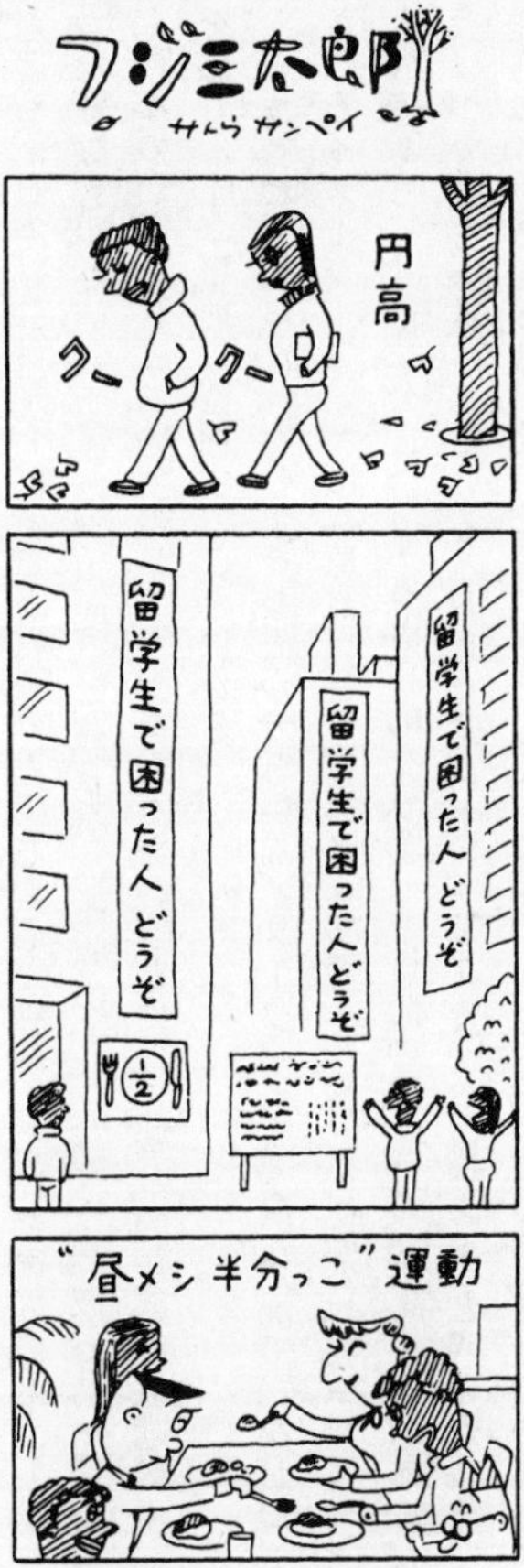

フジ三太郎
サトウサンペイ
円高
クー
クー
留学生で困った人どうぞ
留学生で困った人どうぞ
留学生で困った人どうぞ
"昼メシ半分っこ"運動

図1　「フジ三太郎」
（『朝日新聞』1987年11月20日）

対応を、日本社会は迫られることになった。しかし、彼らについての知識も乏しく、出会った経験も少ない日本人は、戸惑いを感じていたといえるだろう。彼らは「どのような人」なのか。これについてのイメージをもたないことには、基本的な態度も選べず、不安を感じたまま事態に直面することになる。

こうした、彼らが「どのような人か」というイメージがもてない状況で、なおつくりだされるイメージ——いわば「原点」としてのイメージ——は、外国人は「コワイ」というものであろう。(1)「異人」に対する潜在的な恐怖心と排除の思想は、たとえば日本の民俗社会についても報告されているとおりだが(小松[1985:86])、自分たちと明らかに異なり、理解する手立ても見出せぬわけのわからない存在、いや、ただ存在するだけの「もの」ではなくなにをするかわからない「人」である彼らに対して、「コワイ」というイメージをもち、「拒絶」または「排除」することは、多くとられる対応のひとつであろう。

たとえば、外国人の不法就労への賛否を問う総理府のアンケートに「良くないことだ」と答えた人々(全体の三九・四%)のうち、四七・五%が「治安、風紀が悪くなるから」としているが[朝日新聞：1988.7.11.]、ここには「コワイ」イメージの表出も含まれるといっていいだろう。『朝日新聞』が外国人労働者をどう見るかを問うたアンケートでは、一三%が「治安、風紀などが乱れる」としているが、これは農林漁業者(この回答の割合が一八%)や町村部(一六%)など、外国人に会う機会の少ない人々に多い回答だと指摘されている［朝日新聞：1988. 11. 6.］。

接触したことのない「人」に対する「コワイ」イメージ——しかし、これは「イメージならざるイメージ」にすぎない。彼らが「どのような人か」という内容を含むイメージこそ、彼らへの不安を和らげ、「排除」や「拒絶」以外の対応を可能にするものだ。この「コワサ」を越えたイメージは、彼らとの直接の出会いによって形成されることはまちがいない。しかし、多くの人々にとって決定的な役割を果たすのが、メディアがつくるイメージである。もちろん「コワイ」イメージをマスメディアがつくる過程も重要な研究課題だが、(2)ここではそれ以外のどのようなイメージをマスメディアが形成してきたかを検討したい。メディアは、外国人を「どのような人」としてつくってきたのか。これがこの章の問いである。

【3】

確認するまでもなく、私たち自身は世界そのものの大部分に触れることができない。私たちが直接見聞きする世界の部分はごく限られており、私たちは世界のほとんどを、媒介する「文化装置」(3)を通して間接的に経験する。そして、マスメディアは、世界に生起する無限に多様な出来事のなかからなんらかの「枠組み」——ニュース・フレーム、メディア・フレームなどと呼ばれる[4]——による選択・解釈・強調・提示を通して、「ニュース」という現実を構成する。たとえば、E・W・サイードは、著書『イスラム報道（*Covering Islam*）』で、西洋とくに米国のマスメディアという「文化装置」が、なにを報道（cover）し、なにを隠蔽（cover）して、「イスラム」という現実を構築するかを検証した（Said [1981=1986]）。メディアがある「枠組み」によって出来事を選択し、解釈し、強調して、構築したイメージ。そのイメージを、受け手である私たちも、その対象に向かうときの手持ちのイメージとして（もちろん修正や読み替えをしながらも）使用するだろう。

では、日本のマスメディアは、「外国人」という対象について、どのようなイメージの「枠組み」をつくりだしてきたのだろうか。以下の二節は、このことをじっさいの報道に基づいて論じるために費やされる。ただしここでは、「外国人」の全カテゴリー、あらゆる種類のメディアを検討することはできない。

検討されるメディアは数種類の新聞・雑誌のみである。その中心は『朝日新聞』での報道で、『朝日新聞縮刷版』（東京版・一九八〇〜八九年）から「外国人」にかんする報道を網羅した記事リスト[5]にもとづいて、以下のふたつのカテゴリーの「外国人」についての全記事を収集・分析した。また、週刊誌の記事も、大宅壮一文庫の分類目録をもとに、同じ期間の対応するカテゴリーの記事を収集した（網羅的に参照したのは『週刊新潮』『週刊ポスト』『サンデー毎日』『週刊プレイボーイ』『週刊女性』『女性セブン』『女性自身』である）。

取り上げる「外国人」のカテゴリーは、次のふたつである。まず、「女性労働者」、当時の言葉でいう「ジャパゆきさん」。これについて『朝日新聞』はあるイメージをほぼ一貫して提示しつづける(2節)。次いで、アジア諸国から来日した人々を中心とする「留学生・就学生」。これにかんしては『朝日新聞』の報道にもイメージの変容がみられた(3節)。そして、週刊誌は、いずれについても、『朝日新聞』より多様なイメージを展開している。

「女性労働者」・「留学生・就学生」という「外国人」は、どのような人なのか? そのイメージをもとに、私たちは「異質性」に対処するどんな技法をつくりあげてきたのか?――ふたつの節を経過したのち最終節で、本文冒頭のこの問いをもう一度考えることにしよう。

2 「女性労働者」報道――「カワイソウ」イメージ

【1】

『朝日新聞』がもっとも一貫したイメージを形成している外国人のカテゴリーは、私の見るところ、「女性労働者」いわゆる「ジャパゆきさん」である。結論を先取りすれば、それは、「カワイソウ」な女性労働者というひとつのイメージへと収斂していく。

一九八〇年代の『朝日新聞』の「ジャパゆきさん」報道は、記事「〝輸入〟される女性たち――ニッポンの実態」「〝輸出〟される女性たち――比国に見た」[1981. 8. 5., 8. 7.] によって方向づけられる。彼女たちは「労働基準法違反の苛酷な労働に耐えて」「ウエートレスやもぐり売春をやらされて」おり、「安いホステス労働力として〝輸入〟されている」。ここでは、プロダクションやヤクザによって強制的に働かされる彼女たちの実態を通して、「北の富める国の男性が南の貧しい国の女性を〝買う〟」経済格差の構造が描かれる。

彼女たちの「悲惨な」生活をクローズアップする枠組みは、八〇年代を通して一貫している。一九八六年に彼女たちの保護施設「女性の家・HELP」が開設されると、その活動家の証言が繰り返し報道され、「甘い言葉で誘った悪徳業者」や「はびこる悪質ブローカー」によって「金銭を稼ぐ手段として」「切り捨てられる」という姿が提示される [1986. 3. 20., 4. 2., 1987. 5. 4., 6. 18.]。一九八八年四月にはフィリピン女性が栄養失調で死亡、死後一〇日余り発見されなかった事件が「孤独の病死」として大きく報じられ [1988. 4. 20.]、こうした実態が国連人権小委員会で取り上げられた経過も報じられる [1988. 7. 6., 8. 4., 9. 4.]。

また、一九八九年には、出稼ぎ先の日本では売春の強要や暴力を受け、帰国しても偽造旅券使用により収監されたり人身売買組織からの脅迫を受けたりする実態が「貧しいタイ女性」として報道される［1989. 2. 17.］。その数カ月後、タイ女性が同僚のフィリピン女性を刺した事件の記事では、売春をさせられた「被害者」が、不法残留中だからといって厳しく裁かれるのは「国際的にも通用するだろうか」という主張もなされる［1989. 11. 20.］。

このように、一九八〇年から一九八九年までの期間、『朝日新聞』の「女性労働者」イメージは——【3】で述べるわずかな例外があるのだが——すべて「カワイソウ」枠組みをとるといってよい。しかし、考えてみよう、彼女たちは「カワイソウ」なだけの存在なのだろうか。また、「カワイソウ」というイメージをつくることは、彼女たちへのどんな対応を引き出すのだろうか。しかし、このことはもっと先に考察しよう。次に、週刊誌の記事に目を転じることにする。じつは、そこでは、彼女たちはこれと異なる多様なイメージで姿を現すのだ。そして、それを通して『朝日新聞』が採用している「枠組み」が、より明確に浮かび上がることになるだろう。

【2】

簡単にいって、週刊誌の「女性労働者」をめぐる記事には、三つほどの「枠組み」があるように思われる。

第一の枠組みは、彼女たちを「人」ではなく「もの」あるいは「客体」、さらに「商品」として扱うものである。たとえば「東南アジアの舶来ギャル」［週刊プレイボーイ：1985. 5. 7.］として、端的に性欲の対象として「風俗情報」のなかに彼女たちは登場する。

この「性的客体」としてのイメージにより強い印象が付加されたのが、「ジャパゆき＝エイズ」報道である。一九八六年一一月から始まる、松本市で働いていたフィリピン女性がエイズに感染していたという報道は、『サンデー毎日』が彼女のインタビュー記事を載せる［1986. 12. 7., 12. 21.］など、多くの週刊誌が過熱ぎみの報道をみせたが、ここで、彼女たちはたんなる性的客体ではなく、「百人と〝接触〟……ゾッとする」という「感染者」であり［サンデー毎日：1986. 11. 23.］、滞在していたアパートの前に山のようなゴミがそのままなのが「何よりもブキミ」な「AIDS〝じゃぱゆきさん〟」［週刊プレイボーイ：1986. 11. 25.］として表現される。彼女たちは、他県に安く「転売」され、各地に「ばらまかれる可能性」もある［週刊ポスト：1986. 11. 28.］。そのまま出国していれば「彼女が置き土産にして行ったエイズウイルス」は「誰にもわからないまま、深く、広く、日本中へ蔓延して行った」［週刊新潮：1986. 11. 20.］だろう。ここでは、「エイズ」への偏見が「ジャパゆきさん」にかぶせられた形で、「もの」として、さらには接触がためらわれる「キタナイ」客体としてのイメージが喚起させられているといえるだろう。

しかし、週刊誌がつくるイメージはこれだけではない。彼女たちが「もの」ではなく、「人」としてどのような存在かをイメージさせる枠組みも、週刊誌は用意しているのだ。『週刊新潮』は、貧困な家計を支えるため〝人買い〟に誘われて日本にやって来て、監視つきで売春を強いられほとんどただ働きだったという「ジャパゆきさんの〝悪夢〟」を報じ［1987. 7. 2.］、『サンデー毎日』は、フィリピン国会での証言や人権擁護運動家の声を取り上げ、「日本の恥部」と論じている［1988. 3. 20.］。これは、『朝日新聞』と軌を一にする「カワイソウ」イメージの枠組みである。しかし、同紙の報道がこの枠組みから出ないのとは対照的に、週刊誌はさらに「人」としてのイメージをふくらませていく。そのひとつ——第二の枠組み——は、彼女たちの「ケナゲサ」を強調してヒューマン・インタレストに訴えるもので、女性週刊誌に頻出する。たとえば『女性セブン』は、福井県大飯町で原発立地後若い女性が流出したところに、八六年ごろからフィリピン女性が現れたと報じ、彼女たちが家族を学校にやるために送金しており、「国でこのお金を待っていると思うと、使えない」といってつましい生活をしている、という姿を描いている［1988. 3. 10.］。

ところが、この第二の「ケナゲサ」枠組みと重なりながらも相反するイメージが、多くの週刊誌には登場する。たとえば、さきの『週刊新潮』の「〝悪夢〟」記事の書き出しは、「エイズ騒動で敬遠されているとはいえ、ジャパゆきさんたちはせっせと働き、故国に仕送りしている人が多い」〔1987. 7. 2.〕というものだ。ここでは、彼女たちの「人」としてのイメージが、その「ケナゲサ」だけでなく、せっせと働く「タクマシサ」、さらに「ガメッサ」「ズルサ」へと向かっていく。『週刊プレイボーイ』は「ジャパゆきさん」の急増による入管法違反件数の増加について「一部知識人はこの数字は〝悲しい〟と言うのだが」、彼女たちは貯金の目的で脅されてではなくすすんでやって来ており、強制退去させられても偽造パスポートを手に「明るく再入国」、「ルンルン気分」で「元気にかせぐ」という、『朝日新聞』とは対照的で、これを相対化さえする枠組みを提示する〔1985. 9. 17.〕。

この枠組みを繰り返し示すのが『週刊新潮』である。一九八〇年末のグラビアで「出稼ぎフィリピン娘」の歳末をとりあげ、「稼ぎのいい東京の夜にひかれて東南アジアから流れこんでくる女性」たちが、日本は貯金でき体は楽で給料もいいので一日でも長く日本にいて多く稼ぎたい、と語る声を紹介する〔12. 25.〕。台湾女性が殺された事件の記事では、彼女たちは収入を得ることが目的で入国し、仕事と割り切っているから「売春なんかやっても全く罪悪感なんてない」のが実情で、入管係官は「しぶとい生活力にはあきれ顔」、帰国時は「ちょいとした市が立つほどの土産の山」を抱えており、「まったくの稼ぎ得」「まあ、なりふり構わずに稼ぎまくっているわけだ」という表現をとる〔1983. 5. 12.〕。同誌はほかにも、〝里帰り〟での百キロもの土産〔1985. 1. 5.〕や、「台湾女性の稼ぎっぷり」〔1987. 2. 30.〕を報じ、彼女たちが「タクマシク」「ガメツイ」というイメージをつくりつ

づけるのである。【3】

週刊誌が展開する、こうした三つのイメージ――「もの」として「キタナイ」イメージ、「人」として「ケナゲ」イメージ、さらに「タクマシイ」「ガメツイ」「ズルイ」イメージ――は、ある「枠組み」に基づいている。そして、これと対比するならば、『朝日新聞』の報道も、別のある「枠組み」に基づいていることは明らかだろう。

もちろん、『朝日新聞』は、「キタナイ」イメージを偏見だとして否定する。「ジャパゆき＝エイズ」については、『サンデー毎日』がインタビューした女性が成田空港で保護された件［1986. 11. 6.］を報ずるが、それもベタ扱いである。また、一九八四年に長野県佐久市でジャパゆきさんが利用するプールで性病が伝染するというデマが流れた事件について、それを報じた［9. 12.］あとの『天声人語』で、「東南アジアの出稼ぎ女性に対する偏見や排他意識」による「根拠のない短絡的なデマ」だとして批判する意見を掲載している［9. 14.］。

しかし、私がより興味深く思うのは、「ケナゲ」から「ズルイ」にいたる、それ以外のふたつの枠組みへの『朝日新聞』の距離の取り方である。『朝日新聞』の報道で、ここに位置づけられるイメージを示す記事が、じつはひとつだけある。それは「「ジャパゆき」悲し 改ざんパスポート」という見出しの記事で、マニラ日本大使館で押収した改ざんパスポートの束の写真の下に、彼女たちが入国するために「あの手この手の改ざんぶり」で、なかには八回もトライした女性もおり「もうあきれるほどだ」と述べる文章をつけたものである［1986. 11. 29.］。

このような、彼女たちの「人」「主体」としてのイメージは、「カワイソウ」イメージとは相反するものだろう。このイメージにおいて彼女たちは、経済格差や貧困に苦しみ、「ヤクザ」や「ブローカー」（いわば「悪者」）に痛めつけられる「カワイソウ」な「客体」（「被害者」）であり、保護団体や「私たち」に援助・救済されなければならない「客体」である。その彼女たちが「タクマシサ」「ガメツサ」さらには「ズルサ」をもった「主体」であっては、このイメージのリアリティは損なわれる。『週刊ポスト』は、新宿で絞殺された二四歳のタイ女性は、他のタイ女性に売春をさせる組織の元締めだと報じている［1989. 2. 3.］が、これでは、「ブローカー」の少なくとも一部が「女性労働者」自身で、彼女たちがはっきりと「ズルイ」「悪者」になってしまい、「カワイソウ」イメージ（「貧しいタイ女性」）の枠組みからはみ出す。そして、『朝日新聞』はこのようなはみ出すイメージをいっさい採用しない。こうしたイメージがわずかでも登場するのはいま述べた記事だけであり、その唯一の記事でも、本文が「あきれるほどだ」となっているのに対して、見出しの方は「「ジャパゆき」悲しい」と、「カワイソウ」イメージをなお貼りつけようとするのである。

『朝日新聞』が八〇年代ほぼ一貫して形成しようとしてきた「カワイソウ」イメージ。週刊誌がそれぞれにとる、「キタナイ」「ケナゲ」「タクマシイ」「ガメツイ」「ズルイ」イメージ。これらから生まれる対処の技法の差を論ずることは、あとに譲ろう。ここでは、こうしたイメージの多様性が存在すること、にもかかわらず『朝日新聞』の報道がひとつのイメージに収斂していくことを、ひとまず確認しておくことにしたい。

3 「留学生・就学生」報道――イメージの変容

【1】

女性労働者とは対照的に、『朝日新聞』というひとつのメディアの報道においても時期的にイメージが変容した外国人のカテゴリーがある。そのうち、きわめて短期間で明確な変容をみせたのが、「外国人留学生・就学生」についてのイメージである。

一九八七年から急増する外国人留学生・就学生についての『朝日新聞』の記事は、当初はやはり「カワイソウ」イメージへと方向づけられていたといってよい。当時の円高で、仕送りでは生活できない東南アジア、中国からの留学生がアルバイトに汲々としている実態（「わたしの言い分」[1987. 3. 29.] でマレーシア人留学生が直接訴える）と、「政府には留学生を支援する何の手だても見られない」[1987. 5. 7.] という「悪者」の指摘によって、ある枠組みができ始める。一九八七年五月には七回にわたり「円高が憎い　追われる在日留学生」が連載され [5. 8. ~ 5. 16.]、その反響が「けなげに働きながら学ぶ姿に胸を打たれた」「見て見ぬふりをする日本人が多いと言われ、やるせない」といった読者の投書、マレーシア人留学生の「どんなに苦しみながら勉強しているのか、政府の高官は知っているのか」という声でまとめられ、この枠組みは確かなものになる [1987. 5. 20.]。「カワイソウ」イメージを決定的にしたのが、「向学心の来日　三カ月で餓死」と題された日本語学校入学準備中のバングラデシュ青年の死亡記事である。この記事では、青年が「志半ばで」相談相手もなく栄養失調で衰弱死したことが取り上げられ、「国の甘い受け入れ体制が、改めて指摘されている」と論じられる [1987. 11. 16.]。この記事を受けて、翌日の「社説」は「バングラデシュ青年が死んだ」と題され、「外国青年に人間らしい生活を実現させてやれなかった日本の社会や日本人のありかたについて、何かを問いかけてはいないだろうか」と訴えている [11. 17.]。その後、アルバイトに四苦八苦する「生活の悲惨さ」を報じた「東京で急増するアジアの苦学生」[11. 19.]、バングラデシュ青年の事例を第一回とした「緊急報告　木枯らしのなかの在日留学生」［12. 5. ～ 12. 17.］が短期間に集中して掲載されることになる。思い出していただきたいが、冒頭にあげた「フジ三太郎」の「〝昼メシ半分っこ〟運動」のマンガも、この時期に掲載されたものである［1987. 11. 20.］。

まず、一九八七年暮れまでの数カ月の期間、『朝日新聞』は、「留学生・就学生」を、女性労働者と同様に、「カワイソウ」な「客体」として描きだす。そこで、「人」として「主体」としての彼らは、「ケナゲ」で「向学心を燃やして」［1987. 12. 5.］といった、ある意味で紋切り型で描かれるにすぎない。ところが、こうしたイメージは翌年になると大きく揺らいでくる。それは、先取りしていうなら、彼らの「人」「主体」に報道が接近していくにともなって生じたともいえるものだ。たとえば、次のようなものである。

【2】

『朝日新聞』は、徐々に、こうした「カワイソウ」な留学生の「人」そのものに接近していく。まず、一九八八年の五月に、中国・上海での日本留学熱を取材した特派員による記事が掲載される。ところが、そこでは、留学の動機が「向学心」などではなく、日本でアルバイトすれば中国の何百倍もの金が儲かるといううわさによる「万元戸への早道」としてであるということが指摘されることになる。実態は「日本留学という名の出稼ぎ」であり、そのほかには失恋や試験に落ちたことへの新規まき直し、友人が留学したから自分も、という「ミエ」が動機という人さえいるという報道がなされるのだ［1988. 5. 17.］。

それまでも、「就学」を隠れミノにして不法就労するものがいることは報道されていた。だが、その報道に添えられるのは「就学生の九割以上は明確な目的を持って入国しているといわれる」［1987. 12. 9.］、あるいは「悪質な日本語学校」が就学生を「狙って」出席簿や成績書を勝手に作っていた［1988. 4. 18.］といった表現であって、彼らは「カワイソウ」――「ケナゲ」イメージの枠組みのなかに収められていた。しかし、この記事の掲載時期以降、彼ら自身が「主体」的に金を目的として入国する「ガメツサ」や、就学の偽装をする「ズルサ」をもつ、というイメージが力をもって記事に登場するようになってくる。

このイメージは、一九八八年一一月に上海総領事館にビザ発給を求める若者が押しかけ、座り込んだ事件の報道によって繰り返される［11. 15.］。実力行使をする留学生の姿は、出国のチャンスをつかもうと「顔に殺気」［12. 11.］、という表現で伝えられる。この「緊急上海報告」において、彼らの来日の目的は「就労を隠れミノとする〝出稼ぎ労働〟」［12. 11.］であり、「黄金の国」さながらの魅力をもつ「日本の高賃金」へとなびいているのが真相だと報道される［12. 12.］。この時期から、ビザ取得のための書類が偽造されていたため入国拒否された就学生が、成田空港で「大の字になって抗議し」送還を拒否した事件

［1989. 2. 6.］、出席率が悪かったり不法就労中だったりする就学生が、ビザ更新のさい精巧に偽造された書類を購入し摘発された事件［1989. 5. 6.］、さらに福建省出身の就学生六人が「同じ中国人だとばれないと思って」上海出身者を襲って現金を奪った事件（見出しは「就学生強盗団」［1989. 10. 6.］）など、それまでなされなかったような報道が相次いでなされる。こうして、「ガメツイ」「ズルイ」就学生のイメージが重ねられていくのである。

【3】

「カワイソウ」イメージから、「ガメツイ」「ズルイ」イメージへ。──もちろん、これは、現実や解釈の「枠組み」の側の変容なのか、対象そのものの相違（たとえば、時期により、出身地域により彼らの性格が違うということ）なのか、容易に区別できるものではない。

しかし、ひとつだけ（一般化はできないが）興味深い例をあげるなら、【1】で触れた「社説」［1987. 11. 17.］の「バングラデシュ青年」は、『朝日新聞』では「コンピューターの技術を学びたい一心から日本語学校を回り」［1987. 12. 5.］と表現されるが、『朝日ジャーナル』の取材によれば、彼は製本工場で働く「出稼ぎ男性」で、工場では日本語学校や専門学校に行くという夢を語ったことはないという［1987. 12. 17.］。『朝日新聞』では、彼の兄は「建設会社の技術者」でペンフレンドの日本人女性を頼って商用をかねて来日した、とされるが、『朝日ジャーナル』は、兄がまず製本工場で働いていて日本人のガールフレンドと同居を始めて休みがちになり、「日本の生活におぼれて」しまった兄の暮らしにあこがれて弟も来日したのではないか、と報じている。——この対比から、なにかを報道（cover）しなにかを隠蔽（cover）して現実を構成する、メディア・フレームの存在を見いだすことは、さほど無理ではないように思われる。そしてこのケースで採用したフレームとは対照的に、一九八八年半ば以降の『朝日新聞』は、留学生の「ガメッサ」や「ズルサ」をむしろ積極的に描くようになる。

ただし、『朝日新聞』の枠組みは前者から後者のイメージへと完全に変容するわけではない。週刊誌では、就学生には「闇の商売で儲けた人や、強盗、ゆすり、たかりなどの犯罪者が本当に大勢」いる［週刊新潮：1988. 12. 15.］、就学生自身が「ブローカー」となり「〝仲間〟を食いもの」にしてボロ儲け、といった報道［週刊新潮：1988. 2. 10., 週刊ポスト：1989. 9. 8., 週刊プレイボーイ：1989. 11. 7.］がなされるが、こうした、就学生を「悪者」にまでもっていくような報道は、『朝日新聞』は行わない。一九八八年以降においても、彼らは、暗躍するブローカーや偽装就労の「受け皿」になっている日本語学校に「食い物」にされる被害者であり［朝日新聞：1988. 7. 3.］、粗末な授業しかできず［1988. 10. 18.］、「実体がない状態でもうけることができる」日本語学校とブローカー［1988. 12. 24.］、その設置基準を作るのを怠り［1988. 12. 14.］、就学生に被害を及ぼすような日本語学校の「不適確処分」を無責任に行う政府［1989. 1. 18.］こそが批判される。一九八九年夏という時点で、日本語学校に入学金を持ち逃げされた就学生を大きくとりあげ、「貧しい中国人就学生をだますとは」という声を掲載する［1989. 7. 18., 8. 9.］ことで、この「悪者―被害者」の枠組みと「カワイソウ」イメージは、なお一定のリアリティを保つことになる。

こうして、わずか三年ほどの間に、朝日新聞における留学生・就学生のイメージは大きく変容する。当初「カワイソウ」イメージがほぼ唯一リアリティをもっていたが、彼らの「主体」が視野に入ってくるにつれて、「ガメッイ」「ズルイ」イメージがリアリティをもつようになる。しかし、どうやら、後者に完全に移行しはしなかった。その結果、このメディアは、最終的にふたつの「枠組み」を同時にもつことになったといってよいだろう。象徴的なことに、就学生の生活にかんする八〇年代最後の記事［1989. 9. 17.］は、「日本に行けば楽に稼げると聞いて来日したものの」・「時給は安く、物価は高く、苦しい生活にあえいでいる側面も浮かんでいる」という表現をとる。つまり、このふたつのイメージを、どちらも強く打ちだせないまま併存させた形で終わることになったのである。

4　異質性に対処する技法

【1】

これまで見てきた、新聞と雑誌という活字メディアが「外国人」についてつくりだすいくつかのイメージ。それでは、これらのイメージの「枠組み」から、どのような異質性への対処の「技法」が引き出されるのだろうか。あるいは、私たちのもつどのような手持ちの「技法」が、こうしたイメージをつくる「枠組み」を支えているのだろうか。——このことを、これまでのじっさいのデータを踏まえて考察するのが、この最終節の課題である。

この章の冒頭で投げかけた抽象的な問いに戻って考え始めてみよう。あなたが、ある見知らぬ、異質な「他者」に出会ったとき、どうするだろうか？——これは、次のような場面だといっていいように思う。そこでは「私」という「主体」と異質な「他者」という「主体」が出会っている。ここから「私」という「主体」が「他者」をその「客体」にする場合もあれば、「他者」という「主体」が「私」をその「客体」にする場合もある。一方が他方を支配していうことをきかせる、あるいは認識して名づけるといったいくつかの水準で、どちらが「主体」となるかわからない・「客体」にされるかわからない、宙づりの状況がいったん成立する。「私」ひとりでいるときとも、見知った「他者」、同質な「他者」と出会うときとも違う「異質な他者」と出会う経験とは、こうした「どちらにも着地できなさ」が際立つ経験であると、おおざっぱにいえるように思う[6]。

この経験は、とても「コワイ」経験である。少なくとも宙づりの「不安」が必ず感じられるし、1節【2】でも述べたように、ここで出会う「見知らぬもの」は、「もの」ではなくて「人」である。彼らはなにをするかわからない・私がなにをされるかわからない、私には制御できない行為の「主体」であり、私を「客体」の地位に陥れる力をもつ存在である。「客体」にしようとしてもそこからつねにはみ出す「主体としての他者」と出会う場面――ここで生まれるイメージが、「コワイ」であろう。具体的なイメージをもてず、もっとも「主体」の程度が高い異質な「人」に対するとき、私たちは「コワイ」というもっともネガティブなイメージを抱く。そして、このイメージしかないままで他者に対処する技法は、おそらく、「コワイ」対象を消滅させるか接触を断つ、つまり「排除」であるように思われる。ここにある不安と恐怖を、「排除」という技法は削除してくれる。

しかし、この技法は、必ず成功せず、ある悪循環をたどる。ある他者が「コワイ」。だから彼との接触を断つ。そうすると彼が「どのような人」かはさらにわからなくなり、なにをされるかはもっと予測不可能になる。「排除」によって、他者はむしろ私の制御を越えた「主体」である度合い（「コワサ」）を増していくのだ。だからさらに接触できなくなり、そうすると彼らはさらに「コワク」なり、だから……。この悪循環を完全に断つ方法は、絶対に接触が起こりえない状態をつくること――他者の「絶滅」――しかない。しかし、この実現不可能な――そして（価値判断を挟むならば）選んではならない――選択肢をとらないとすれば、対処の技法は、彼らが「どのような人」かを定義する糸口をつくるしかない。そして、そのための「イメージ」を、２・３節で検討してきたのだった。

さて、考えてみれば、「キタナイ」イメージは、そのためのひとつの技法である。もちろん、このイメージは「コワイ」と同様きわめてネガティブなものである。しかし、完全な「主体」として「コワイ」存在であった彼らを、「キタナイもの」という側面だけからイメージすることで、彼らを完全な「客体」の地位に封じこめて定義することができる。そして、これによって先の悪循環は断ち切られるだろう。彼らは「キタナイ」のだから「キタナサ」にふさわしいように安心して接すればよい（やり方は決まった！）。しかし、ここで、もうひとつの悪循環が始まる。「キタナイ」彼らに接してみたら、やはり彼らは「キタナ」かった（「枠組み」によってそのイメージだけが再生産される）、そうか、彼らにはそのように接してまちがいないのだ！　「コワイ」と「排除」の悪循環から、「キタナサ」の再生産という悪循環へ。ふつうこの悪循環を、私たちは「差別」と呼ぶ。私たちは「キタナイ」彼らを「差別」する「主体」となる。彼らは「キタナイ」から「差別」される「客体」となる。断っておくならば、この技法は、「排除」とは異なる。「排除」が彼らと同じ社会にいるのを拒否する技法であるのに対して、これはひとつの社会のなかにいるための技法ではある。しかし、もちろんこの技法は、ネガティブなイメージによって、「主体」の地位を一方的に自分たちのものに、「客体」の地位を一挙に（なんのていねいな吟味もなく例外なく）彼らのものにしてしまう、という技法である。そして、2節で見たように、週刊誌の「女性労働者」報道の一部は、「キタナイ」イメージを採用していたのだった。

完全な「主体」としての「コワイ」イメージから完全な「客体」としての「キタナイ」イメージへ。「排除」の悪循環から「差別」の悪循環へ。このふたつが、異質な他者に出会ったときにとられる、すぐに発見される技法である。ただし、この「ネガティブ」なイメージは、前者は、他者が「主体」である度合いが高いがゆえに「ネガティブ」であり、後者は、他者を「客体」に一気に貶めるために「ネガティブ」だという相違をもつ。

整理のために、ふたつの軸によって各イメージと対処技法を位置づけてみよう。第一の軸は、他者が「主体」（能動的な人）として登場するか、「客体」（受動的なもの）として登場するか、を表すものとする。第二の軸は、そのイメージが「ポジティブ」（肯定的・好意的）なものか、「ネガティブ」（否定的・非好意的）か、を示すものとしよう。この二軸をクロスさせれば、四つの象限ができる。つまり「主体×ポジティブ」「客体×ポジティブ」「主体×ネガティブ」「客体×ネガティブ」。この座標平面において、「コワイ」は「主体×ネガティブ」、「キタナイ」は「客体×ネガティブ」、という位置づけをしてもよいだろう（これは、【3】で改めて図示するので、いまはイメージできなくてもかまわない）。

では、他のイメージはこの図にどう位置づけられるのか。そして、それぞれがどのような対処技法を導くのか。――私は、そのうち慎重な検討が必要なのは、「カワイソウ」というイメージだと考える。女性労働者については一貫して、留学生・就学生ではある段階まで『朝日新聞』が採用したイメージ。冒頭にあげたマンガを思い出してもいい。ここにはまちがいなく「カワイソウ」イメージがあり、それに基づくある対処技法が示されている。さて、それを見たとき、あなたはどう感じたのだったろうか。次の項ではこのイメージを検討することにしよう。

【2】

このイメージは、「コワイ」や「キタナイ」と比べるまでもなく、じつに「ポジティブ」なものである。そして、これらのイメージから生まれるのとは大きく違う対応の可能性が、このイメージからは開かれる。すなわち、「同情」や「援助」という対応である。この対応が、「排除」や「差別」とは正反対の関係を構築するだろうことはまちがいない。そして、このイメージは、彼らが置かれた状況の問題性を暴き出し、彼らを苦しめる「悪者」を糾弾して、ある変革を模索する志向をもつものでもある。素朴にいって、「人道的」「良心的」「ヒューマニスティック」といわれる立場と親和性のある枠組みである。

ところが、このイメージをさきの座標平面に置こうとするとき、次のようなことに気づかされる。「カワイソウ」枠組みによる記事を思い出してみよう。そこで、彼らはどのような「人」だったろうか。彼らは「主体」としてなにをしていただろうか。——じつは、ある人を「カワイソウ」と感じるとき、私たちはその人がなにをしているかをほとんど知らないことが多い。むしろ、この枠組みに、彼らの「人」としての「主体」はほとんど登場しない。ごく簡単にいえば、ある人を「カワイソウ」と思うということは、その人がなにをするかではなく、なにをされるかに照準するということだ。「カワイソウ」な彼らを人道的・良心的に描くとき、描かれるのは彼らを囲む悲惨な「状況」や「悪者」であって、記事は、彼ら自身がなにをするか、「カワイソウ」な側面を除いた彼ら自身がだれなのか、にはあまり興味をもたない。彼らはある「主体」に苦しめられ、ある「主体」に救済される「客体」でしかない。彼ら自身は「主体」ではない。つまり、「カワイソウ」イメージは、座標平面の「客体×ポジティブ」という象限に位置するイメージなのである。

ある人を「カワイソウ」とイメージして、「ポジティブ」に「同情」や「援助」という対応をする技法。これは、「排除」や「差別」とは明らかに異なるすばらしい可能性をもつものだ。しかし、座標平面に位置づけるための簡単な考察を踏まえると、こうもいうことができる。――ここでなされることは、外国人という異質な「人」に「カワイソウ」というイメージを付与して、理解可能な「客体」としてしまう、ということだ。そして、そこから「同情」や「援助」を始めるとき、それをする「主体」は私たちであり、彼らはそうされる「客体」である。ここでは、彼らが私たちになにかをするという位相、彼らが「主体」としての力をもっているという位相は、まったく登場しない。私たちは、自分の「主体」としての地位を確保して安心しながら、「ポジティブ」な関係を彼らと結ぶ。そして、異質な他者は、「客体」として（のみ）私たちの世界のなかに位置を占めることになる。

ある意味で、ここで開かれる関係は、「キタナイ」から開かれる関係と似ている。まず、異質な他者と出会う宙づりの、彼らが「主体」となりうる「コワイ」状況があり、「キタナイ」イメージは、この状況から脱出し、私たちの「主体」の位置を一気に回復する有効な装置であった。そして、考えてみれば「カワイソウ」イメージもまた、私たちを「主体」の地位に一気に（他者の「人」を吟味せずに）引き上げるのに有効な装置である。私たちは彼らに「同情」し「援助」する「主体」であり、彼らはこれまでは「悪者」に「支配」され、これからは私たちに「同情」「援助」される「客体」なのだ。いや、「カワイソウ」の方が「キタナイ」イメージよりも、より安全で巧妙な装置なのかもしれない。「排除」や「差別」が、私たちを「悪意の主体」にする可能性をもつことを、私たちはよく知っている。どちらもあからさまに他者を「客体」にすること（他者を傷つけること）であり、それを誰かに指摘されて（「差別者！」といわれて）自らが「主体」の地位を喪失して傷つくリスクを含んだ技法である。しかし、「カワイソウ」イメージを抱いて「同情」や「援助」をする人々は、それだけで「善意の主体」としての位置を獲得できる。こうした記事を読み、「カワイソウ」と思った瞬間、彼は「いい人」になり、傷つけられる可能性はなくなる。「コワイ」ときのように、異質な他者自身に傷つけられることはない（「カワイソウ」な存在にすぎない他者は私たちを傷つけるほどの力をもたない）。「キタナイ」イメージのときのように、「差別」する「主体」だ、と非難される可能性もない（私は「同情」と「援助」をする「善意」に満ちた人である）。「カワイソウ」イメージをもつことで、私はつねに「主体」でありつづけられ、他者は一気に「客体」の地位に並べられる。

　再度確認するならば、このイメージは「同情」や「援助」というポジティブな関係をつくりだす。これが、「カワイソウ」と思われる側にとっても、あるポジティブさをもつことはまちがいない。「排除」や「差別」よりもずっと好意的に遇してくれる社会がそこにあり、「外国人」は「好意」を与えられながらこの社会のなかにいられるのだ。私たち（「善意の主体」でいられる）にとっても異質な他者（「好意」を与えられる）にとっても、これでいいような気もする。しかし、この技法が支配する社会では、外国人は「カワイソウ」な対象、「同情」や「援助」の「客体」であるかぎりにおいて、あるいはそのような「客体」としてのみ、社会に「ポジティブ」な位置を占めることができるようにも思われる[7]。

考えてみよう。「カワイソウ」というイメージによって異質な他者に対応する人々にとって、そうした他者が、ただ「カワイソウ」な存在ではなく、他のさまざまな側面をもっとわかったら。「主体」として、私たちの予測を越えた力をもつ存在、私たちを「客体」にするだけの力をもった存在だとわかったら。つまり、彼らが「どのような人」＝「主体」であるか、ということがわかったら。――「カワイソウ」というイメージ、「同情」や「援助」という技法では、こうした「主体」としての力をもった他者には対処できないだろう。この技法を採用する人々の前に「主体」としての異質な他者が現れるとき、カワイソウな「客体」とばかり思っていた他者が自分たちと同様かそれ以上の「主体」としての力を持っているとわかったとき、この人々は、彼らに裏切られたと思ったり、予想外の「主体」の力におろおろしたりすることしかできない。「カワイソウ」イメージは、他者を「客体」という位置に封じ込めることによって対処を可能にする技法である。あるいは、他者をこの位置に閉じ込める力を発揮する技法である。他者がそのような存在に自らを閉じ込めているとき、この関係はじつに良好なものとなる。しかし、その位置から他者がはみ出すなにかをいったん見せたとき、この関係は厳しい危機に瀕してしまう。

「女性労働者」報道と「留学生・就学生」報道をふりかえろう。じっさいのところ、彼らはどちらも、「カワイソウ」なだけの存在ではない。彼らは、ほとんどすべての人間がそうであるように、ある「タクマシサ」や「ズルサ」や「ガメツサ」をもっている。週刊誌は、さまざまな表現で、それを報じる。しかし、「カワイソウ」枠組みを軸に記事を組み立てる『朝日新聞』は、それを週刊誌のようには描けない。一方で、発見してしまった他者の「主体」を、それでもなお切り捨て、彼らを「カワイソウ」な「客体」という位置に閉じ込めつづける。「同情」し「援助」する私（たち）でありつづけるために、他者の「主体」――純粋な（清く貧しく美しい）存在ではなく、不純さをもつ＝人間である存在――を隠蔽し、「カワイソウ」でありつづけられるようにするのだ（2節【3】で見た偽造旅券をつくる「女性労働者」への記事の内容と見出しのズレを思い起こそう）。他方、彼らの「主体」の現れも、私たちの「主体」が余裕をもって対応でき、「カワイソウ」な人々がもつ「ケナゲ」でせいぜい「タクマシイ」ものにすぎない範囲なら、それを許容し応援する。ときにそれは、「カワイソウ」なメインストーリーの、サイドストーリーとして採用される。

しかし、彼らの「主体」がこの範囲を越えることはいくらでもあり、彼らがそのような「主体」であることは、私たちの目に映るようになる。そのときなにが起こるか。――そのとき私たちは余裕を失う。もはや、自分たちがつねに「主体」であるという保証はなくなってしまい、自分たちのほうが「客体」となってしまうのではないかという不安が生じるのだ。「カワイソウ」枠組みの範囲内では、私たちは彼らに好意的にふるまえる。しかし、その範囲から彼らの「主体」がはみ出すとき、対応はきわめてネガティブになる。彼らの「主体」にはりつけられるイメージは——一九八八年後半以降の「留学生・就学生」報道に見られるように——、一気に「ガメツイ」や「ズルイ」といったものになる。いいかえれば、「カワイソウ」をはみ出したとき、私たちは「コワイ」イメージを形成する位置に近づいてしまう。「カワイソウ」の枠組みを取れなくなった私たちは、そこに「ネガティブ×主体」を表すイメージをはりつけて、「排除」に近い技法に急いで着地してしまうのだ。簡単にいって、彼らが「主体」であればあるほど対応はネガティブになる。

付言しておこう。「カワイソウ」枠組みがもつ、他者の「主体」を削除し彼らを「客体」に封じ込めようとする本質——おそらくこの枠組みを採用する側（マスメディアや日本人）には気づかれにくい本質——を、「客体」扱いされた側、つまり「カワイソウ」と報じられる外国人の側は敏感に見抜いている。「〝昼メシ半分っこ〟運動」というマンガに対して、アジア人留学生たちは「乞食だと思っているのか」「同じ人間だと扱っていない」「私たちの能力を軽視している」と、鋭く反発したのである［朝日ジャーナル：1987. 12. 11.］。「力」のない「弱者」「被害者」に対して「カワイソウ」と思い、「同情」し「援助」する技法。このことは確かになにかを開く。しかし、同時に、それはなにかを閉ざす。そうする「主体」に力を与え、そうされる「客体」の力を奪い取り、そこからはみ出る他者の「主体」に対応できない[8]。——さて、思い出してもらおう。冒頭に掲げた、「同情」

と「援助」の精神にあふれたマンガ。これを見て、あなたはどう感じたのだったろうか？

【3】

ここで、ひとつの問いが浮かんでくる。「同情」や「援助」がこのような限界を――もちろん、その可能性とともに――もつとして、では他にどのような「技法」が考えられるのだろうか。これは、この、マスメディアの記事を整理することを目的とする文章では、扱いえない問いである。なぜなら、そこには、こうしたもうひとつの技法は登場しなかったのだから。しかし、それを考える必要があることはまちがいない。そのために、少し作業を付け加えておこう。

これまで述べたことを【1】で提示した座標平面に乗せるなら、次のようになる。「コワイ」は「主体×ネガティブ」（第1象限としておこう）、「キタナイ」は「客体×ネガティブ」（第2象限）、「カワイソウ」は「客体×ポジティブ」（第3象限）に、位置づけられる。そして、「ケナゲ」「タクマシイ」「ガメツイ」「ズルイ」は、後者ほど「主体」度が高くなり、同時に「ネガティブ」になるという並べ方をしてよいであろう（図2）。

この座標平面を見るとき、少し奇妙なことに気づかされる。第1象限において、他者が「主体」であればあるほど、イメージはネガティブになり、「排除」の技法へと強く方向づ

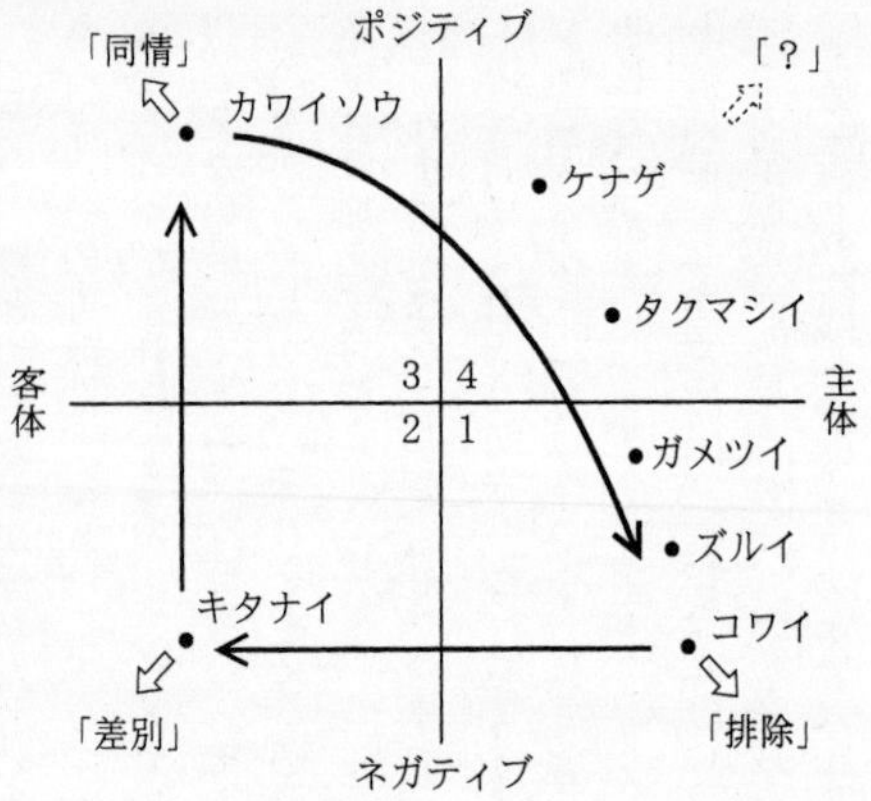

図2　座標平面

けられる。第2象限においては、他者が「キタナイ」もの、「客体」として見られれば見られるほど、ネガティブに「差別」するという様相は深まる。そして、第3象限において、他者がどれほど「カワイソウ」であるか、どんな悲惨なことをされるかが描かれれば描かれるほど、つまり「客体」であればあるほど、彼らへの「同情」は高まり、対応はポジティブなものになる。このように、三つの象限では、「主体―客体」、「ポジティブ―ネガティブ」の座標軸の、前者の度合いが高ければ、後者も高く位置づけられることになる。

　しかし、第4象限――「主体×ポジティブ」――では？　他者が「主体」であるほどイメージがポジティブになるというベクトル、どうやらこれは、ここで検討した新聞と雑誌の記事のなかには存在しない。第4象限に位置づけた、「主体」へのポジティブなイメージ（「ケナゲ」と「タクマシイ」）は、「主体」であるにもかかわらず（「カワイソウ」の枠に収まる程度の「主体」だから）ポジティブなのであって、「主体」としての力がより明らかになると、イメージはネガティブになる。「主体」であるからこそ「ポジティブ」になる、「主体」として他者が登場すればするほど好意的になる、ということは少なくともここにはない。そのような他者といる技法は、これまでのデータからは導き出すことができない。――どうだろう。このようなベクトル、この平面の第4象限を開いていく「技法」を、私たちはもっているのだろうか。それは、いったいどのような「技法」なのだろうか。

この「技法」をもっていないことによって、私たちはこれまで述べてきた「技法」、つまり第4象限以外の象限に、急いで着地してしまうことになるように私は思う。他者が「主体」として登場したとき、それを「主体」だから「コワイ」ものとしてネガティブにとらえ「排除」する技法。あるいは、それを「客体」に、とくに「カワイソウ」な「客体」にしてポジティブな関係をつくり、他者の「主体」と出会わずにすませてしまう技法。第4象限にとどまる技法を知らないとき、「主体」だから排除する（第1象限）か、ポジティブにするために「客体」にする（第3象限）か、に着地することになるのだ。

考えてみれば、この、第4象限にとどまるもうひとつの「技法」は、「他者」であっても私と同質な他者との間、簡単にいって「私たち」の間では、容易に可能であるようにも思われる。「私たち」の他のだれかが、私と同等かそれ以上の「主体」として力をもっているとしよう。しかし、彼は、私になにをするかわからない存在ではなく、私とよく似た、私と同じ側にいて協力してくれる他者なのだ。私はその「主体」と協力すればそれですむ。「私たち」のだれかが、「ズルク」「ガメツイ」ような「人」であることがわかったとする。しかし、私も程度の差はあれ「ズルク」「ガメツイ」ところのある「人」ではなかったか。自分は……のために金がほしい、彼も別の……のために金がほしい、それだけだ。「私たち」の間では他者の「主体」に対してこのような「排除」以外の対応も可能である。しかし、それを「異質な他者」のなかに発見するとき、その「主体」としての「力」も「ガメツサ」や「ズルサ」もネガティブなものに思われ、それが「排除」のきっかけになってしまう。

だとすれば、ひとつの可能な「技法」は、「異質」な他者を「同質」な他者＝「私たち」のひとりに転換してしまって、その「主体」とポジティブにつきあっていくという「技法」だろう。第4の象限（「主体×ポジティブ」）には、同質な「主体」どうしの世界、「主体」はすべて「私たち」である世界、つまり「他者」のいない世界が、開かれる。「同質化」という技法——じつは、私たちがよく知っている技法なのかもしれない——は、第4象限にとどまり、他の象限に着地しない技法であることにまちがいないであろう。

しかしながら、いま述べたことはもう議論の前提が違っている。ここで考えているのは、異質な「他者」の「主体」に出会う経験である。「同質化」することで、その「主体」を異質ではないものにし、「他者」であることを削除した「主体」と向き合いつづけることは、たしかにできるのだろう。しかし、それを他者の「主体」が拒否したら。あるいは、そのような「同質化」が考えられないぐらい、他者の「主体」が「異質」なものであったとしたら。——考えなければならないのは、「異質な他者」のまゝその「主体」と向き合う「技法」だ。「同質化」はこうした事態にまったく対処できないし、すぐに予想がつくように、「異質な他者」が異質でありつづけようとするとき、彼らに対してじつに抑圧的に作動し始めるだろう。

異質な「他者」とまさに「他者」として出会いながら、その「主体」とつきあうこと。——もしかしたら「他者」であるかぎりの「他者」の「主体」は、私（たち）にとって「ポジティブ」にはなりえないのかもしれない。だとすれば次のようなことを考える必要がある。私（たち）の「主体」と他者の「主体」が出会って、「ポジティブ」にはならないにしろ、そのまま「主体」として出会いつづけるための「技法」。先に述べたことと循環論になるが、「カワイソウ」といって「客体」にすることも、「コワサ」を生む「主体」だから排除することもなく——また、その「主体」を同質化してしまうこともなく——、第4象限にいつづける「技法」。けっきょく、それは、この節の最初の状況にふたたび身をおいて考えることになるのかもしれない。——私という「主体」と他者という異質な「主体」が出会い、どちらが「主体」になるか「客体」になるかわからない、宙づり状態に身をさらしつづけることを可能にする「技法」。そこから「排除」にも「差別」にも

「同情」にも「同質化」にも着地せず、その「どこにも着地できなさ」にいつづけるための「技法」。そこに「他者」へのポジティブさがあればとてもよい。そうでなくても、他者という異なった「主体」がいるという事態を、他の「技法」に一気に着地することなく引き受けていく「技法」。これがどのようなものかを、私たちは考えていく必要がある。

しかし、これは、もちろん、この文章で考察できる範囲をはるかに越えている。ここでいえることは、私が調べた「外国人」を報道する一九八〇年代のほんのわずかの記事には、この第4象限にいつづける「技法」は、発見できなかった、ということだ。新聞や雑誌の記事は、それ以外の象限に、とくに第1象限と第3象限の往復のなかに、着地点を見いだしつづけていたのだ。そして、これは、ここで調べた一九八〇年代の日本社会がそうだった、ということなのかもしれない。

では、私たちはどうなのだろうか。冒頭のマンガから、私たちが生きる現在まで長い時間が経った。いまの日本社会で、マスメディアという文化装置は、異質な他者といるどのような「技法」を私たちに伝えているのだろうか[9]。そして、私たち自身は「外国人」に、異質な「他者」に、いま、どのように出会っているのだろうか。――しかし、この問いも、この文章の範囲を越えた問いである。あなたはどうなのだろう。あなたは、いまなお、異質な「他者」にどのような「技法」によって出会っているのだろうか。この問いは、私たちの前に開かれつづけているのである。

注

（1）オバタカズユキ「中高生たちがイメージする「外国人」にまつわるうわさを追う」は、中高生へのアンケートから、うわさのレベルで「怖い」イメージが広がっていることを指摘している（別冊宝島編［1990:104-109］）。

（2）松永憲法「言葉の向こうに「監獄」があった」、小田桐誠「アジア人は弱し日本人は強し」、大貫憲介「鬼の棲む国ジパング――「不法就労増加＝治安悪化」論のウソ」では、外国人の犯罪の実態と異なる報道の存在が指摘されている（別冊宝島編［1990］）。また、水津嘉克「造られるイメージ――外国人と犯罪」（町村編［1990］所収）も参照されたい。

（3）この概念は、以下のサイードも触れているが（Said［1981=1986:67-73］）、彼も引用するようにC・W・ミルズに由来するものである（Mills［1963=1971:322-333］）。

（4）「ニュース・フレーム」はG・タックマンの、「メディア・フレーム」はT・ギットリンの概念である。岡田［1981:33-36］、Tuchman［1978=1991］などを参照されたい。

（5）「国際化とメディア」研究会（代表・町村敬志）による整理作業にもとづく。これは、『朝日新聞縮刷版』から見出しで関係記事と判別がつくものをリスト化したもので、その結果の一部は研究会報告書（町村編［1990］）に掲載されている。この章は、この研究会での報告書原稿に加筆したものであり、研究会メンバー、とくに代表の町村敬志氏に深く感謝したい。

（6）このような他者との出会いについては、本書の第1・2章で描いたとおりである。また、マス・コミュニケーション過程を論じた奥村［1992:117-121］でも、要約してある。

（7）石川［1992:31-35］は、障害者と介助者の関係に「ヒューマニズム」が介在するとき、介助者にはその体現者として「特権」と「自由」が与えられ、障害者には「愛やヒューマニズムを喚起し触発する」「つつましく貧しくひそやかに、ボランティアに頼って受け身に暮らす障害者らしい生き方」、つまり「障害者役割」が期待されると指摘する。

（8） 障害者が親元や施設を出て暮らす「自立生活運動」では、介助者が配慮し障害者が遠慮して不満や行き違いを回避するのではなく、配慮と遠慮を拒否して不満や行き違いを主張しあう技法が模索されている。この技法では障害者の思い通りにならない事態も多く生まれる。「だけど、当たり前だ。対等な人間が二人で関係を作って、いつも一方の思いだけが通るとしたら、そのほうがおかしい。配慮を拒絶するとは、挫折を知ることでもあるのだ」（岡原［1990:144］）。

（9） マスコミュニケーションというコミュニケーション過程には、「どちらにも着地できなさ」のある「技法」は難しく、受け手に無条件に「主体」の地位を与えるやり方しか存在しえないのかもしれない。なぜなら、気に入らないメッセージに対しては「いつでもスイッチを切る自由」(Horton & Wohl [1986:186]) が受け手には保証されているのだから。奥村［1992］を参照されたい。

参考文献

別冊宝島編 1990『日本が多民族国家になる日（別冊宝島 106）』宝島社

Horton, D., Wohl, R., 1986, "Mass Communication and Para-social Interaction," in Gumpert, G., Cathcart, R. (eds.), 1986, *Inter Media 3rd ed.*, Oxford University Press.

石川准 1992『アイデンティティ・ゲーム――存在証明の社会学』新評論
小松和彦 1985『異人論――民俗社会の心性』青土社
町村敬志編 1990『「国際化」の風景――メディアからみた日本社会の変容』「国際化とメディア研究会」報告書
Mills, C. W. (Horowitz, I. L. ed.), 1963, *Power, Politics and People: The Collected Essays of C. Wright Mills*, Oxford University Press. = 1971（青井和夫・本間康平監訳）『権力・政治・民衆』みすず書房
岡田直之 1981「事件とニュースのあいだ――ニュースの政治学」中野収・早川善治郎編 1981『マスコミが事件をつくる――情報イベントの時代』有斐閣
岡原正幸 1990「コンフリクトへの自由――介助関係の模索」安積純子・岡原正幸・尾中文哉・立岩真也 1990『生の技法――家と施設を出て暮らす障害者の社会学』藤原書店
奥村隆 1992「マス・コミュニケーション過程における「主体」」『年報社会学論集』第5号
Said, E. W., 1981, *Covering Islam: How the Media and the Experts Determine How We See the Rest of the World*, Random House. = 1986（浅井信夫・佐藤成文訳）『イスラム報道――ニュースはいかにつくられるか』みすず書房
Tuchman, G., 1978, *Making News: A Study in the Construction of Reality*, Free Press. = 1991（鶴木眞・櫻内篤子訳）『ニュース社会学』三嶺書房

第4章

リスペクタビリティの病

——中間階級・きちんとすること・他者——

1　はじめに

まず、こんな場面を思い浮かべてもらいたい。ある晩あなたは「高級レストラン」と呼ばれている店に入ったとする。想像してほしいのだが、そこであなたはどんな経験をするだろう？　あなたはそこでどのようにふるまい、なにを感じるだろうか？――こんなささいな想像から、この「リスペクタビリティの病」と題された文章を始めることにしよう。

＊

「リスペクタビリティ（respectability）」。――耳慣れない英語だが、そのまま訳せば、尊敬に値すること、つまり、きちんとしていること、礼にかなっていることを指す言葉だ。だとすれば、この言葉は、私たちにも身近なもののように思われる。私たちは「きちんとした人」を具体的に思い浮かべることができ、その人を尊敬しているかもしれない。また、あなた自身のなかにもたくさんの「リスペクタブルなもの」がすでに存在しているだろう。たとえば「高級レストラン」でのふるまいは、それを示す例のようにも思われる。

このような意味の「リスペクタビリティ」という言葉に、あなたはどんな印象を抱くだろうか。簡単にいって、これはすばらしい性質だ。まさに「尊敬に値する」し、そうした

「きちんとした人」がいることで社会は平穏に運営されていくだろう。それをもたない人やもたない人が多い社会を想像すれば、この性質の貴重さはいうまでもない。私もこれに同意する。おそらくあなたと同様に、私自身もこの性質をなにがしかはもっている。

しかし、私はこの文章で、そのすばらしさではなく、その「病」を論じようと思う。あなたのなかにある、この貴重な美質が同時に生む「病」と呼ぶべきもの。このすばらしさをもつことで生まれる苦しみや生きにくさ。——こういわれて（「リスペクタビリティ」の持ち主である）あなたには、どんな「病」が思い浮かぶだろうか。私はここで、三つの「病」を描こうと思っている。それは、あなたが予想するものと同じだろうか、まったく経験したことがないものだろうか、それとも経験しているがそれを言葉にはできないような「病」なのだろうか。

この文章は、三つほどの立場の論者が異なる文脈で描いた「リスペクタビリティ」についての観察をまとめる小さなノートである。まず、次節で、ある社会学者の文章をもとに「高級レストラン」での経験をなぞることから始めよう。そこでは「病」を描くよりも、「リスペクタビリティ」とあなた自身の距離を測ることを試みたい。その終わりに少し「病」めいたものに触れたあとで、3節で別の社会学者が描く別の「病」、最終節ではそれまでとずいぶん異なる「もうひとつの病」（むしろ歴史学者が描くものだが）を論じることにしよう。——「リスペクタビリティの病」。あなたのなかに（私のなかにも）あるこのことを、以下の文章はあなたの予想を超えて描くことができるだろうか。[1]

2　ふるまい、まなざし、中間階級

【1】

さて、「高級レストラン」での経験といわれても、あなたはなにを思い浮かべていいかわからずに戸惑っているかもしれない。まず、ピエール・ブルデューの『ディスタンクシオン』からいくつかの引用をしてみることにしよう。この有名な社会学者の大著には、そこで生じるだろう三つの異なる経験がくっきりと描き分けられている。

第一の経験は以下のようなものだ。

> ゆとりというのは、他者の客観化する視線にたいする一種の無関心であって、その視線の力を骨抜きにしてしまう。それはこうした他者による客観化をさらに客観化することができるのだという確信、他者による所有化を逆に自分のものとして所有化することができ、自分の身体の統覚規範を他者にも押しつけることができるのだという

> 確信、要するにあらゆる力……を、自分は備えているのだという確信——そうした確信が与えてくれる自信というものを、前提としている。（Bourdieu [1979=1990:I 315]）

ここでいわれているのはこういう経験だ。レストランに入る。そこには、ウェイターや他の客などさまざまな他者がいて、私のことを見る。しかし、私はそのまなざしなど気にならない。なぜか。私はここでのふるまい方（マナーとかエチケットと呼ばれるもの）を身につけている。私は落ちついて、私のほうから他の客を、ウェイターを見る。私のやり方が正しいのだ。私は他者の視線を撥ねつけ、むしろ他者のほうにふるまい方をわきまえた者の視線を押しつける。——この経験をブルデューにならって「ゆとり」と呼んでおこう。

これに対して、ちょうど正反対にある第二の経験は、次のようなものだろう。

> 飲み食いのしかたというのはおそらく、庶民階級がはっきりと正統的な処世術に対立する数少ない領域のひとつであろう。……農民層、そしてとくに生産労働者は、楽しい生活というモラルを対置する。生活を楽しむ人というのは、単によく食べよく飲むのが好きな人のことだけではない。それはあけっぴろげで打ち解けた関係、……そこでは仲間にはいったり無造作に振舞ったりするのを拒否することで相手との距離を示すような節度・ためらい・遠慮などが完全に消えてしまう関係、そういった関係に

はいってゆくすべを知っている人のことなのである。(Bourdieu [1979=1990:II 275])

たまたま入ったこのレストランにはなにか取り澄ました雰囲気がある。でも、ここもごはんを食べるところにかわりないよね。まわりの客は「気取った食べ方」(節度・ためらい・遠慮に溢れた)をしているみたいだが、そんなのおいしくないし馬鹿げたやり方だ。ふだんどおり楽しく食べたほうがずっとうまい。みんなでわいわいやろう!――この人々は無造作に打ち解けた食事を楽しむ。この経験は、この場所にふさわしいマナーを知らないか、それに意味を認めないときに可能になる。そして、ここには、第一の経験とは対照的でありながら、結果としてよく似た他者の視線への無関心が存在する。これを、ここでは、「無視」と呼ぶことにしよう。

しかし、このふたつのどちらとも異なる経験も存在する。ブルデューが描く第三の経験は(じつは第一の文章の直前の部分からの引用なのだが)、次のようなものだ。

別にそれがプチブルの専有物というわけではないのだが、社会界のプチブル的経験とは何よりもまず気後れである。すなわち自分の身体および自分の言葉にたいしてどこか居心地の悪さを感じ、それらと一体をなすのではなく、自分の言動に気を配り、自分の振る舞いをあらため、言葉を訂正したりしながら、いわば外側から他人の目でそれらを観察している者、そして疎外された対他存在を回復〔再所有化〕するために絶望的な試みを行いながら、その修正の行き過ぎと不器用さによってはからずも自らを露呈してしまい、まさに他者による自分の身体や言葉の所有化にきっかけを与えてしまうような者、そんな者の抱く困惑である。(Bourdieu [1979=1990:I 314-315])

レストランに入った。ウェイターが私を見ている。どう話せばいいのだろう。他の客も見ているような気がする。この場所にふさわしいふるまい方を、私は一通り勉強してきたつもりだ。まちがっているのだろうか。だったら直して正しいやり方をしなくては。でも、どうしてもぎこちなくなってしまう。やっぱり見られているみたいだ。きちんとしなくては！――ブルデューがじつに的確に「気後れ」と呼ぶこの態度は、どうしても「居心地の悪さ」を感じ「他者の客観化する視線」に敏感になってしまう経験、そこから正しいやり方をしようとしてかえって「修正の行き過ぎと不器用さ」を見せてしまい、また他者の視線の虜になってしまう、そんな経験である。さて、この三つのうち、あなたの経験はどれに近いだろうか？

どうやら、ここには、「リスペクタブルなもの」、つまり「礼にかなったふるまい」や「きちんとした人であること」に対する、三つの異なる距離の取り方があるといえるだろう。「リスペクタビリティ」に対する「ゆとり」か、「無視」か、それとも「気後れ」か。

——まず、あなたにとって馴染みの経験がどれかを思い出して、あなた自身と「リスペクタビリティ」との関係を確認してほしい。どうだろう。さて、もう少しブルデューの議論をなぞってから、少しずつ、その「病」について論じていくことにしよう。

【2】

ブルデューがこうした微細な描写をする文脈について述べておこう。これまでの引用にもあったが、彼は、この異なる経験が、その人がどの「階級」に属するかに由来すると考えているようだ。「ゆとり」は（直接引用にはなかったが）「支配階級」——彼は実業家、上級管理職、教授、上級技術者、芸術家などをここに分類する——、「無視」は「庶民階級」——農業労働者や生産労働者、家事使用人など——の経験するものであり、「気後れ」はこの「中間」にいて、「プチブル」や「中間階級」と呼ばれる人々——職人、小商人、事務労働者、一般管理職・技術職、教員など——に見られる経験、というのだ。

フランス社会の観察に基づくこの議論は、もしかしたら、日本社会には縁遠いと感じられるかもしれない。彼は、この三つのグループの間に、次のような所有する資源の差が存在するという。ひとつは「経済資本」、つまりお金を所有するかどうか。第二に「文化資本」、教養やふるまい方など身についた文化（これは学校で成功するために重要な資源である）がどれほどあるか。第三に「社会関係資本」、どのような人との関係・つきあいをもっているか。「階級」を論じるときに多くとられてきた「経済資本」にかえて、彼は、これら資本の総量と構造を考えないと「階級」を描きえないと考える。――しかし、フランスなどの西欧社会と比べて日本ではこれらに決定的な差はなく、差があってもどう境界線を引けばいいかわからず、必ずしも有効な議論ではないと感じる人も多いかもしれない。

しかし、次のような三つの「位置」に由来する異なる「経験」に焦点を置き直せば、ブルデューが描きだす「階級」の論理、それぞれが属する「位置」から個々人にかかってくる「力」は、私たちの世界にも発見されるように私は感じる。ある人々は「資本」をすでに与えられている。たとえば、レストランでのマナーを子どものときから身につけ、これが「正統な文化」だとの確信をもっている。そのふるまいをなにげなく繰り返しながら、それを身につけていない人々を見て、自分たちは彼らと違うという「卓越化の感覚」をもち「ゆとり」を経験する。別のある人々は「資本」をあまり与えられていない。彼らは、他の人々にとって「正統な文化」とされるものを身につけてはいないし、もしかしたら知りもしない。そして、そのやり方に意味を感じないか、それを試みるだけの資源（機会やお金）を持たず、むしろそれを無駄で「馬鹿げたもの」と感じる（感じざるをえない・感じることができる）。彼らは「必要なものの選択」を基調として生活を組み立てていく。一方に「正統な文化」を身につけた人々、他方に「正統な文化」から疎外され・自由である人々が、私たちの社会にも存在するといって、それほどまちがってはいないだろう。そして、このふたつの「中間」に位置する人々――「中間階級」――の経験も、私たちはよく知っているだろう。彼らは「支配階級」ほど「資本」を持っていない。たとえばマナーを十分には身につけていない。しかし「庶民階級」ほど「資本」を持たないわけでもない。彼らは、マナーのことを知る機会をもち、身につける試みをするお金もある。つまり、「正統な文化」は「馬鹿げたもの」ではなく、望まれるもの、手に入れたいものなのだ。彼らは「正統な文化」を手に入れる「自由」を持っている。しかし「正統な文化」を手に入れない「自由」(「庶民階級」が持つような)は持っていない。「気後れ」とは、そのような位置――「中間」つまり「プチブルの位置それ自体」(Bourdieu [1979=1990:II 114])――が、そこにいる人に「力」を及ぼして生まれる、独特の経験のことである。

社会には三つの位置が存在する。「リスペクタビリティ」を知っているし、身につけている位置。「リスペクタビリティ」を身につけていないし、知りもしない位置。「リスペクタビリティ」を知っているが、身につけていない位置。――私たちの社会にもこうした三つの「位置」があり、それぞれで「リスペクタビリティ」に対する経験は決定的に異なるであろう。では、あなたはどのような位置にいて、どの経験をしているのだろうか。(2)

以上の簡単な考察で、あなたのいる「位置」、あなたの経験する「リスペクタビリティ」との距離が、この章の冒頭より少しははっきりしたのではないかと思われる。さて、その「病」について述べ始めよう。以下に述べることは、「病」と呼ぶほどのことはないありふれたものなのかもしれないが、ある歯止めのきかない循環に入り込む可能性をもつのである。

【3】

まず確認しておこう。この三種類の経験のうち、第三の経験――「中間」の経験――は他の二つとある点で決定的に異なる。「リスペクタビリティ」を知っていながら、身につけていない位置の経験。考えてみれば、この立場だけ「いまある私」と「あるべき私」が異なるという経験をすることになるのだ。私は、この経験に注目しようと思う。

「支配階級」は、「いまある私」こそ「あるべき私」だと確信する。「庶民階級」は、「いまある私」にあったやり方を選択する。いずれも「いまの私でよい」と感じるわけだ。これに対して、「いまある」と「あるべき」がずれる「中間」にいる人々だけが「いまの私ではよくない」と感じることになる。――おそらく、これを「病」と呼ぶ必要はない。しかし、これは「中間階級」だけがもつ以下のような一連の経験群を生み出す。

第一に、すでに述べた他者の視線への敏感さ、が生まれるだろう。彼らは、私を見るまなざし、他者の――「リスペクタブルな他者」の――「客観化する視線」の力をいつも感じる。「ゆとり」のようにそれを「骨抜き」にして逆に他者をまなざし返すのでも、「無視」のようにその視線と関係なく自分たちの世界を作るのでもなく、他者の視線の力にさらされ、射すくめられ、釘付けにされてしまう。この他者の視線こそ、「あるべき私」がなんであるかを示すものだ。だから、さらに彼らは、その他者の目を自分のなかに移植して、自らを「他人の目で観察」し始める。私は他者を見るよりも他者に見られる。他者が私を見ていること、見ていなくても私自身が他者の目で私を見ること、このことから彼らは抜け出すことができないのだ。

そして、第二に、その他者の目に従って、「あるべき私」に近づけるために、この人々は努力を怠らない。彼らは、いま知ってはいるが身につけていない「正統な文化」――そのひとつが「リスペクタビリティ」――を身につけようと、まじめに「学習」する。ブルデューはこれを「上昇志向」と呼んだり「制限のエートス」と呼んだりする。「ゆとりのエートス」が「いまある姿とあるべき姿」が一致すると感じる人の「世界および自己にたいする確かな関係」を示すのに対し、「制限のエートス」とは「きわめて厳格な意志主義」、「義務というものを絶えずもちだすことによって、いつかはあるべき姿を実現しようという自らの上昇志向を支え」る態度なのである（Bourdieu [1979=1990:II 134]）。

しかし、第三に、この努力はけっして達成されない。彼らは「あるべき私」になることはどうしてもできず、「いまいる私」が不十分だといつも感じることになるのだ。なぜか。簡単にいって、「いまいる私」と「あるべき私」がもともと一致している人と、努力して一致させた人はどうしても異なるからだ。もともと一致している人は、意志や義務や努力や学習といったものから無縁のものとして「リスペクタビリティ」を経験している。だから、それを崩したり遊んだりすることができる（これが「ゆとり」というものだ）。しかし、「中間階級」はそれを「学習」したものとしてしかもちえない。きわめて意識的に、「厳格かつ厳密」に「偏狭で堅苦しく」「窮屈でこわばったところがある」までに遂行しなければ、同じことはできない。しかし、同じことをしているように見えて、「崩し」や「遊び」まではまねできない。彼は意志によって「努力」してしまっているのだ。この決定的な相違を彼らはおそらくいつもどこかで気づいている（それが「気後れ」である）。その相違を必死の努力で埋めようとする。しかし「努力した」という事実に（ときに「修正の行き過ぎ」を生むほどの！）いつも裏切られてしまい、もともと「努力」なく身につけている人との違いを経験してしまう。

ブルデューは、こうして、「細かい（プチ）配慮にとらわれ、こまごました（プチ）必要に追われる」生き方をする彼ら（「プチブル」！）を「小さく生きるブルジョワ」と呼ぶ(Bourdieu [1979=1990:II 133-134])。まるでヴェーバーが描いた世俗内的禁欲に生きるピューリタンのように、彼らは「資本主義の起源の歴史を無限に繰り返す」（Bourdieu

[1979=1990:II 130])。予定説のもと、ピューリタンたちは、救いを確証するために努力を繰り返すが、どんな成果をあげても百パーセントの救いの確証は得られず、不安のなかでさらなる努力に駆り立てられる。「中間階級」は、「いまいる私」と「あるべき私」を一致させるように努力を繰り返すが、いつもそれを一致させえず、不断に努力をつづけていく。「リスペクタビリティ」は、こうして、「中間」にいる人々を無限の努力の循環に巻き込んでいくことになる。彼らは――これもヴェーバーのピューリタンと同じだ――、この努力の過程で、当然ながら「いまいる私」を価値のあるものとみなすことはできないだろう。「未来」の私こそ価値があるのであって、いまいる位置は「揺れ動く通過地点」にすぎない(Bourdieu [1979=1990:II 141])。――「いまいる私」と「あるべき私」の相違。他者の視線への敏感さ。そして、努力の無限の循環。もし、これがどこまでもつづくとすれば、それは「病」と呼んでもよい出口なしのものになる。さて、あなたはどうだろう。あなた自身のなかに、いま述べた「病」の芽は、はたして存在するだろうか(3)。

さて、この節で「リスペクタビリティ」ということの中身とその「病」に、少しだけ近づいてみた。次に私が論ずるのは、ブルデューと似た論理をたどりながら、別の水準に照準して別の「病」を描き出す、あるアメリカの社会学者の議論である。

3　感情を管理すること

【1】

「リスペクタビリティ」についてのブルデューの議論は、私たちの「ふるまい」に目を向けさせるものだった。しかし、「きちんとした人」「尊敬に値する人」について考えるとき、「ふるまい」とは別の水準を観察する必要があるようにも思う。ふたたびある引用をしてみよう。アーリー・ラッセル・ホックシールドの著書『管理される心（*The Managed Heart*）』にこんな場面が登場する。ある若い男性のもとに、彼の友人が精神病で入院したという予期しない知らせが届いた。このとき彼はどう反応するだろうか。

　ショックは感じました。でも、どういうわけか、この不幸なニュースを聞いても、それだけの感情がちゃんと湧いてこないんです。ルームメイトは、私よりずっと衝撃を受けていました。私は、そのときに私がじっさい感じた感じ方よりも、もっと動転するべきなのだ、と思いました。この葛藤のことを考えているうちに、なぜこれぐらいしか感情が湧かないのかというと、そのひとつの理由は友人と私が空間的にずっと離れていることにある、と思い始めました。彼は、何百マイルも離れた病院にいるのです。そこで、私は、彼のいまの状態に意識を集中するように努力しました。——そして、いまの友人の姿を心に描くことができるようになりました。（Hochschild [1983:43=2000:49] 原著より訳出、以下同様）

そうすることで、彼は友人に同情と悲しみを感じるようになり、知らせを聞いてすぐに動転したルームメイトと同じように、涙を流すようになる。——「きちんとした人」は、他人の不幸にこころから悲しみ、同情するものだ。たとえば、パーティでは楽しい気持ちになり、厳粛な場面ではまじめになる。「リスペクタビリティ」とは、その場にふさわしい感情を、こころから感じるような人柄のことである。「こころ」あるいは「感情」の水準。これが、ホックシールドが問題にし、この節で取り上げようと思う水準である。

この水準で私たちはなにをしているのだろうか。反省してみると、私たちはいつでも「きちんと」感じられるわけではない。この青年のように、「悲しむべき」なのにじっさいは感じられないことがいくらもある。そのとき私たちがすることにふたつのことがある。

第一は、ホックシールドが「表層演技（surface acting）」と呼ぶもの、つまり「悲しいふりをする」ことだ。まるで役者のように、表情をはじめとする「身体」の無数の部分を使いながら、私たちは「感じるべきこと」を「感じているふり（pretend to feel）」をする。ここで焦点は「こころ」ではなく「身体」にある。じっさいには感じていないことをどう感じているように演技するか、これが問題なのである。

「リスペクタブル」な人はこの演技を心得ている。その場面で「感じるべきこと」――ホックシールドはこれを「感情規則（feeling rules）」と呼ぶ――を熟知しており、それと「じっさいに感じること」がずれていることを知っている。そのずれを「感じているふり」＝身体のふるまいで埋めることは、「リスペクタビリティ」のための大切な技法だ。これなしには（こころのままにふるまえば）冷たい人と非難されるし、悲しむべき「場面」は簡単に破壊されてしまうだろう。

しかし、このやり方は重大な弱点をもつ。ひとつは、「身体」をすべて規則どおりに統御することの困難さ。「表層演技」はすぐに破綻したり、その「空虚さ」に他人が気づいてしまったりする。もうひとつは、自分自身が「ほんとうは感じていない」ことに気づいてしまうこと。「感じるべきこと」と「感じていること」がどうずれているかに気づけば気づくほど、「表面の演技」は成功する。しかし、そのとき私たちは「感じるべきこと」を「感じていない私」に直面せざるをえない。演技しつづける自分が、ほんとうはそう感じていない「冷たい」人だと感じてしまう。「感じるべきこと」を「感じられない」私への「罪」の意識――「表層演技」は、この問題を私たちにつねに突きつけるのだ。

しかし、私たちはもうひとつのやり方を知っている。先の引用の青年もその第二の方法をとった。それは、「深層演技（deep acting）」、つまり「感じるべきこと」を「感じようとする（try to feel）」こと、友人の状況を思い浮かべるよう努力してじっさいに「悲しくなる」というやり方だ。これは、感情を感じすぎてしまうときや不適切な感情を感じてしまうとき（たとえば、愛してはいけない人を愛していると感じる場合、感じないよう努力する）にも必要なものである。他者に見える「身体」の上の「演技」を統御するのではなく、自分自身だけに見える「こころ」のなかの「感情」そのものを統御する——これは、第一の方法のもつ問題を解決しながら「きちんとした人」でありうる方法だろう。「リスペクタブル」な人とは、この方法を習得している人といえるかもしれない。

　どうだろうか。私たちは、「感情規則」が存在していること、それと自分の感情がずれること、そのずれを埋めるために以上のような「感情管理（emotion management）」をすることを、おそらくよく知っているだろう。ホックシールド自身は、この著書で、航空機の客室乗務員（キャビン・アテンダント、ＣＡ）が、いかに感情の管理を達成するかを研究している。乗務員たちは、研修中から、プロであるとは感情を管理できることだとたたきこまれ、客に対する「怒り」をいかに管理してこころからの「笑顔」を作り上げるかという技術を教えられる。ここでは、（プロとして）「感じるべきこと」と（そうでない私が）「じっさいに感じること」のずれ、それを埋めるように企業が押しつける「力」がはっきりと観察できる。しかし、私たちは、職業の場面だけでなく、日常的にこうした感情の管理を頻繁に行っているといえるだろう。「身体」の「ふるまい」だけではない、「こころ」それ自身の管理。このことが、「リスペクタビリティ」のもうひとつの水準なのである。

【2】

こうした「感情管理」は、おそらくすべての人によって行われるのだが、その頻度や習熟度は、その人の属性によって異なるように思われる。ホックシールドはこういう。「感情労働を主に担うのが性では女性――より不利な立場におかれたジェンダー――だとするならば、階級では、中間から上流の位置がもっとも感情労働を要求される存在である」（Hochschild [1983:20=2000:22]）。「全体として、女性、プロテスタント、中間階級の人々のほうが、男性、カトリック、下層階級の人々と比べて、より感情を抑制する習慣を身につけているように思われる」（Hochschild [1983:57=2000:65]）。――どうやら、このこともまた、前節でクローズアップした「中間階級」にとって、固有の経験であるようだ。(4)

もちろん、「中間階級」が従事する仕事（客室乗務員もそのひとつ）は、直接顧客と接することが多く、自分の感情の統御を要求される度合いが「下層階級」の仕事より高い、ということもある（Hochschild [1983:147-156=2000:170-180]）。しかし、職業上の必要とともに、ホックシールドは、バジル・バーンステインの研究などを参考に、中間階級と労働者階級の親の子どもの育て方の相違を強調する。労働者階級の親は子どもに表面的な「ふるまい」の水準のルールによってしつけようとするが、中間階級の親は「感情」の水準のルールに慣れさせようとする、というのだ（Hochschild [1983:156=2000:180]）。このことを少し敷衍しておこう。

二種類の家族を理念型的に描いてみよう。一方は、父親だから、長男だから、妹だから、というふうに年齢や性別などの地位によって行動が決められている家族。たとえば、男の子が人形で遊びたいといったとき、この家族ではこういってしつける。「男の子は人形なんかで遊ばないって決まっているの。人形は女の子のものなの。男の子なんだからドラムで遊びなさい」。お祖父さんにキスしたくないという子どもには、「子どもはお祖父さんにキスしなくちゃだめなのよ」。もう一方は、親にしろ子どもにしろ、その感情を重視したうえでものごとが決められる家族。人形で遊びたい男の子に対して「どうして坊やは人形で遊びたいの？ 退屈かもしれないわよ。ドラムで遊んだらどう？」、キスしたくない子どもには、「キスしたくないのはわかるよ、でもお祖父さんはとっても坊やのこと好きなんだよ」。――前者の家族では、しつけは子どもの意思に反して作動する。後者の家族では、子供の意思を通して作動する。そして、労働者階級の家族には前者が多く、中間階級の家族には後者が多いと、バーンステインはいう。いいかえれば、労働者階級の子どもはどうするべきかを命令される。中間階級の子どもはどうするべきかを説得される。

さて、これを読んであなたはどう感じるだろう。ある人々はこういうだろう、明らかに後者の方が子どもの意思を尊重したよいしつけ方だ。こう感じる人もいるだろう、この見方は労働者階級に批判的すぎる、その家庭にも後者のようなしつけ方はあるはずだ。

しかしながら、ホックシールドは、こんなことをいい始める。こうしたしつけは結果として次のような相違を生む。下層階級の子どもたちは、行動のみを統御すればよい。彼らは、「感情」つまり「こころ」のなかで起こることまでは、親に言及されなくてすむ。彼らは、行動の統御、いいかえれば「表層演技」レベル（だけ）の自己統御を身につけるだろう。これに対して、中間階級の子どもたちは、感情を統御しなければならない。彼らは、自分の感情も人の感情も大切であることを教えられ、そのことによって、正しい感情をもつように（最初はそう感じていなくても）自分の感情を統御すること――「深層演技」を行うこと――を習得する。下層階級の子どもは、感情を管理することなどしない。中間階級の子どもは、自分のこころを管理するやり方を身につける。

「行動」を統御することを学ぶ下層階級と「感情」を統御することを学ぶ中間階級。じつは、ここに自由と意思にかんする逆説めいた状況がある。前者は、意思に反して規則に従う。しかし、自分の「こころ」をその規則に従わせずに「自由」にしておくことができる。後者は、自由な意思に従って規則に従う。しかし、意思自体、「感情」自体が、もはや規則から「自由」ではありえない。――考えてみよう、どちらが、より「自由」といえるのだろう。どちらがより深く「支配」されている、といえるのだろう。

しかし、ここでは、もう一度確認するだけにしよう。ホックシールドによれば、下層階級は「行動」を統御する「表層演技」を学んでいく。中間階級は「感情」を統御する「深層演技」を学んでいく。そして、中間階級は職業のなかで自分の「感情」をさらに管理するようになり、下層階級はそれができないしそうする必要もない。――あなたが経験する「感情」と「行動」、「こころ」と「ふるまい」の関係は、どちらなのだろうか。

【3】

リスペクタブルであるための「感情」の管理、とくに「深層演技」。――この経験は、どのような生きにくさ、あるいは「病」をもたらすのだろうか。どうやらそれは、ブルデューが描く「病」と似ていながら、決定的に違うものであるようだ。それを、ホックシールドは客室乗務員の職業の場における経験の叙述から、次のように描き出す。

彼女によれば、アメリカの航空業界は一九五〇年代、六〇年代と比べて七〇年代に格段に忙しくなった。便数・乗客数が増えたうえ、客層が多様化したことで、客室乗務員の感情管理はほとんど限界に近づいたのである。このとき、乗務員たちは三つほどの異なる対応をした。第一は、完全に仕事に一体化した人たちで、彼らは「燃え尽き（burnout）」の危険を抱えてしまう。第二は、はっきり仕事と自分自身を切り離してこれは仕事だと割り切る人々であり、彼らは、まるっきり演技をやめるか、「表層の演技」ですませてしまおうとする。第三は、その中間で、仕事と完全に一体化はせず自分を切り離すが、仕事は十分意味があり「深層」の演技をするに値する、とも感じている人々である。

職業の場面から一般化して、あなた自身の「感情規則」に対応するやり方に置き直して考えてもらったほうがよいかもしれない。第一の態度は、「感情規則」を完全に身につけ、ほとんど自動的に「深層演技」をしつづける人のことだと考えられる。この人々の抱える問題は、「燃え尽き」つまり過剰に「深層の演技」を遂行して疲れてしまう、という問題である。歯止めが効かないまま、「感じるべき私」と「じっさいに感じる私」の差を埋める努力を自然にしつづけてしまう人々。——おわかりのように、ブルデューが描く「中間階級」の入り込む循環と、この第一の態度は同じ位相にあるといえよう。

しかし、ホックシールドが描く「病」はこのひとつではない。第二の態度は第一の態度と逆の問題を抱え込む。「感情規則」に「表層演技」でのみ対応する場合、私は「たんに演技しているだけで誠実ではない」という意識、あるいは(一般的な感情規則でいえば)悲しめない自分はなんて冷たいんだ、などと自分を責めてしまう「罪の意識」を問題として抱え込む。「表層演技」のためには、このずれを知らなければならず、だからこそこの人々は「燃え尽き」はしないよう自分を統御できるのだが、逆に強い「罪」の意識を感じてしまう。また、このとき、単純にいって、仕事を、あるいは「演技している私」を楽しむことはないだろう。これは仕事だ！と割り切るとき、「表層演技」はよろこびを見いだせるものではありえない。

では、第三の態度はどうか。この態度は、ただ演技するのではなく、感じようとする。しかし、一体化するのではなく、燃え尽きないように、私と役割のあいだに距離を置いてもいる。「表層の演技」だけをして「感じられない私」に「罪」の意識を感じることも、一体化して「燃え尽きる」ことも、この態度は防ぐことができる。ある意味で「健康な疎外（healthy estrangement）」（Hochschild [1983:188=2000:215]）がここにある。

しかし、これらとは別の重大な問題に、この第三の態度は直面する。第二の態度＝「表層演技」で対応するとき、私が管理するのは身体上の演技にすぎず、「感情」は私には管理できないまま「自然」に動いている。つまり、外面はCAだが、内面は「私」である。だが、「深層の演技」で対応する第三の態度では、「感情」や「こころ」までも私が「感情規則」に合わせて管理している。私は「感情」や「こころ」まで管理できてしまい、「こころ」までがCAなのだ！　第一の態度は、「管理している」ということに気づかない（だから「燃え尽き」という病に至る）が、第三の態度は、そのことに気づいている（だからこそ、燃え尽きないように「感情管理のしかた」を「管理」できる）。私は自分をすべて管理し、しかもそのことに気づいている。

このとき、次の問いが生じるだろう。いったいどこに「私」が、「ほんとうの私」があるのか？　私はすべて「嘘」なのではないか？　ほんとうの私、自然で自発的な感情、「管理されないこころ」、これはいったいどこに存在するのだろう？――「表層演技」をするとき、人は「感じるべき」ことを「感じられない」私に「罪」の意識を感じる。これに対して、「深層演技」をしながらこれに気づいているとき、人は「感じるべき」ことを「感じるようにできてしまう」私に「嘘」の意識を感じる。自分は表面だけではなく、内面まで「嘘つき」ではないか。「嘘」でない「ほんとうの私」はいったいどこにあるのか。

ホックシールドは、ライオネル・トリリングの著書『〈誠実〉と〈ほんもの〉』を要約しながらこういう。一六世紀以前は不誠実は罪でも徳でもなかった。しかし、一六世紀以降、階層変動が激しくなると、人々が演技をしなくては社会が成立しなくなり、演技をすると同時に、それにふさわしい「誠実な」態度（悲しむべきときにじっさいに悲しくなる）を持った人が高く評価されるようになる。しかし、こうした「誠実さ」が重要になればなるほど、人々はそこに隠された「自然な感情」「管理されないこころ」に価値を見いだすようにもなる。たとえば、一八世紀のルソー、一九世紀のロマン主義がこれを重視したが、自発的な感情が貴重で危機に瀕していると広く感じられるようになったのは、今世紀半ばのことである。「こころが管理されればされるほど、管理されないこころを高く評価するようになる」（Hochschild [1983:192=2000:220]）。

「ほんとうの自分」「管理されない感情」を探す試み、これがこの第三の態度をとる人々をとりこにする。「二〇世紀におけるセラピー・ブックは、……一九世紀におけるエチケット・ブックと同じ位置を占めている」(Hochschild [1983:192=2000:220])。人々は、心理学の本を読み、セラピーに通うようになる。ところが、ここにもうひとつのじつに皮肉な問題が生まれるのだ。心理学の本を読み、セラピーに通い、「ほんとうの自分」を取り戻す。――?「ほんとうの自分」は、それを取り戻すためになにかを意識的にしなければならないものだというわけか?「自然でほんとうの自分であるよう努力する方法を学ぶ(*learn* how to *try* to be a natural, authentic winner)」(Hochschild [1983:193=2000:221])。「ほんとうの私」「管理されないこころ」を獲得するためにその方法を学ぶ。「自然であるよう努力する」――努力して獲得した「自然な自分」ははたして自然なものだろうか、管理されたものだろうか。じつはこれこそ、もっとも管理され、もっとも「嘘」の状況なのではないのか。

「管理されたこころ」に「嘘」を感じ、「ほんとうの私」を探そうとする。しかし、それを努力して獲得した次の瞬間、それが自分が「努力」したものだと気づき嘘くさくなる。さらにもっとほんとうの私を探す、しかし、探したものであるかぎり嘘くささがつきまとう。そうした「嘘」を感じない人々もいるだろうが、その人々は「ほんとうの私」探しに「燃え尽き」てしまうかもしれない。――「ほんとうの私」を探さなければならないという強迫にとりつかれ、そこから自分のこころを自由にできない人々。ここには、「この場面ではこう感じるべき」という感情規則に囚われた苦しみから逃れようとして、「ほんとうの私を感じるべき」という別の感情規則に囚われてしまう、という皮肉が存在する。

——これは、ブルデューの描く「病」とよく似ている。どちらも、「あるべき私」を「努力」して手に入れようとするが、「努力」した結果であるかぎりそれはけっして「あるべき私」にはならない。ただ、ブルデューの描く方向は「きちんとした私」を探すものだが、ホックシールドのそれはすでに「きちんとした私」である人が、「ほんとうの私」を、「管理された私」のなかの「管理されない私」を切望する、という方向をたどる。

確認しよう。三つの態度を指摘した。第一に、「感情規則」に一体化した人々。彼らは「燃え尽き」の可能性をもつ。第二に、「感情規則」と距離をとり、それに「表層演技」だけで対応する人々。彼らは「感じられない」ことに「罪」の意識を感じてしまう。第三に、距離をとりながら「深層演技」で「感情規則」に対応する人々。彼らは「感じてしまう」自分に「嘘」を感じ、「ほんとうの私」を探そうとする。しかし、獲得された「ほんとうの私」にも「嘘」を感じ、「ほんとうの私」探しは無限につづいてしまう。感情の水準の「リスペクタビリティ」は、こうしたいくつかの病を生み出すのである。——さて、あなたは、どの「病」を病んでいるのだろうか。それとも、どれからも自由なのだろうか。

4　もうひとつの他者、もうひとつの病

【1】

ここで、これまで述べてきたことをひとつの簡単な構図に位置づけておこう。ブルデューの描く「中間階級」の経験。それは、「リスペクタブルな他者」が「リスペクタブルではない私」を見る、という経験を軸にしているといえよう。私は「他者のまなざし」に沿って「ふるまい」を修正し、私自身のなかに内面化された「他者の目」で「私」を見る。ここには、「他者が、私を、見る」＝「私が、他者に、見られる」という構図がある。ホックシールドが描く「感情管理」での経験はより複雑である。第一に、「感じるべき私」が「感じられない私」を発見しそれを管理するという位相がある。このとき、「感じられない私」は、いってみれば「私」のなかにあってはならないもの＝私のなかの「他者」ともいえるものだろう。しかし、第二に、この構図は反転して、こんどは「感じるべき私（へと管理されてしまった私）」が、異質な「私ではないもの」＝「他者」として感じられ、そうではない「ほんとうの私」が希求されるようになる。私のなかにあるふたつの要素が、ときに「私」となりときに「他者」となって循環する過程が、ホックシールドの

描く経験であるようだ。

このように、「リスペクタビリティ」とその「病」をめぐるこのノートは、いくつかの「他者の経験」を辿ってきたといえるかもしれない。——しかしながら、「リスペクタビリティ」をめぐるもっとずっと素朴な「他者」の経験を、私たちはさらに思い出すことができるだろう。だれでも知っていることだ、それは、「私が、他者を、見る」、とくに「リスペクタブルな私」が「リスペクタブルではない他者」を見る経験である。そして、このじつにありふれた事態を看過しては、「リスペクタビリティ」とその「病」を十分に論じたことにはならないと、私は考える。

さて、1節末の予告通り、歴史学者に登場してもらおう。このもうひとつの「他者の経験」を、礼儀正しいふるまいが普及したフランスのアンシャンレジーム後半について、ロベール・ミュシャンブレッド『近代人の誕生』は次のように記す。

地理的には近くにありながら文化的には非常に遠い存在である〈他者〉は、アンシャン・レジーム後半の二世紀にわたって絶えず創出されつづける。……田舎の農夫や都市で暮らす貧しい連中はもっと不安で得体の知れない存在であり、文明化された人々にしてみれば自分が忘れたがっている自分自身の一部分について語りかけてくる存在なので、非常にいやな、できれば消えてほしいような性格をあれこれそなえている。対象から距離を置いた視線、動物的衝動および行動や言葉遣いの下品さの抑圧——当時の上流社会はそうやって近代人なるものを創出し、それを起源の根っこから切り離そうとした。けれどもその根っこは同じ時間・同じ空間のなかに、一般大衆として存在しつづけている。だから戦いはまだ終わっていない。(Muchembled [1988=1992:160])

この引用からふたつのことを抽出しておこう。第一。「リスペクタブル」であろうとする人々は、自己のなかの「リスペクタブルでないもの」(「私」のなかの「他者」)を管理しようとするのと同様に、他者のなかにある「リスペクタブルでないもの」に対して不安や不快を感じ、それを消去しようとする。まさに「他者」の姿をとった「リスペクタビリティにとっての他者」を絶滅しようとする戦いが繰り返される。つまり、すべての他者を「リスペクタブル」にする欲望を、「リスペクタブルな人々」はもつ、ということである。

第二。しかし、これと重なるようで逆方向をとるベクトルが存在する。ミュシャンブレッドの表現でいえば、そうした「他者」を「創出」する、というベクトルである。つまり、彼らは、すでにそこにいる「リスペクタブルでない他者」を非難するだけでなく、それまでそう名づけもしなかった人々のなかにことさら「リスペクタブルでない」ものを発見し、「リスペクタブルでない他者」をわざわざ作りだそうとするのだ。これには、もちろん、

「リスペクタビリティ」の基準が高くなって「他者」を見る目がそれだけ敏感になる、という事情もあるだろう。しかし、「リスペクタブルでない他者」を社会のどこかに発見しておくことが「リスペクタブルな私」にとって重要な意味をもつことは、私たちもよく知っていることだ。そのような「他者」がいるかぎり「私」は彼らよりもずっと「リスペクタブル」である。こうした「他者」を発見し、非難する瞬間、自分が「リスペクタブル」であることをもっとも確かに実感できる。――第一の、社会から「リスペクタブルでないもの」を消去しようとする欲望は、つねに「リスペクタブルではない他者」を発見・創出する第二の欲望と、どうやら対になって「リスペクタブルな人々」のなかに存在する。

たとえば、ミュシャンブレッドは「礼にかなわないふるまい」が「有罪化」されていく様を描き出す。一八世紀のフランスでは、人の顔に唾をはきかけるとか人の服に嘔吐するといったふるまいが刑事裁判にかけられるようになる(Muchembled [1988=1992:179])。それまで気にならなかったこうした日常のふるまいが、ある人々が(「ブルジョワ」=当時の「中間」階級を中心に)礼儀正しくなり、ある人々(農民などの庶民)が乱暴で馴れ馴れしいふるまいを続けることで、発見され、削除されようとする、というわけだ。

フランス革命期にもこのことは続く。ドリンダ・ウートラム『フランス革命と身体』は、この革命が、自らの身体を自律的・自制的な「公共的身体」にしようとする「ブルジョワ=中間階級」の勝利であるととらえる。「身体的な外見を厳しく保ち、内部に葛藤をかかえながら、それをいささかなりとも他者に気取られないように腐心する」（Outram [1989=1993:114]）彼らは、自分たちとは違う身体への関心も高めていく。泥土や汗・垢・大小便などの分泌物による汚れを身体を保護するものと考えて身にまといつづける農民という「他者」（Outram [1989=1993:100]）の身体を、中間階級は「医学的まなざし」により「リスペクタブル」でないものとして発見し、それを管理して「リスペクタブルな身体」へと変えていこうとするのだ。

革命後の社会――すなわち「近代」――も、こうした例にこと欠かない。たとえば、『においの歴史』でアラン・コルバンは、こう述べる。「ブルジョワたちは自分たちが抑圧しようとするものを貧民に投影するのである。彼らブルジョワは汚物と結びついた民衆像をつくりあげるのだ」（Corbin [1982=1990:190]）。一九世紀を通して「脱臭されたブルジョワジー」は、「悪臭を発する民衆」（Corbin [1982=1990:73]）に対して、自分たちと同様の「脱臭化」を行おうとする。たとえば一九世紀の半ばには、フランスでもイギリスでも「衛生取締り」が法令で定められ、民衆の住まいを「視察官」が視察して、「貧乏人の垢落とし」が進められる（Corbin [1982=1990:209-213]）。――「リスペクタブルではない他者」を「リスペクタブルな他者」に（無理にでも）変えること。しかし、これと同時に、いつでも「リスペクタブルではない他者」を社会のどこかに発見しつづけること。これが、「リスペクタビリティ」をめぐる、もうひとつの「他者の経験」なのである。

【2】

「リスペクタブルな私」が「リスペクタブルではない他者」を見る、という構図。――この素朴なことがらに、この文章のさいごで触れるのは、それがある「病」と呼ぶべき歴史的事実と密接にかかわるからである。じつは、この耳慣れない英語が使われるもうひとつの（むしろ、より頻繁に使われる）文脈は、歴史学者が「ナチズム」を研究する場面においてなのだ。とくに、ジョージ・L・モッセは「リスペクタビリティ」とナチズムの関係を正面から検討している。

著書『ナショナリズムとセクシュアリティ』で彼が問題にするのは、「礼にかなっていること」のうち、とくにセクシュアリティにかんするふるまいである。「きちんとした性道徳」、たとえば性的衝動にたいする自制、自慰の禁止、官能性をはぎとった健康な肉体、男らしい男・女らしい女という観念がそれまでと違って――たとえば、自慰は一八世紀まではあまり問題にならなかった――一九世紀の前半には全社会の主流となってくる。それは、中間階級の「覇権掌握と時期を同じくしており」（Mosse [1985=2023:21]）、彼らを起源に貴族社会から下層階級にまで浸透したものとされる（Mosse [1985=2023:356]）。

モッセによれば、ファシズムは「秩序と道徳性の回復を待望した市民階級の支持」

(Mosse [1985=2023:302]) に支えられていた。ナチス党は「市民的価値観《リスペクタビリティ》の擁護者としての自己イメージに磨きをかけ」(Mosse [1985=2023:308])、ワイマール時代に頽廃したとされる「家族生活」を守ろうとする。ある突撃隊の部隊指導者はこういう、「家族は、国家の最も重要な細胞なのだ。……国民社会主義は家族をあるべき正しい姿に回復させたのだ」(Mosse [1985=2023:310])。ナチスはまた、ヌード写真を若者を堕落させるとして糾弾し、一九三三年一月三〇日に政権を握ると二月二三日にはポルノグラフィーを禁止する法令を布告する(同時に同性愛者を支援する組織も法令で禁止する)(Mosse [1985=2023:319])。このナチスの政策は、人々の「リスペクタビリティ」への欲望に訴える。「街頭行進する若いナチ党員が清楚で品行方正に見えたという理由からヒトラーに投票した人々」(Mosse [1985=2023:260]) は、多数存在したのである。

この「リスペクタビリティ」への欲望の基本にあるのは「正常なことと異常なことの区別」(Mosse [1985=2023:32]) である、とモッセはいう。私が「正常」であることを確かめるためにはこの区別をはっきりさせることが必要であり、そのためには「異常」なだれかをはっきりと認識することが必要である。「異質者《アウトサイダー》と同胞《インサイダー》の性質を明確に定義」(Mosse [1985=2023:261]) することと、これが私が「リスペクタブル」でありつづけるために――とくに「リスペクタビリティ」が揺らいでいるときには――重要なことだ。その境界を判定するひとつの共通の基準は、「情熱を自制する能力の欠如」(Mosse [1985=2023:265]) である。たとえば、同性愛者は「性欲過剰」であり、正常な性関係を脅かすものとしてまっさきに「他者」とされたとモッセはいう（Mosse [1985=2023:59,214]）。また、ユダヤ人や黒人も「好色」で、性的な自制能力に欠けているとされた。「適切な作法や道徳に順応できなかった人々」すべてが、このような「リスペクタビリティの他者」としての特徴をはりつけられる（Mosse [1985=2023:265]）。

興味深いことに、モッセによれば、この「リスペクタビリティ」の基準を同性愛者もユダヤ人もよく知っていた。彼らは（もちろん全員がそうではないが）、この基準に従って「リスペクタブル」な自分を示そうとする。同性愛者たちは、自らの性欲が節度があり乱交などしていないこと、同性愛者こそ男らしく最高の兵士になりうることを示そうとする。ユダヤ人たちは、ドイツの行う戦争に「熱烈」に参加することによってアウトサイダーとされることから逃れようとする（Mosse [1985=2023:88]）。じっさい、ユダヤ人は「市民が持つべき期待された美徳の多くを体現していたので、人種主義者を困惑させていた」（Mosse [1985=2023:281]）。しかし、ナチズムは、「体制内化しようとするアウトサイダーの努力に終止符を」打つ（Mosse [1985=2023:298]）。ナチス党は、同性愛者やユダヤ人などの「アウトサイダーの烙印を押された人々」が、性的衝動についてのリスペクタビリティを欠いた存在であることを示す「ステレオタイプ」を作り上げること、「とりわけユダヤ人という人種的敵対者をステレオタイプ化することに熱中」するのだ。そして、周知のように強制収容所を建設し、そこにユダヤ人を収容して、そのなかで彼らが「労働を怠け、……特権をめぐって激しく血みどろの競争をしている」ことを喧伝する（Mosse [1985=2023:370-371]）。

「リスペクタブルな私への欲望」は、「リスペクタブルでない他者の発見・創出への欲望」と結びつく。もちろん、モッセが冷静にいうように「人種主義とリスペクタビリティの間には必然的な結びつきがあったわけではない」（Mosse [1985=2023:371]）。リスペクタビリティが必ずナチズムのような人種差別を生むわけではない。[5]——しかし、もし、ナチズムが「リスペクタビリティ」に訴えることがなければどうだっただろうか。「リスペクタビリティ」に価値があるという考えを人々が共有していなかったらナチズムは受け入れられただろうか。この価値を共有しなければ、あの人種＝他者が「リスペクタブルではない」として蔑視する必要もなかったかもしれないし、私たち（という人種）は「リスペクタブル」だから彼らを差別して当然だとする正当化も可能でなかったかもしれない。

「リスペクタビリティ」がもつ、「リスペクタビリティの他者」をことさらに発見し、排除する方向。それが、ナチズムの人種主義を生むことになった、「リスペクタビリティ」がもつもうひとつの「病」である。そして、それは、ほぼ確実に、私たち自身が現在もっている「リスペクタビリティ」と、無縁のものではない。

【3】

この節では、ごく簡単に歴史的な事実を振り返った。しかし、私がここで行いたいことは、大革命前後のフランスやナチズムという過去のヨーロッパの経験を論ずることでもない。歴史的事実をそれとして把握することの重要性はいうまでもないが——そしてこの節はそのためにはまったく不十分なものだが——、それを歴史的事実としてのみ把握することで、あのような「異常」な時代がかつてあった、とそれを私たちから遠ざけ、私たちをそこから切り離してしまうことがあれば、それは危険な営みであるだろう。それでは、まるで「リスペクタブルな私」に熱中する人々が「異常」と「正常」を区別して安心したのと同じことになってしまう。私たちはつねに自らの生きる場所に立ち戻って考えることをしつづけなければならない。

「リスペクタビリティ」。——「高級レストラン」での経験を思い出してもらうことから始まったこの文章は、おそらく、それがあなたのなかに存在していること、あるいはあなたがそれを身につけることを望んだり、そのために努力していたりすることをふだんよりくっきりと明らかにしたことだろう。「リスペクタビリティの病」。——ブルデューやホックシールドという社会学者、モッセたち歴史学者の観察をたどることで、この文章は、それのもつ、歯止めない努力の循環や「罪」と「嘘」の意識、「私」探しの苦しみ、「他者」

を発見し排除することへの熱中、といった、ある「病」を浮かび上がらせてきた。

もしかしたら、あなたは困惑しておられるかもしれない。そうした「病」が存在するのは確かかもしれない。しかし「リスペクタビリティ」と呼ばれるものをなくせというのか。そんなことはできないのではないか、と。そして、私もまた、その通りだと考える。私たちは、おそらくある時期から、「リスペクタビリティ」を、とくに見知らぬ人々が出会う「公的な空間」を形成していくために、「社会」を原理として採用してきたといってよいだろう（日本社会も、私たち自身の「ふるまい」と「こころ」がそれに貫かれていることを見れば、まちがいなくそうだ）。それは、貴重ですばらしいものであり、それなしに「社会」を作ることがいまのところ構想できないとすれば、それをなくすことはできないし、なくす必要もない。

私の考えでは、もっとも大切なことは、そうしたすばらしいもののなかに存在する「病」につねに敏感であることだ。私たちは「リスペクタビリティ」のすばらしさをよく知っており、それを身につけようと望む。しかし、そのすばらしさしか見えないとき、この望みはいわば「暴走」し、たとえば「私」自身を苦しめる循環に入り込んだり、「他者」を傷つける回路を生み出してしまう。すばらしさのなかにある「病」を発見することは、私たちをこうした「暴走」から守ってくれるように思う。私たちは、「リスペクタブルな私」への欲望を、そこに「病」が内在することを知っているとき、制御していくことができるだろう。それがもつ「すばらしさ」に振り回されないですむ知恵を獲得することができるだろう。

同時に、私たちは次のような知恵を獲得することもできる。私たちが求めている「すばらしさ」は、ほとんどの場合「病」を私や他者のなかに生むようなすばらしさである。だから、それが「病」を生む可能性があることを、すばらしさを追い求めるかぎり、私たちは自ら引き受けなければならない。私がこのすばらしさを追求した結果、このような「病」が生じたのだ、それを私は承知している、そのうえで私はそれを選択したのだ、こう述べること――つまり、自分の責任で引き受けること――が、このような敏感さからはじめて可能になるように思う。

このことを知らない人は、あなたが求めるそのすばらしさはこのような「病」を生むのだよ、と知らされたとき、そんな「病」を生むすばらしさなら私はそんなものもっていたくない、と思うかもしれない。これは、このふたつを引き受けることをせずに、投げ出してしまう、ある意味で潔癖で、ある意味で無責任な態度である。またある人は、なるほどそのような「病」を生むかもしれないが、それはこのすばらしさのためだ、しかたないのだ、と感じるかもしれない。これは、すばらしさの上に開き直り「病」を引き受けない、傲慢で無責任な態度といえるものだろう。しかし、このことを知るとき、私たちは、投げ出してしまう態度も、開き直ってしまう態度もとらず、そのすばらしさのために「病」を

（自らの責任として）引き受け、「病」のためにすばらしさを制御することを可能にする知恵をもつことができるように、私は思う。投げ出すことも、開き直ることも、おそらく簡単なことだ。しかし、私たちは、少なくとも私たち自身が行っていることがらについて、そのすばらしさを（投げ出すことなく）認識し、その「病」を（開き直ることなく）認識して、そのすばらしさと「病」にひとつひとつ向き合っていかなければならないのではないかと私は考える。

「リスペクタビリティ」とその「病」。——それは、私たちのなかにふたつ同時に存在する。おそらくあなたのなかにそれは存在するだろうし、まちがいなく私自身のなかにも存在している。そして、私たちは、それを引き受けて生きていかなければならない。このふたつを知ることは、私の考えでは、そうするためのほとんど唯一の手段なのである。

注

（1）「礼にかなうこと」について注目した人には、E・ゴフマンやN・エリアスがいる。ゴフマンについては、本書の第1章および奥村［1997a］を参照されたい。

（2）「階級」を「経験」の水準からとらえ直すという課題は、奥村［1988］から奥村［1997b］までの一連の論考で考察してきており、この文章はその延長上にある。

（3）エリアスも、階級による経験の差異を微細に記述する。彼によれば、上流階級をモデルとする階級（中間階級）は、「元のものより未調整」で「極めて厳密」なふるまいをするのだが、それは「つくりものめき、ぎこちな」いものとなる。他方、下層階級は「粗野」かもしれないが、「もっと完結し……びくともしない」行動様式をとる（Elias [1939=1978:446-447]）。

（4）ホックシールド自身は、階級よりもジェンダーの論理をより詳しく分析している。ただ、ここではむしろ「階級」の力を明瞭にするために、前者を強調することにした。

（5）たとえば、同じ「リスペクタビリティ」がある社会でもドイツとイギリスがなぜ違う経路を辿ることになったかが、モッセのこの著書の課題のひとつであるし、エリアスが書きつづけた『ドイツ人論』（Elias [1989=1996]）の課題でもあった。残念ながら、この点は今後の課題としたい。

参考文献

Bourdieu, P., 1979, *La distinction: Critique sociale du jugement*, Minuit.=1990（石井洋二郎訳）『ディスタンクシオン——社会的判断力批判（Ⅰ・Ⅱ）』藤原書店

Corbin, A., 1982, *Le miasme et la jonquille: L'odorat et l'imaginaire social 18e-19e siècles*, Flammarion.=1990（山田登世子・鹿島茂訳）『においの歴史——嗅覚と社会的想像力』藤原書店

Elias, N., 1939, *Über den Prozess der Zivilisation*, Verlag Haus zum Falken.=1978（波田節夫他訳）『文明化の過程（下）』法政大学出版局

——1989, *Studien Über die Deutschen*, Suhrkamp.=1996（青木隆嘉訳）『ドイツ人論』法政大学出版局

Hochschild, A. R., 1983, *The Managed Heart: Commercialization of Human Feeling*, University of California Press.=2000（石川准・室伏亜希訳）『管理される心——感情が商品になるとき』世界思想社

Mosse, G. L., 1985, *Nationalism and Sexuality: Middle-Class Morality and Sexual Norms in Modern Europe,* Howard Fertig.=2023（佐藤卓己・佐藤八寿子訳）『ナショナリズムとセクシュアリティ——市民道徳とナチズム』ちくま学芸文庫

Muchembled, R., 1988, *L'invention de l'homme modern: Sensibilités, mœurs et comportements collectifs sous l'Ancien Régime*, Fayard.=1992（石井洋二郎訳）『近代人の誕生——フランス民衆社会と習俗の文明化』筑摩書房

奥村隆 1988「〈貧困の文化〉と生活世界の再生産——生活世界・文化・社会構造にかんする一試論」『ソシオロゴス』第12号

——1997a「儀礼論になにができるか——小さな秩序・大きな秩序」奥村隆編 1997『社会学になにができるか』八千代出版

——1997b「文化装置論になにができるか——人に努力させる仕組み」奥村編 1997『社会学になにができるか』八千代出版

Outram, D., 1989, *The Body and the French Revolution: Sex, Class and Political Culture*, Yale University Press.=1993（高木勇夫訳）『フランス革命と身体——性差・階級・政治文化』平凡社

第5章

非難の語彙、あるいは市民社会の境界

――自己啓発セミナーにかんする雑誌記事の分析――

1 「語彙」という問題

【1】

社会学的な「動機」論を展開したのは、C・W・ミルズであった。一九四〇年の論文「状況化された行為と動機の語彙」で彼は、動機を行為の前に行為者のなかにあるもの、とする通常の見方を逆転する。動機は、行為がなされる以前に存在することはない。行為者が自分の動機を意識して行為することはじつはほとんどなく、その行為になんらかの「意想外」なものを発見した他者がその動機を問う「問い」があってはじめて、動機を探して表現するという事態が生じるのであり、動機の多くは事後的に他者によって存在させられるものだ。「わからない」ことを前にした他者がそれを「わかる」ようにするために発明するもの、それが「動機」である、とミルズはいうのだ。

「十分な、あるいは適切な動機とは、それが他者のものであると行為者のものであるとにかかわらず、行為やプログラムについて問う人を満足させうる動機のことである。ある状況に置かれた行為者や他の成員にとって、動機はひとつの合言葉として、社会的・言語的行為にかんする問いへの、疑問の余地のない解答として役立つ」(Mills [1963=1971:347]、傍点引用者）。ミルズは、それぞれの社会において人々を満足させうる「動機の語彙」が存在するとする。たとえば、二〇世紀のアメリカの都市では、「個人主義的・性的・快楽主義的で、しかも金銭的な動機の語彙」（Mills [1963=1971:351]）が人々を満足させる。もし「宗教的な動機」を行為者が強調しようとしても、人々はそれで納得せず、別のより満足できる動機を手持ちの語彙から探し出して貼りつけようとするだろう。それは、行為者本人に「まったく知られていないものであること」もしばしばである。

こうして、「動機」は、その行為をした者を解明するてがかりであるよりも、その行為を「わかろう」とする他者、すなわち「動機」としてその語彙をはりつけそれに満足する社会を明らかにする材料として読み直すことができる。ミルズは、こうした「動機の語彙」を、歴史的なそれぞれの社会、個々の状況について調べあげるという課題を提起する。「動機は、歴史上の時期と社会構造の異なるにつれてその内容と性格を変えるものなのである」（Mills [1963=1971:355]）。社会的に妥当する「語彙」を通して、その社会を描き出すこと。――この章で、ある対象をめぐって果たそうと思うのは、それと似た課題である。

【2】

一九八～二〇〇ページの一覧表を見てほしい。これは、「自己啓発セミナー」「自己開発

表　「自己啓発セミナー」関連記事一覧

[1]	週刊朝日	1978年11月24日	半信半疑のシラケ派も突如襲った号泣と抱擁の嵐に…アメリカ式“やる気セミナー”体験記
[2]	週刊宝石	1989年10月19日	口伝えで繁殖する不思議な教室“自己改造セミナー”って何だ⁉
[3]	週刊宝石	1989年10月26日	“自己改造セミナー”体験者が漏らすトレーニングの中身と効能
[4]	週刊宝石	1989年11月2日	“自己改造セミナー”の離反者が指摘するメンバー勧誘の問題点
[5]	週刊宝石	1989年11月9日	“自己改造セミナー”に投げかけられる専門家からの疑問
[6]	婦人公論	1989年11月	自己開発セミナー体験記
[7]	週刊新潮	1990年1月25日	MONEYなぜか大盛況能力開発セミナーの「中身」
[8]	週刊テーミス	1990年2月21日	抱擁から丸裸までOLからヤング・中年まで、クチコミで大評判「自己改造セミナー」の隠された中身
[9]	週刊大衆	1990年3月12日	これが洗脳研修の実態だ！　いまひそかなブームだが、人格ヒョーヘン、家庭崩壊、退社騒動が続出だ！
[10]	週刊テーミス	1990年3月14日	読者から大反響第2弾　自己改造セミナーの「効果」と危険　業界最大手の副社長に直撃インタビュー
[11]	週刊テーミス	1990年3月28日	追及第3弾「人間破壊された恋人を返して」『自己改造セミナー』に読者の怒りぞくぞく
[12]	朝日ジャーナル	1990年4月13日	文化の窓「自己開発セミナー」は本当に人間を変えられるのか？　目標と目標を与える人が変わるだけだ

[13]	日経ビジネス	1990年7月30日	ヤング酔わす「感動を売るセミナー」 受講料10万円でも満員の盛況 “強引な勧誘” に批判の声が……
[14]	CREA	1990年8月	疲れたOLが元気になる自己啓発セミナーの効能はホント？
[15]	週刊SPA	1990年12月19日	体験!! 人格改造講座（前編） 口コミだけで7万人が受講 広がる “セミナー” の秘密
[16]	週刊SPA	1990年12月26日	体験!! 人格改造講座（後編） 本当にセミナー受講で性格は変わるのか？
[17]	DIME	1991年1月17日	流行りもの解体新書 街中にあふれる「自己改造」
[18]	週刊プレイボーイ	1991年5月21日	警告特集 ブームの “自己発見セミナー” はぼくらへの “福音” か “洗脳” か⁉
[19]	週刊SPA	1991年7月24日	身近に潜む！現代の恐怖大全 自分で何も決めず、言われるままに動く快感 洗脳
[20]	ダカーポ	1991年9月18日	潜在能力を引きだす！ 自己開発セミナーで人は本当に変わるか
[21]	GORO	1991年10月24日	潜入レポート 「人格改造講座」を本誌記者が体験「自己開発セミナー」は怒らない、怒られないナルシストの群れだった
[22]	ホットドッグプレス	1991年11月10日	必読！危機回避ハンドブック 自己開発セミナー、悪徳セールスなど次の標的はキミだ！
[23]	GORO	1991年11月14日	洗脳 今、キミの脳が危ない
[24]	微笑	1992年1月11日	プリプリ奥井香、KANら芸能人が続々！ 若者たちに静かなブーム「自己開発セミナー」って何？

[25]	中央公論	1992年4月	〈自己開発セミナー〉熱狂のしくみ
[26]	サンデー毎日	1992年8月2日	人の心を商品にする時代の恐怖　勧誘テクニックはマルチ商法と酷似　問題摘出「自己開発セミナー」
[27]	女性自身	1992年9月29日	シリーズ業界内幕座談会　私はこうして洗脳された！　自己開発セミナー体験者
[28]	週刊朝日	1993年5月7日	「だめな自分」を「強い自分」に改造する　自己啓発セミナー　セラピーの落とし穴
[29]	宝島	1993年5月9日	増殖する自己啓発セミナーこれだけの危険　ポスト新興宗教か？　それとも新型マルチ商法か？
[30]	週刊SPA	1993年6月2日	街で見かけたお手軽「洗脳」　洗脳で人生を変えるセミナー大ハヤリ⁉
[31]	噂の真相	1993年7月	三流芸能人が次々と狙われる洗脳セミナーの“悪魔の囁き”
[32]	スコラ	1993年8月12日	最新社会問題クライシス特集　マインドコントロールを撃退せよ‼　ボクらに襲いかかるマルチ商法のオソロしさ
[33]	アサヒ芸能	1993年8月26日	激増自己啓発セミナー30代40代「サラリーマン」の地獄　2カ月の受講料なんと500万円　36歳課長はこうして「洗脳」された
[34]	アサヒ芸能	1993年9月2日	異様なムードの会場で思わず抱き合い…　男女会員の「即席恋愛」と「SEX」
[35]	アサヒ芸能	1993年9月9日	「新興宗教」「マルチ」入り乱れる「洗脳産業」の過熱！

セミナー」などと呼ばれるものを対象とした雑誌記事を、一九九三年までの期間網羅した表である。(1) ここにはさまざまな「語彙」がある。簡単にいって、「自己啓発セミナー」という「新しく」「わけのわからない」ものを前にして、それを「非難」し、そのことで「わかる」ものにし「満足」するための、社会的に妥当するいくつかの語彙が存在する。

この章で行うのは、ミルズの問題設定を少しずらして、この「非難の語彙」を収集・分析し、そうした「語彙」を発明し、受け入れる社会の現在を――「自己啓発セミナー」(以下、セミナーと省略する) そのものよりも――描き出す、という作業である。あなたは、これらの記事にどんな「語彙」が含まれると予想するだろうか。じつは私は、記事を収集する作業を始めるさい、きっと一様の「非難の語彙」が発見されるだけだろうと予想していた。しかし、作業の結果、この予想は誤りで、何種類かの異なる語彙(「非難」ではない語彙も含めて)が存在し、しかもそれは雑誌記事のある属性に対応していると感じるようになった。その語彙の多様性は、通常の社会――セミナーに行かない人がほとんどの――の側のある多様性を反映しているようにも思われる。この多様性をはじめ、私たちの社会――ここでは「市民社会」と呼ぶ、その理由は4節で述べよう――の現在を、セミナーについての記事の語彙という間接的なデータをもとに描き出すのが、この章の課題である。(2)

ここでは、すべての記事を取り上げることは紙幅の関係上できない。2・3節で、いくつかの特徴的な記事を取り上げ、そこに現れる「非難の語彙」を分類する。そして、4節以降で、それを通して私たちの社会の態度を分析しようと思う。取り上げる記事は、まず、一九八九年に『週刊宝石』、一九九〇年に『週刊テーミス』で連載された、阿部ますみ氏というライターの書いた記事である（2節）。リストを見ればわかるように、これらは一九八九年以降雑誌に登場するセミナー関係の記事の出発点となったものだ。そして、3節では、ある同じセミナーに参加した記者が別々に書いた、対照的な語彙を含むふたつの記事を中心に論ずることにしよう。

【3】

記事の内容に移る前に、「自己啓発セミナー」について概観しておこう。

「自己啓発セミナー」とは、営利企業が受講料を支払った顧客に次のようなサービスを提供する場である。そのサービスは、企業から給与を受ける一〜二人の進行役（トレーナーなどと呼ばれる）と十数名の無償アシスタント（コースの修了者）が提供するもので、そのねらいは「気づき self-awareness」、つまり、自分の日頃の行動のスタイルを「身に染みてつくづくわかる」ようにすることといえよう（石川［1992:143-144］）。そのために、進行役による説明を中心にした「レクチャー」、受講者全体でゲームをしたり、ふたりで向かい合って目を見つめながら話をしたり（この組を「ダイアード」と呼ぶ）、ひとりで瞑想したりする「エクササイズ」、感じたことを全員や小集団を前に発表する「シェア」などが組み合わされている。

セミナーは三つのコースに分かれる。第一のコース（「ベーシック」「スターティング」など呼ばれる）では、週末の三〜四日、朝から夜まで都心のホールなどを借りて、レクチャー・エクササイズ・シェアを組み合わせたプログラムが行われる。一会場の参加者は五〇〜二〇〇名で、通いで参加する。受講料は十万円前後。第二のコース（「アドバンス」「リアライゼーション」「トランスフォーメーション」など）は、三〇〜五〇名の参加者が四日間ほど合宿して、エクササイズ中心のプログラムをこなす。受講料は二十数万〜三十数万円ほど。第三のコース（「インテグリティ・ネットワーク」「リアライゼーション」など）は、三カ月ほどの期間に、知人にセミナーを紹介し参加を勧誘する（「エンロールメント」と呼ばれる）という課題を達成するコースで、参加費は無料である場合が多い。それぞれコース修了後に次のコースへの参加を勧誘されるが、参加しなくてもよい。

こうしたセミナーは一九七〇年代前後にアメリカで生まれ、日本に登場したのは一九七八年のライフダイナミックス社が最初とされる。一九九一年の数字だが、参加者の積算数は大手のライフダイナミックスで七万人、Be You で三万五千人、iBD で一万五千人を越え、全セミナー合わせると年間数万人規模が参加するという（芳賀［1991:64］）。参加者の男女比はほぼ半々、年齢層は二〇代から七〇代までだが二〇代後半から三〇代前半がもっとも多く、大学卒が過半数(うち大学院卒が二〇%以上)、職業はホワイトカラーが過半数である(芳賀・弓山[1994:157-158])。

さて、こうした「自己啓発セミナー」に、どのような「非難の語彙」が与えられるのだろうか。——それでは、出発点となった記事から検討を始めよう。

2 いくつかの非難の語彙

【1】

まず、一九八九年に『週刊宝石』に連載された[2]～[5]の記事を紹介してみよう。セミナーを「自己改造セミナー」(傍点引用者、以下も断りがないかぎり同様)という名称で呼ぶこの連載は、ふたつのエピソードから始まる。都内に住む五〇歳の主婦が、大学生の娘がセミナーの受講料のためにアルバイトをしているのだが、「若い娘をたぶらかす新興宗教みたいなのがあるのではないでしょうか。心配でなりません」と、「本誌記者」に相談する。次いで、記者(筆者の阿部ますみ氏)の知人の二七歳のOLが、内容を明かされないままセミナーの勧誘を受けていると語り、しばらくして再会すると「顔が生き生きして」おり、「わたし、輝いているでしょ……あなたも、だまされたと思って、受けてみない」と記者を勧誘する。このふたつのエピソードを受けて、記者はライフダイナミックスのゲストセミナー（第一のコースに入る前の、二時間ほどの講習会）に参加する。

そこでの評価は、自己紹介をするエクササイズで「記者はまったくなじめない。……世間話をするほうが自然なのに」という感想以外は、「会場はすっかり〝お友だち〟ムード一色。ゲストたちもいつのまにかいきいきと自分のことを話している」といった、むしろポジティブなものである。記事［2］は、このセミナーで、「受講者たちは、本当に〝自己改造〟ができるのだろうか?」という疑問で結ばれる。

阿部氏はこのゲストセミナー以外にはセミナーに参加しない。しないで、［3］以下の記事を［2］への反響の電話やインタビューによって構成する。そこでは「バックに宗教団体があるんじゃないですか」「心を売るネズミ講」といった声が記される。会場の様子は、参加者へのインタビューから再現される。目の前の人と向き合い「相手が好きだったら抱き合う。好きになれなかったら握手をする」というエクササイズで、最初は「生理的な好き嫌いから」握手をしていたが、相手が抱きつこうとするのに「自分だけこんなに頑なではいけない」というムードが広がり「会場全体が抱き合うようになる」。「〝はめられたな〟という気がしたんですね。でも抱きついたのは、私の自然な心の変化がさせたことですし」。また、「四日間いるうちに、グループの人たちのことを家族のような気持ちで見られるようになっていました」という感想、「涙を流す自分に驚いた」、トレーナーに「オナニーのやり方を質問する人」や「近親相姦を告白する人」もいたという報告もなされる。

こうしたセミナーには「もちろん歪みも生じている」という［3］の結びを受け、［4］ではその問題点が指摘される。会社勤めをしていた三〇歳の主婦は、アドバンスの合宿やエンロールのために「仕事は辞めるワ、家事はほったらかしにして夜遅く帰宅するワで」夫と「離婚寸前」になる。セミナーで自分に自信がついたといった声もあり「それなりの魅力があるのかも」とも思われるが、「心を売り買いする商法です」「人生に迷っている人……につけ込んでお金儲けをしているのではないでしょうか」という参加者からの批判的な声をあげて、記事はネガティブなトーンで結ばれている。

［5］は、［2］の最初に登場した知人のOLが、久しぶりに会うと「醒めた顔つき」になっている、という話から始まる（「セミナーのおかげでたばこをやめられた」はずなのに、たばこをスパスパ吸っている）。「中にいるときは感動の世界なの。でも実生活に戻るとなにかシラケちゃって。内と外のギャップが大きいのよね」。「ツキモノが落ちたように、元どおりの自分に返ってしまう傾向がなきにしもあらず」。また、費用が高すぎる、儲けすぎという批判もくり返される。

最後に、トランスパーソナル心理学や精神医学の専門家の見解が載せられる。心理学者は、トレーナーが受講者の「精神的なワクを一回壊」しており、それを再び統合する力量が必要なのだが、力量がないと「自分たちの手に負えなくなり、病院へどうぞ」ということになる点が危険だと指摘する。また、精神科医は、心理学療法に「新宗教的な金儲けの方法が入ってくる可能性」があるという問題を指摘する。そして、連載全体は「〝自己解放〟が他人の自由を拘束するような結果だけは招いてほしくないものだ」と結ばれる。

あわせて、同じ阿部氏が数カ月後に『週刊テーミス』に連載した記事にも触れておこう（［8］［10］［11］）。ここには、「身近に押し寄せる」「肉体を提供してまで新会員を勧誘」「見知らぬ人と抱擁」「女子大生が丸裸に」（［8］）「人間破壊された恋人を返して」「エイリアンが侵入する前にくい止めろ！」「あなたに忍び寄るセミナーの影」「セミナーが原因で精神分裂症に」「人の心を弄び道具にしている」（［11］）といった、よりセンセーショナルな見出しが並んでいる。その最終回では次のような総括がされる。まず、「セミナーを受講した人たちがそれを受ける前とでは明らかに〝変身〟してしまっている」。それは「体型を補正する下着」「顔のシワをとるコラーゲン」のようなものだ。しかし、「下着も化粧品も使わずにいればもとの自分に戻る」のと同じで、「精神や気持ちもその程度のものだ」という印象を阿部氏はもつ。これに阿部氏は、「一過性の荒療治」という表現を与える。そして、「人間の一種の破壊」すなわち精神科医に統合失調症と診断され「直接の原因はセミナーでしょう」といわれた例を紹介するとともに、「社会心理学の権威」による「人を泣かせたり、騒がせたりするするのは……人格無視」であり「本来自己改造は……自分の経験を通してなされるべき」、セミナーの「危険性」は「忘我の状態が軽症とすれば、重症は発狂という形」であるとする「解説」を紹介して、連載を締めくくるのである。

【2】

さて、私が見るところ、この出発点の記事には、その後登場する「非難の語彙」のほとんどが揃っている。まず、この「語彙」を簡単に分類しておきたい。

第一。セミナーという「新しく」「わけのわからない」現象を、「すでに存在し」「わけのわかる」現象、とくにすでに非難の対象となっている現象と同じだとする語彙が、ここにはいくつかある。そのひとつが、「新興宗教」という語彙である(「娘をたぶらかす新興宗教」「バックに宗教団体」)。「新興宗教」という既存の語彙のイメージがそのままセミナーに転用され、社会は、セミナーがなんであるか「わかる」、ということになる。

第二。とくにエンロールメントにかんして、「心を売り買いする商法」である、という語彙がある。結局は、これは「商売」だったのだ、それもどうも「費用が高すぎ」「儲けすぎ」の「悪徳」めいた。ときに、「新宗教的な・金儲け」という表現もとられもするが、ここには「商売」であることに言及する語彙、ミルズにならえば、「宗教的な動機」とは対極的な「金銭的な動機」によって、セミナー現象を位置づける語彙が存在する。

第三。『週刊テーミス』の連載でより強く打ち出されているのが、「女子大生」や「OL」が、「見知らぬ人と抱擁」し、「丸裸」になり、「肉体を提供してまで新会員を勧誘」するという、セックスへと繋がる語彙である。そこでは、(『週刊宝石』の連載にあるように)「オナニー」や「近親相姦」といったセクシュアルな話題も語られる。ふたたびミルズを引けば、ここでは「性的・快楽主義的」な語彙が貼りつけられている。

第四。もうひとつの非難は、セミナーがその外部の社会を破壊してしまう、というものだ。たとえば、会社を辞め、家事をも「ほったらかしにして」夫とも「離婚寸前になった」主婦。セミナーは、会社や家族の外部にあって、そこに「侵入」しようとする「エイリアン」(〔11〕の見出し)である。〔3〕に掲載された参加者の証言にある「四日間いるうちに、グループの人たちのことを家族のような気持ちで見られるようになった」という言葉は、セミナーは「家族のように」温かいすばらしい場所と思わせもするが、たった四日間しか知らない他人と「家族のように」なるなんてなにか怪しい、それが事実ならほんとうの「家族」はどうなるのだ、と思わせもするものだろう。セミナーが「家族」のようであればあるほど、ほんとうの「家族」を破壊するものとして恐れられる。「家族」や「企業」を危機に瀕せしめる社会のエイリアンとしてのセミナー、これがもうひとつの語彙である。

【3】

しかしより強調したいのは、この記事に、単純に考えて矛盾している語彙が存在する、ということである。それは、セミナーが受講者にいかなる効果をもつか、という重要な事項にかかわるものだ。これについて、これらの記事は、両義的ないし矛盾する答えしか用意していない。［11］の総括を振り返ってみよう。ここで阿部氏は「一過性の・荒療治」という表現をセミナーの効果に対して与える。それは「荒療治」である、つまり劇的な効果がある。同時に、それは「一過性」である、つまり長期的な効果はない。セミナーは効果があるのかないのか？――この総括は、あり、かつ、ない、という形で答えるのだ。

しかしながら、見てきたとおり、全体としての記事は「荒療治」の「弊害」へと論を移し、効果がありすぎる、または不適切な効果があることに重点を置いている。それは「自己改造セミナー」という名称の選択に始まって、さまざまな語彙で繰り返し主張される（「人間破壊」「重症は発狂という形」など）。また、セミナーの内容の紹介も、人間を変身させる部分を強調する選択が施されている。セミナーに必須の「レクチャー」には言及されず、涙を流す経験、オナニーや近親相姦を告白するシェア、見知らぬ他人と抱きあったり、女性が裸になるエクササイズなどが紹介されるのだ。――これをここでは「過剰な効果」

論、と呼んでおこう。

しかし、阿部氏はこうもいう。彼女を勧誘した知人のOLは「元どおりの自分に返って」しまった。セミナーは、下着やコラーゲンと同様たいした効果がないのだ。ここには、明らかに、「過剰な効果」論とは別の種類の非難がある。セミナーは高価すぎるという非難もまた、効果があまりないから受講料が高すぎる、ということだ。つまり、ここで主張されるのは、効果がありすぎることではなく、効果がなさすぎることである。――これを「過小な効果」論、と呼んでおこう。

付言するならば、これは、前項の第一と第二の語彙に対応するともいえよう。第一の、セミナー＝「新興宗教」という非難は、セミナーという「わけのわからないもの」をより非日常なもの（そのなかでもイメージしやすいものではあるが）に近づけて処理する。つまり「過剰な効果」を持つおそろしいなにかにしてしまう。第二の、セミナー＝「商売」という非難は、セミナーをじつに日常的なものとすることで処理する。つまり特別な「効果」などないありふれたものにして対応できるようにする。簡単にいって、神秘化するか卑俗化するかのいずれか（ないし、いずれも）が、セミナーに限らず、私たちが「わけのわからないもの」に対応するときによくとる、ふたつの対応であるとも思われる。

しかし、私は、この矛盾する語彙――「過剰な効果」と「過小な効果」――が、こうした論理だけではとらえきれないものであるように思う。というのは、この記事のように両方を併記する記事とは違う、一方だけを強調する記事が存在し、しかもそれはある分布の差を見せているのだ。だとすれば、この事実は、それを採用する「社会」の側の多様性を映し出すものかもしれない。――次節では、そうした対照的な記事を紹介し、このことを考え始めてみようと思う。

3 「過小な効果」と「過剰な効果」

【1】

その第一の記事は、女性のライターがじっさいにセミナーに参加して書いた、一九九〇年一二月に『週刊SPA』に連載された記事［15］と［16］である。じつは、リスト化した記事のうち、書き手がじっさいにセミナーを体験したものは［1］［6］［14］［15］［16］［25］のみで、一九七八年という飛び抜けて早い時期の記事［1］(3)以外はすべて女性が書き手である。例外的に、［21］は第一のコースに半日だけ参加した男性記者による記事だが、これには次項で触れよう。

さて、記事の前編［15］は、女性記者（「マルコ不思議探検隊の美恵子隊員」）によるライフダイナミックスのベーシック・コースの体験記である。「人が変わったように明るくなったり、見違えるように積極的になったりするらしい」「やたらと強引な勧誘は新興宗教にも匹敵するという噂もある」セミナーに、彼女は知人に勧められて参加する。

セミナーを概説する冒頭では、「広告宣伝ナシ、内容勧誘は卒業生の口コミだけ」で「なにやら秘密めいている」、「一二万五千円とかなりの金額」、セミナーが始まると「演出過多といえるほど大袈裟」、トレーナーは「実に芝居めいていて、まるで、ディズニーランドのジャングルクルーズの案内人」と描かれる。しかし、セミナー終了時のグラジュエーション（卒業式）では、紹介者が予告なしに自分の前に立っている演出に、「クサイ。でも……感激で涙が止まらなくなる」と述べる。そして、記事は次のように結ばれる。「『ヒトって温かいな』『これまでこだわってきたことなど、なんてことない』と気分は前向き。不思議なことに涙もろくなっている自分が心地よくさえある。あー、もっと感動しちゃいたい。アドバンスもいこうかしら。これを洗脳というのだろうか？」

後編（「16」）は「半信半疑で潜入した〝自己開発セミナー〟で意外な感動体験」（見出し）を受けた、第二のコースでの体験記である。「涙、涙で感動ものだったベーシック・セミナー。これだったら、絶対にワンランク上のアドバンスも受講したくなっちゃう」、だが四泊五日、約三五万円のアドバンスはそれだけの「価値が本当にあるのだろうか？」記事はエクササイズの内容を記述したあと、最終日に移る。「女性たちは誰もが生き生きと輝いている。男性たちもひとまわり逞しくなったように感じられる」。最後の課題で街に出たとき、彼女は「鮮烈な驚き」を感じる。「世の中が一変して見えたのだ。街中を歩く人のすべてが無表情に見える。「恋人と一緒にいてなぜあんなにつまらなそうなのだろう」と不思議に思う。それまでの数日間、感情を表に出すようにしてきたため、普通の顔が不気味に見えて仕方がない」。そして「感激、感激のままアドバンスは」終わる。

しかしながら、その後のコース、インテグリティ・ネットワークで記者の評価は変化していく。これは「エンロールメント、つまりはセミナーへの勧誘」を行うコースであり、「知らず知らずのうちに営業マンにされてしまったような気がする」。記事の最後にライフダイナミックス副社長へのインタビューが掲載され、そこでも「受講料の高さと、強引すぎるエンロールメントは問題ではないか」との質問がされる。締めくくりはこうだ。「セミナーを受講して、私は確かに変わったように思う。受講前より意欲的になってきた。でも〝生まれ変わった〟ってほどじゃない。だって卒業して日がたつにつれて当時の決意も次第に薄れてきたから。そう思うと……合計四七万円という受講料はやっぱり高い」。

ほぼ一貫してポジティブな感想を綴るこの体験記の、末尾に付け足したようなこの「非難」は、しかし重要なものである。この後編のタイトルは次の疑問文である――「本当にセミナー受講で性格は変わるのか?」 答えは、変わったが十分ではない、というものだ。もっと変わることはできないか、できないとすればこの受講料は高い。ここでは「過小な効果」論のみが主張される。効果が「過剰」だという評価は一切ない。

エンロールメントへの批判も、「悪徳商法」だから「心を売り買いする商売」だから、ではない。せっかく変わったのだ、「勧誘」なんて「営業マン」みたいなことをさせて効果を落とさないでほしい――非難の行き着く先は、けっして「人間破壊」や「悪徳商法」ではない。「こころ」についてのサービスにお金を払うことは問題とはされず、問題はその値段である。四七万円払ったのだ、それにみあう効果を提供してほしい、でなければ受講料を下げてほしい――じつに経済合理的な非難の語彙が、ここには存在するのである。

こうした「過小な効果」論は、他の記事にも存在している。たとえば、記者の体験に基づく『CREA』の［14］は、セミナー体験をポジティブに評価しながら、それが一般社会では通用せず、狭い世界にとどまるだろうことを「おめでた過ぎやしないか」と批判する。「大きな変化があったとは思えないが、皆がやたら正直になっていた」、しかしそれで「新しい自己を獲得できた」というのはいい過ぎだ。また、体験記ではないが、フリーライター嶋村久子氏による『週刊朝日』の［28］は、「セミナーもセラピーも無料でないかぎり「商品」であり、その不備や欠陥を見落とさない「賢い消費者になる」ことがすすめられている。ここには、『週刊SPA』と同様の、経済合理的な語彙が存在する。

確認しよう。記者の体験にもとづく「過小な効果」への非難。それは、セミナーが商売であること自体ではなく、費用対効果に関心を向ける態度とも結びつくことも多い。そして、書き手はすべて女性である。――さて、これに対して、次のような記事群も存在する。

【2】

先に、記者がセミナーに参加しながら半日しか体験しなかった記事があると述べたが、それが青年男性誌『GORO』に載った［21］である。書き手は福川粛と署名する男性であり、彼はライフダイナミックスのベーシック・セミナー（『週刊SPA』の記事と同じセミナー）に参加しながら、「オレを馬鹿にしてるのかよ。こんなことに我慢できるか」と「初日の午後二時ごろ」に飛び出す。あとは「少々情けないが、経験者の話をまとめ」る、という取材をもとに、「性格を破壊し、真空状態に究極の性善説を刷り込む」（見出し）とする記事を構成する。

参加中の叙述を引こう。アシスタントやスタッフの「これから何が始まるのかオレたちだけが知っているといわんばかりの少し緩んだ口元が、かえって顔から表情を消し去り、気味が悪い」。トレーナーは「訪問販売を得意とするやり手の営業マンといった感じ」。シェアに対する拍手については「ふだん拍手される機会など皆無にひとしい受講者は、一瞬の恍惚感に刺激されてセミナー中毒への第一歩を踏み出すのだ」と描き、セミナーの開始時のグランドルール（セミナー運営のためのルール）の説明を「トレーナーを神格化するための儀式……トレーナーは唯一絶対にして不可侵の大先生になっているのだ」と表現する。

午後一時すぎの休憩時、「空腹も手伝ってか記者のいいようのない怒りは極限に達し」、スタッフにひとり呼び出されてインタビューを受け、「醜いやりとり」のあと、彼は受講を拒否する。同じくグランドルールを拒否して受講をやめた主婦と語り合い、そのなかから「怒ろうとしない。怒られることが怖い。だから自分を守るために暗黙の了解をつくるのだ。すべてはここから始まる」というタイトルにあるレトリックを導き出す。

後は伝聞による記述がつづく。「繰り返し自己をさらけ出し、感情をむき出しにすると、トレーナーによるアメとムチが功を奏し、感情ゲームに自らのめり込んでいくのだ。室内には怒号と嗚咽が入り混じった異様な光景が展開する」。「従来の自分の性格を破壊し、真空状態になったところで究極の性善説を刷り込む作業なのだ」。「人と違うことの何が悪いのか。違って当たり前じゃないのか……時すでに遅し、受講者はトレーナーの意のままに動いている」。受講者は「セミナーで去勢されていく」。記事の結びはこうだ。「みんな群れたがる。セミナーを合言葉にとにかく群れたがる。プライバシーをさらけ出し、自己PRに努めてもそれは嫌みなナルシストへの転落でしかないと知るべきなのではないだろうか」。

どうやら、ここには、他の「体験記」記事とは対照的なベクトルがみられる。多くの「体験記」は、セミナーでの「効果」を記者自身が体験し、アポステリオリにそれが不十分なものである（「過小な効果」）という非難をする。それに対し、この記事では、どんな「効果」にせよ「私」に影響を与えるものはすべて非難され、拒否される。非難と拒否以外の、セミナーを自ら「体験」するふるまいは一切行われない。いってみればこの記事は、アプリオリに「過剰な効果」論を採用しており、はじめからこの語彙を前提にして構成されている。

こうした記事は、『GORO』をふくむ「青年男性誌」に多くみられる。青年男性誌のセミナー関係の記事は一九九一年に集中し（［18］［22］［23］）、そこでは「洗脳」という語彙が頻用されている。先に述べたとおり、一九九〇年の『週刊SPA』の「体験記」前編（［15］）は「これを洗脳というのだろうか？」という疑問で結ばれていた。これは、セミナーが「洗脳」かどうかを、取材を通して問おうとする方向である。しかし、多くの青年男性誌では、「洗脳」というものが（あらかじめ）あり、その一種にセミナーがあって、それはこういうものだ、という順序で記事が書かれている（『週刊SPA』も、一九九一年以降の［19］［30］ではこのアプローチをとる）。これには、一九九一年六月に会社員二澤雅喜のセミナー体験記と宗教学者島田裕巳の文章を合わせた単行本『洗脳体験』が出版されて、「洗脳」という「語彙」が社会的に発見された、という影響もあるだろう（また、一九九三年になると、「マインドコントロール」という語彙が採用される）。

確認しておこう。ここで紹介した青年男性誌の記事（［15］［16］以外の『週刊SPA』の記事も含めて）は、基本的には「過剰な効果」論に立っており、「洗脳」を中心にした語彙をセミナーに付与する。特徴的なのは、これまで検討してきた記事と比べ、それ以外の語彙が（［32］などの「マルチ商法」を除いては）ほぼ欠如している、ということだ。セミナーという「わからない」ものに対し、「過剰な効果」をいつも発見し、それによってのみ「わかるもの」にする、という態度がこれらの記事には見られるのである。

【3】

さて、この章でこれ以外の記事を逐一検討することはできない。以上三つの例から抜き出される傾向を軸に、ここでふれられなかった記事を含め、簡単にまとめておこう。

第一。青年男性誌には、セミナーのすべてに敏感に「過剰な効果」を（あらかじめ）発見するような記事が多い。そこでは、「洗脳」「マインドコントロール」という語彙がセミナーに貼りつけられ、他の側面を非難する語彙はあまり見受けられない。

第二。女性の記者がセミナーを体験した記事は、そのほとんどがセミナーの内容にはポジティブな評価を下す。非難は、高価な受講料に比して効果が不足しているという経済合理的な（商売であること自体は非難しない）「過小な効果」論による。他の女性誌の記事（『微笑』『女性自身』）にもポジティブな評価がみられ、「過剰な効果」論は採用されない。

第三。その他の一般週刊誌では、2節【2】で述べた多様な語彙が登場する。セミナーの効果については、「過剰な効果」論と「過小な効果」論が併記され、ともに非難の語彙として採用されるという記事もあるが、おおむね「過剰な効果」論による非難が展開される。また、「悪徳商法」、「こころ」を扱う「商売」だから問題だ、という非難も多く(『サンデー毎日』[26]が典型)、「商売」であること自体を認めているのは、[1]と[28]の『週刊朝日』記事、および『日経ビジネス』の記事[13]だけである。

さて、読者は、こうした「語彙」の多様さが存在することを――私には予想外だったのだが――、どう感じるだろうか。これだけの相違は、私たちの社会の現在についてなにかを伝えるデータであるように、私には思われる。ここで議論を反転しよう。こうした「非難の語彙」を貼りつける行為、それを読む行為は、この社会に生きる人々――そのほとんどはセミナーに行かないのだが――にとってなにを意味するのだろうか。それは、「社会」のなかで「してはいけない」なにを示し、どのような「しなければならない」こと、「守らなければならない」ことを示すのだろうか。そして、それらは、社会のなかにどのような多様さで分布しているのだろうか。――このことを、少し回り道をしながら、以下、考えていくことにしよう。

4　「私」の編成とコントロール不可能性——技法の問題

【1】

「過剰な効果」論から考えてみることにしよう。私たちは、それを非難する語彙を見てきた。では、どうしてこれが「非難」されるべきだと感じられるのだろうか。

「過剰な効果」を非難するさいに、記事では三つほどのことがいわれているようだ。第一に、結果としての「人格改造」「変身」「人間破壊」、つまり、本人が変わってしまうということ。第二に、それがなされるプログラムが「洗脳」や「マインドコントロール」である、つまり、セミナーによって外から変えられてしまうということ。第三に、その過程で「号泣」や「抱擁」「秘密の告白」など異様な行為がなされる、ということである。

これらが非難に値するとすれば、非難されないのは次のようなことだろう。第一に、人格や性格が変わらないこと。しかし、人格が「成長する」という表現もある通り、変化自体は非難されるものではないように思われる。第二に、その変化が他人からもたらされたものでないこと。阿部氏の記事（［11］）での「本来自己改造は……自分の経験を通して」なされるべきという主張、青年男性誌での「自分自身でものごとを判断できる」「自分の力で変化させるしかない」（〔23〕、前節では引用せず）といった言説は、これを裏付けるものかもしれない。第三に、「号泣」「抱擁」「秘密の告白」などの行為をしないこと。

私は、まず、これをある素朴な言葉でくくっておこうと思う。――「コントロール不可能なもの」、これには「非難」が浴びせられる。自分ではなく、セミナーという他者によってコントロール不可能なまま自分を変えられてしまうこと。自分のなかから、涙や隠していた秘密がコントロールできないまま溢れ出し、それを他人という自分にはコントロールできない存在の前に投げ出してしまうこと。こうした事態が存在するとき、私たちはそこに「非難」の対象を発見する、と素朴にいってよいように思われる。[4]

しかし、もう少しこの概念に内実を付け足しておきたい。――次のことを想像してみよう。人が（あなたが）「私は確かに私だ」と実感するときはどのようなときだろうか。

私はふたつの極を想定する。ひとつは、自分の力で自分の意志通りに自分の行為をコントロールし、思い通りの結果を出したとき。たとえば、自分のなかから溢れ出そうとする欲望を抑えて、自分の努力によってなにかをなしとげたとき、私はコントロールする力の源としての「私」を確かに実感し、愛するであろう。しかし次のような極もある。そのような抑制や努力をしながらも、自分のなかにはコントロールできないものがあってどうにも抑えられず溢れ出してしまい、「どうしても私はこうしてしまう」「これってほんとに私らしい」と感じるとき、他と取りかえようのない「私」、「ほんとうの私」を実感するであ

ろう。「私」とは、いわば、このふたつの極を往復する運動である。(5)

「コントロール可能性」と「コントロール不可能性」。たとえば、宗教を考察するさいにもそれは論じられてきた。M・ヴェーバーは、宗教のふたつの類型として「禁欲」と「神秘論」を対比する。「禁欲」において、個々人は神の「道具」であり、それ自体は価値がない。その「堕落の状態」から、「抑制と克服」、「聖意にかなうように行為すること」によってのみ自らに価値があることが確認でき、「救いの確証」を獲得できる。一方、「神秘論」においては、人間は神的なるものの「容器」であって、すでに価値を「所有」している。現世での行為は、すでに存在する価値とは無関係で、それに没頭することは神的な価値を見えなくさせてしまう。その見えなくなった「価値」を感じさせるのが、「神秘」的なさまざまな技法なのだ（Weber [1920-21=1972:103-105]）。自らの力で自己をコントロールしてその価値を確証する立場と、すでに存在する自らの価値が溢れ出るのを体感するに任せる立場のふたつが、ここにある。

いうまでもなく、これは対立する極だ（Weber [1920-21=1972:104-115]）。石川准は、「自分の外に神があるとする考え」＝「価値のある行為によって、doingによって初めて価値が与えられると考える世界観」と「神は自分の内にあるとする考え」＝「存在することそれ自体の内に、つまりbeingそのものに価値があると考え実感する世界観」を対比したうえで、さまざまな社会で、前者は後者を「信仰をむさぼる者」として非難し異端呼ばわりした、と指摘する。彼は、後者が「支配的であるような文明はおそらく歴史上存在しなかっただろう」とするとともに、「どのような時代においても支配的文化を緩和し相対化する対抗文化としては機能してきた」という(石川[1992:37-39])。

私たちは、コントロール不可能性を恐れる。自分のなかにあるコントロール不可能なものを溢れ出させ、それを感じることで「私」を確かめるという技法を恐れる。「過剰な効果」への非難が私たちの社会で有効な語彙であること、あるいはセミナーの効果を「過剰」と私たちが感じることについての第一の説明は、こうだ。——「通常」の社会にいる私たちは、「コントロール可能性」を確認するという技法によって「私」を確保しており、それと対立する「コントロール不可能性」を鍵とする技法(どうやら、それがセミナーでは行われているらしい)[6]に対しては、非難を行うことになる。

しかし、この議論はまだ不十分なものだろう。ここで少し回り道をしておきたい。それは、私たちが形成する「市民社会」についてのいくつかの議論を辿るものである。

【2】

回り道を、私たちの身体のふるまいにかんするひとつの引用から始めよう。

そこで行われることは、相手をちらっと見ることは見るが、その時の表情は相手の存在を認識したことを（そして認識したことをはっきりと認めたことを）表す程度にとどめるのが普通である。そして次の瞬間にすぐに視線をそらし、相手に対して特別の好奇心や特別の意図がないことを示す。このような礼儀正しい振舞をする時には、見る人の目が相手の目を捕らえるのは許されるが、「会釈」にまで発展するのは許されないのが普通である。……そして、相手が通りすぎる時には、あたかもライトを下向きにするかのように、お互いの視線をふせる。（Goffman [1963=1980:94]）

これは、E・ゴフマンによる、街頭で行われる「儀礼的無関心（civil inattention）」の描写である。ここで「まなざし」は、「無視」という過小なものでも「凝視」という過剰なものでもいけない。どちらの「礼儀違反」をしても、「じろじろ見られるか、徹底的に無視されるか」という制裁を受けるだろう（Goffman [1963=1980:97]）。私たちは、慎重に、許容される領域から逸脱しないよう、「まなざし」をコントロールしつづける。

私たちは、このようにして「社会」をつくっている。もちろん、これは、街頭で見知らぬ人とすれ違うという特殊な場面の描写である。しかし、これが、「市民」と「市民」の身体が、同じ空間で出会うときのひとつの典型といってよいように思われる。どれだけ親密か、どんな状況で出会っているかによって適切な「まなざし」は当然に異なるが、それぞれの状況に即した「コントロールされたまなざし」を、私たちが他者に送っていることはまちがいない。

これに対して、セミナーの空間はこのようなものではない。たとえば、そのエクササイズのもっとも基本的な要素、「ダイアード」とは以下のようである。

> 「ダイアード」は、相手と膝と膝が触れ合うほどの距離で向き合って座り、両手を膝の上にのせ、背筋を伸ばし、肩の力を抜いた状態、つまり「体を開いた状態」で行われる一種の対話法である。対話に入る前に、相手の目をしばらく見つめ、短時間目をつむり、深呼吸をしてから開始する。一方が喋っているときは、他方は相槌を打ったり首肯せずに、相手の目を見ながら、言うことを最後まで聞かなければならない。
> （二澤［1990:11］）

このような状態を想像、ないしじっさいに行ってみていただきたい。前節【2】で触れた、このセミナー体験記を書いた二澤雅喜氏は、このようにして「まなざし」を受け・送るとき、「今までそんなふうに思えなかった人びとが、急に何を考えているのかわからない人たちに見え出す」（二澤［1990:11］）と述べている。過剰なまでの「まなざし」に出会うとき、私たちは、まなざしの主がコントロール不可能な他者であったことに気づく。彼

（女）は、そこからなにが溢れ出てくるか予想もつかないものとして現れる。また、自分もそのような「まなざし」の持ち主であり、自分のなかのコントロール不可能なものが「まなざし」を通して他者に溢れ出ているのではないかと、私たちは恐れる。

ここで、「市民社会」という言葉を通常とは少し異なった意味に拡張しておこう。「市民社会（civil society）」とは、基本的には「市民的な（civil）」無関心によって繋がれる空間である。そこには、コントロールされた「まなざし」があり、「礼儀正しい＝市民の（civil）」身体がある。セミナー空間にあるような過剰で不作法な「まなざし」はそこでは許されず、溢れ出るものを抑えきれない「コントロール不可能な」身体の存在は禁止されている。「市民」とは、そうしたまなざしと身体をもつ者のことであり、そのようなまなざしとまなざし、身体と身体とが並ぶ場所が、「市民社会」と呼ばれる社会なのである。

【3】

ここで述べたような「市民」、そうした身体からなる「市民社会」――「礼儀正しい身体」と「礼儀正しい空間」――は、すべての社会に存在するわけでなく、歴史的な生成物であることを確認しておこう。たとえば、N・エリアスは次のふたつの社会を対比する。

一方には、このような社会がある。そこでは、「自分の感情や激情の発散という点で……きわめて大きな自由をもつ可能性、……敵を破壊し苦しめることで自分の憎悪を十分に満足させる可能性を持っている。しかし……負けてしまえば極めて高度に他人の暴力と激情に委ねられる恐れがあるし……極端な形の肉体的苦痛で脅かされる恐れがある」(Elias [1939=1978:342])。中世の戦士を考えればよい、彼らは「情感」や「暴力」を「かなり自由に抑制することなく」(Elias [1939=1978:111]) 発揮しなければ、他者の「情感」と「暴力」に屈従することになる。「礼儀正しい身体」は、この社会空間には存在しようがない。

もう一方には、たとえば、そうした戦士たちの闘争ののち、国王が権力を独占し、そのもとに形成された宮廷社会を考えればよい。そこでは、多くの人が関係しあうから、なにかをなしとげるには、他人を観察して気持ちを推し量ったり、結果を計算して長期的な視野で行動することが必要となる。すすめられるのは、「自分の憤懣を激情として直接爆発させることはせず、自制して」、「極めて思慮深い態度によって……関係を表現する」ことである (Elias [1969=1981:140])。ここでは、社会空間に「情感」や「暴力」は投げ出されない。「礼儀正しい身体」が「礼儀正しい空間」を形づくる。

エリアスは、このように、「礼儀正しさ=市民らしさ (civility)」の誕生を描きだす。つまり、「コントロールされた身体」による「コントロールされた空間」の誕生を、である。そして、このとき、おのおのの身体には次のような「内面」が備えつけられることになる。

自己の外側に存在する一切から隔てられ、殻に閉じこもった個人の「内面」という観念の契機となったものは一体何か……。いっそう強固で、多面的かつ均斉のとれた情感抑制、あらゆる自発的衝動が制御装置の干渉なしに直接運動として行動のなかに発揮されることを、以前よりもいっそう不可避的に阻止する自己強制の増幅、それらが「内面世界」を「外界」から、……「我」を「他者」から、「個人」を「社会」から分け隔てる殻として、目に見えぬ壁として経験されるのである。(Elias [1939=1977:471])

情感を自由に発散できるなら、それを処理する「内面」や、「内面」と「外界」の間の壁など必要ない。「礼儀正しい身体」が行う「自己抑制」によって、抑制したなにものかをいったん溜めておく「内面」が必要となり、それが「外界」に溢れ出さないように壁を設けることが必要となる。「「外部」にあるものから孤立して、まったくひとりでかれらの「内面」に存在している」(Elias [1939=1977:351]) ような「自我」や「心理」と呼ばれるもの、それは歴史的に創出された、特殊なものであり、エリアスはこれをもつ人間を「閉ざされた人間(homo clausus)」と呼ぶ。

「市民社会[7]」とはこうした人間が並ぶ場所である。その社会空間では、コントロールされた礼儀正しい「市民」の身体が出会う。それぞれの身体は「内面」を備えつけ、そこにコントロール不可能なものを配置することになる。つまり、コントロール不可能なものは「心理」のなかで処理されなければならず(「無意識」に配置されることもある)、そうやってコントロール不可能なものを身体から外に溢れ出さないようにして、この社会は形成されているのである。

セミナーへの非難は、「市民社会」が、その編成の原理とは異質な「コントロール不可能なもの」を拒否することに由来する。ヴェーバーや石川の指摘にあったとおり、もし「コントロール不可能なもの」によって「私」を実感する技法が人の生を覆いつくすならば、ゴフマンやエリアスが描いた「市民社会」は破壊されてしまうだろう。――回り道をすることで、この素朴な説明も少し納得のいくものになってきたかもしれない。しかし、私は、この説明にもすぐに修正が必要だと考える。それは、「市民社会」における「場所」をめぐる議論による修正であり、じつは、すでに雑誌記事が敏感に記述していることでもある。

5 「市民社会」の空間編成と境界――場所の問題

【1】

前節でみた第一の説明によれば、私たちの「市民社会」では「コントロール可能性」を軸とする技法のみが許され、それ以外の技法は非難されるということだった。だからこの社会には、「コントロール不可能なもの」を通して「私」と出会う技法は、どの空間にも存在しないことになる。――このような社会の編成は、しかし、ありそうにない。たとえばエリアスが描くのも、このような社会ではない。

なるほど彼が描く「市民社会」は、暴力や情感というコントロール不可能なものが登場しない空間だ。しかし、そうしたものがどこにも存在しないわけではない。それは確かに存在する。どこに？――「閉ざされた人間」の「内面」に、である。ここではコントロール不可能なものを感じることがあってもいいのだ。しかし、それは、「個人」という領域の外側、人と人との間＝「社会」に溢れ出してはならない。溢れ出すと「市民社会」の編成は困難になる。「内面」を歴史上新しく備えつけた「個人」の身体は、どうしても存在するコントロール不可能なものを「社会」に溢れ出ないように閉じ込める「壁」に囲まれた場所となる。

だから、「市民社会」はふたつの空間から編成されることになる。第一に、コントロール不可能なものを閉じ込める、「私」の「内面」という空間。第二に、それによってコントロール不可能性を排除した、身体と身体とが出会う「社会」という空間。先に述べたように、この配置は普遍的であるわけではない。エリアスの描く戦士社会では、「社会」のただなかにコントロール不可能性が配置され、この領域と「私」の「内面」はさほど明確な断絶(「壁」や「殻」)なしに繋がっていた。これに対して「市民社会」では、「私秘空間(private space)」と「公共空間(public space)」がはじめて明確に区別され、前者のみに「コントロール不可能性」を配置する、という社会空間の編成がなされるのである。

とすれば、「非難」は「コントロール不可能性」の存在そのものに由来するというより、それが「私」のなかに閉じ込められないことに由来する。私のなかにコントロール不可能なものを感じて、それをこころのなかで語ることは許される。しかし、その「秘密」を他人の前=「社会」という空間で告白すること、これは異常なことだ。なにかに衝き動かされてひとり涙を流すことがあってもよいだろう。しかし、他人の前で「号泣」するのは異常なことだ。「自分の力」でそうしたものを処理するのならよい、しかし、他人と一緒に、他人の力を介在させて、そうしたものと「私」を向き合わせることはおかしい。

「私」のなかに閉じ込められているかぎり、「コントロール不可能なもの」は「社会」という空間には登場しない。「市民社会」は、それを「私」の身体という私秘空間に閉じ込めることを要請する。そして、この「境界」を越えたとき「市民社会」はそれにすばやく「非難」の声をあげる。——これを、前節の説明を一段階修正した、第二の説明と呼んでおくことにしよう。

【2】

しかし、この「境界」は、必ずしも「私」とその外側の間につねに引かれているわけではない。反省すればよい、私たちは他人の前で涙を流さないだろうか、他人に自分の内面の秘密を告白しないだろうか。そして、そのような涙や告白は、ときに「純粋」で「美しく」、「愛に満ちた」ものと称揚されているのではないだろうか。

「まなざし」について思い出してみよう。私たちは、恋人同士が長い時間厭きることもなくお互いの目を見つめ合うことをよく知っている。そこには、セミナーのなかの「ダイアード」とは違うある種の表情が付着しているが、その「まなざし」に相手のなかのコントロール不可能ななにかが溢れ出し、自分もそれによって喚起されたなにかをコントロールできないまま「まなざし」のなかに溢れ出させてしまう。そして、そのとき、「私」は「私」であることを強く実感する。そのような場所が、私たちの社会にも、ある。

そして、次のことも私たちはよく知っている。そのような「まなざし」を、思ってもいない人から向けられるとき（たとえば職場の同僚から、たとえば通勤電車で乗り合わせた人から）、私たちは困惑し、いぶかしくときには恐ろしく思うのだ。職場という空間、通勤電車という空間は、そのような「まなざし」を許容する空間ではない。「市民」としてのコントロールされたまなざしと身体のふるまいのみが許される場所なのだ。

どうやら、コントロール不可能なものが溢れ出し、それを実感することで「私」を確かめる技法が配置される空間は、「私」の「内面」という空間だけではない。「恋人」という他者、「親友」という他者、「家族」という他者と共有する空間において、私たちは、しばしば涙を流し、秘密を告白し、抱擁しあう。しかし、その技法は、職場や通勤電車といった「公共空間」に溢れ出してはならない。ふたつの間には慎重に境界がひかれ、「市民」として出会う場所は、コントロール可能な空間に保たれつづける。

このことがもっとも明瞭に見て取れるのが、「家族」とその外との境界であろう。山田昌弘は、近代家族においてはじめて、情緒的満足を得たり情緒的不満を処理する「感情マネージ」を家族で行うことが規範化されるようになったという。家族のなかでは愛情が感じられなくてはならず、家族の外に情緒的不満を表出したり、愛情を求めたりしてはいけない。こうして、家族以外の社会は愛情にかんする責任から解放される（山田［1994:46-47］）。

こうした空間の画然たる区別は、「性」という現象にかんしてまっさきに気づかれることでもある。「性愛」において、私たちはお互いに身体を慈しみあい、コントロール不可能なものに身を任せるだろう。それが「性」に割り当てられた空間にあるかぎり、それは何の問題もない。ところが、それが「性空間」からはみ出して「公然たる場所」で行われるとき、それは「猥褻」なものとして「非難」の対象となる。性現象を明晰に論じる橋爪大三郎はこういう。私たちは「身体」である限り、「誰もが誰とでも性関係をもてることを前提としながら」社会を築いている。だから「性空間（sexual space）」とそうでない空間は明瞭に区別されねばならない。「この区別は、われわれの社会を社会たらしめている、もっとも深いレヴェルの区別である」（橋爪［1990:355］）。

「市民社会」は「コントロール不可能なもの」を全面的に排除した空間ではない。このように、コントロール可能な身体が並ぶ空間（「公共空間」）とコントロール不可能なものが溢れ出す空間（「私秘空間」）が分離され、それが結びつけられることによって、「市民社会」全体の空間が存立する。「私秘空間」にコントロール不可能なものが割り当てられ、それが処理されるからこそ、「公共空間」が礼儀正しい＝市民の空間になりうるのだ。そして、「公共空間」にコントロール不可能なものが溢れ出したとき、それは厳しい制裁を受けるだろう。たとえばゴフマンがいうように、「不当に自己を開示する」（Goffman［1963=1980:151］）といった「状況における不適切な行為」をしたとき、それは、「精神病院に収容されるか、されないかのどちらか」（Goffman［1963=1980:249］）という制裁を招くのである。

【3】

セミナーに「過剰な効果」を感じるのはなぜか、それが「非難の語彙」として社会的に妥当するのはなぜか。――4節で述べた第一の説明は、「市民社会」はそもそも「コントロール不可能性」を許容しない、というものだった。これに対し、この節で述べている第二の説明は、「市民社会」に「コントロール不可能性」が存在してもいいが、それが割り当てられる空間があり、その空間の外にこれが溢れ出るとき「非難」が生じる、というものである。

セミナーは、この二空間のセットに組み込まれない。それは、「見知らぬ」「四日間いるだけ」の、通常の意味で「私秘的」ではない他者たちが出会う場所でありながら、そこにはコントロール不可能なものが溢れ出している。そこで、号泣が、抱擁が、秘密の告白が、いや見つめ合いがなされるだけでも「市民社会」の空間編成に位置づけられない。「家族」でない空間でこうしたものが存在することは「家族」という「私秘空間」を掘り崩し、「公共空間」を破壊するものだ。「四日間いるだけ」の他人を「家族のような気持ち」で見てはいけない。「市民社会」の空間編成からみれば、わずかな涙でも、抱擁でも、告白でも、ここにある限り「過剰」であり、「洗脳」として非難されなければならない。

こうした境界侵犯と、「性」的な語彙（2節【2】であげた第三の語彙）が非難のなかに登場することは、もちろん無関係ではないだろう。前項で述べたように、私たちは「公共空間」に溢れ出す「コントロール不可能なもの」の例として、すぐに「性空間」からはみ出した「性」現象＝「猥褻」を思い出すことができる。「市民社会」にとって馴染みのこの境界侵犯を類推することによって、セミナーの「わけのわからなさ」、その「過剰さ」は想像の範囲内のものとなり、「猥褻」なものを目の前にするときと同じ落ちつき（あるいは、馴染みの高揚感）をもって、これを「非難」することができるのである。

さて、こうした空間の取り違え、境界の侵犯について、もうひとこと述べておきたい。じつは、私には、このことが、セミナーがもつセラピー（心理療法）としての可能性と限界を示しているように思われるのだ。通常の「市民社会」の空間編成では「家族」や「恋人」といった「私秘空間」に置かれる「コントロール不可能なもの」が、セミナーでは、通常なら「公共空間」でしか出会わない見知らぬ他者との間に置かれる。この空間の取り違えが、いま述べたように「過剰な効果」という非難も生む。しかし、これが、セミナーにおける体験をなんらかの「気づき」や「治療効果」のあるものにしているのではないか。

これらのことが「家族」のなかでなされる、という場合を想像してみよう。それがある安心を与えてくれることは確かにあるだろう。しかし、それが次のように感じられることもある。「家族」は、あるいは親密な「私秘空間」とされる場所は、そうしたことをすることになっている場所だ。私が涙を流し、感情を露にしても、そこではそれを受け止めてもらえることになっている。だからこそ、これは安心できることである。しかし、それは、陳腐なことでもある。親は、恋人は、それであるだけでもうすでに私を受け入れることが予測できる。私の「コントロール不可能なもの」をこれらの他者が受け入れるのは、「制度」であるとさえいっていい。

ところが、セミナーには、私を受け入れないかもしれない人たちがいる。四日前にはじめて会った、ほとんど名前しか知らない他者がいる。「ダイアード」の記述を見ればわかるように、なにをするかわからないし、じっさいに「コントロール不可能なもの」を溢れ出させ、予想もつかないことをする他者がいるのだ。ところが、その「他者」が、私の涙や告白を受け止めてくれる。その「他者」から溢れ出すなにかを、私は受け止めることができる。「家族」であればあたりまえだが、見知らぬ人々とこうするとき、私は確かに「コントロール不可能なもの」を投げ出し、受け止めることができ、していいのだと、深く感じ取る。「見知らぬ他者」なのに、これができた。「公共空間」を作るべき他者と境界を越えてこれを行うことが、ある治療効果を生むことは、想像できることだろう。

いや、「見知らぬ他者」だから、これができるという側面もある。「家族」や「恋人」――「私秘空間」を構成するこのような親密な人々との関係は、これまでも続いてきたし、これからも続いていくだろう。端的にいってそれは続けなければならないものなのだ。私たちは、「家族」や「恋人」とあすもいっしょにいることをよく知っており、そのためにきょうどういるかを考えることがある。現在、彼らになにかを投げ出すときも、いっしょにいた過去やいっしょにいるだろう未来から自由ではない。しかし「見知らぬ他者」(「ゆきずり」の!)に対しては、続けることを考えなくてすむ。四日前に会い、名前しか知らず、セミナーが終わればきっと二度と会わないただの他者。ここには、現在しかない。過去のこと、未来に続けることを考えないで、ただいまこの他者と自分がいることだけを考えればよい。A・ギデンズは、関係を結ぶことだけに根拠づけられる関係を「純粋な関係性(pure relationship)」と呼ぶが(Giddens [1992=1995])、通常なら「私秘空間」に入り込むはずもない「見知らぬ他者」だからこそ、「親密な他者」よりももっと「純粋」に、セミナー参加者は自分の「コントロール不可能なもの」をそのまま投げ出し・受け止める可能性を開くことができる(8)。

「市民社会」の空間編成を壊す、あるいはずらすことによる治療効果の可能性。しかしながら、これを軸にしていることで、セミナーはある決定的な限界をもつようにも私は思う。

二点だけ述べておこう。第一。通常は「公共空間」で「礼儀正しい市民」として出会うだけの「見知らぬ他者」と、セミナーでは「コントロール不可能なもの」の水準で出会う。では、いったいそのような場所はいかにして可能なのか。――じつは、これは「家族」などよりもっと巧妙かつ精密に「制度」として作られたものなのだ。セミナー開始時に「グランドルール」が説明されるが、そこで、他者の話を(どれほど「コントロール不可能なもの」が溢れても）最後まで聞くこと、進行役に従う（ことで、ここを「コントロール不可能なもの」が存在しうる空間にする）こと、聞いた話を外では話さない（から、安心して他者に投げ出しうる）ことが、ルールとして設定される。このルールによって、いわば、完全に「コントロールされた・コントロール不可能性」が存在する空間が成立するのだ。ここにいる「見知らぬ他者」は、あらかじめ他者を受け止めることを契約した「見知らぬ他者」である。この「契約」を括弧に入れれば、ここは「ただの他者」に「コントロール不可能なもの」を投げ出しうる希有の場所である。しかし、この「契約」を想起すれば、ここは徹底的に「コントロールされた他者」だけが存在する「コントロールされた空間」でしかない。

　第二。このことは、セミナーのもうひとつの決定的な限界と近接する。それは、この空間から「市民社会」に戻るときなにが起こるか、という問題だ。――セミナーのなかにある「コントロールされた・コントロール不可能性」は、「市民社会」の空間編成には存在しない。そして、セミナーに行く前とあとで、「市民社会」の側はなにひとつ変わりはしないのだ。そうした「市民社会」に戻ったとき、ある人々は、「契約」によって守られたセミナー空間のなかでの技法を、そのまま「市民社会」のなかに持ち込んでしまう。たとえば「コントロール不可能なもの」を他者に投げ出す技法を持ち出してしまい、適応できなかったり――それこそ「過剰な効果」を受けたと周囲の人々に思われたり――、自分を受け入れない「社会」に絶望したりする。ある人々は、その技法が通用するセミナー空間に繰り返し戻ってくる、いわゆる「セミナー中毒」「セミナーはしご」になる。この技法はセミナー空間だけで通用し、「市民社会」をなにも変えない。セミナーは「四日間で終わる」のだ。だから、それは効果をもつ。だがそのあと、そこでの経験を抱えながら人々は「市民社会」に引き戻される。そのときどうするかという技法を、（「コントロールされた空間」ではなにかをなしうるとしても）セミナーはうまく開発できていない。[9]

以上は、この章の主題である「語彙」の問題から少し外れるが、セミナーに対する私なりの現在の評価である。さて、本題に戻ろう。セミナーに「過剰な効果」という非難の語彙が貼りつけられたことの説明を通して、私たちがつくる「市民社会」の現在を少しは描けたかもしれない。だが「非難の語彙」はこれだけではなかった。最終節では、もうひとつの「語彙」を検討することを通して、私たちの社会の現在をさらに描くことにしたい。

6 「過小な効果」論が示すもの——多様性の問題

【1】

検討しなければならないもうひとつの「語彙」、それは「過小な効果」論である。4・5節で検討した「過剰な効果」論と対照的なこの語彙は、3節で見たように、女性ライターのセミナー体験に基づく記事に分布していた。これはなにを意味するのだろうか。私には、これが、これまで論じてきた「コントロール不可能性」や「市民社会」の空間編成にどう対処するかをめぐる、もうひとつの立場の存在を示すもののように思われる。もちろん、セミナーにかんする語彙の偏差というデータだけで性急に一般化はできないが、これを検討しておくことで、私たちの社会がもつ多様性と、その変容の方向性の検討を——以下は理念型的な記述にとどまるが——少しでも開いておきたいと思う。

確認しておこう。「過剰な効果」論をもっとも敏感に、強迫的といえるまでに採用するのは青年男性誌だった。このことは、その読者と想定される若い男性たちが採用する技法と「コントロール不可能なもの」との関係を示しているように、私には思われる。振り返ってみれば、これらの記事で論じられるのはほとんど「コントロール不可能性」

についてのみであった。それも、5節で述べたような、「コントロール不可能性」の配置が「市民社会」の空間編成からずれている、という非難ではなく、「コントロール不可能性」はそもそも社会には存在してはならず、すべて「私」のなかに閉じ込めておかなければならない（あるいは「私」のなかに存在してもならない）という立場――4節の考察を始めた地点と近い立場――にいつも引き戻されていくような非難の表現をとっていた。

こうした記事の書き手や読み手の位置を想像してみよう。第一に、彼らは、「市民社会」の二空間編成――「私秘空間」と「公共空間」――を学びつつある（「子ども」）はこの空間に境界があることを知らない。彼らは、「市民社会」の「コントロールされた空間」に自分が入っていかなければならないことを予期している。同時に、自らがまだ「コントロールされた身体」を獲得していないことにも気づいている。彼らは自らの力で自らを「コントロール」できる存在になろうと身構えるだろう。そして、それを脅かすもの＝「コントロール不可能なもの」は、彼らに不安を与え、彼らにとって徹底的に排除されねばならないものと感じられてしまう。

第二に、彼らは「私秘空間」を、「私の身体」以外の場所（家族や友人・恋人）において、まだ獲得しえていない、あるいは、逆にその場所から抜け出そうとしている存在である。「おとな」は、ある空間では「コントロールされた身体」を、別の空間では「コントロールされないまま」投げ出してよいことを知っており、そうした空間（とくに「家族」）を確保している。しかし、この空間を確保できない場合、彼らは「私」のなかですべての「コントロール不可能性」を処理しなければならなくなる。それが「私の身体」から溢れ出してしまうと、それを受け止める空間は周りにはなく、すぐに「公共空間」が広がる。「コントロール不可能なもの」への不安、溢れ出すことへの不安。まるでエリアスのいう「閉ざされた人間」のように、「身体」とその外側の間にこそ「壁」を作っておかなければならない。「公共空間」あるいは「コントロールしなければならない空間」を、自分の身体の境界のすぐ外にまで近づけてしまっている彼らは、一切の「コントロール不可能性」の存在を許容することができない。

「コントロール不可能性」への過剰なまでの敏感さ。——まず、こうした「市民社会」の境界を厳密に守ろうとする人々が、私たちの社会にいることを確認しておきたい。そして、次のようなこれと異なる位置も、この社会には存在するだろう。

【2】

「過小な効果」という語彙を採用する人々——こちらの位置には、【1】と対比するなら、むしろ「コントロール不可能なもの」への貪欲さがあるように感じられる。そして、そうした記事を書き、消費しているのは、主として女性たちであった。

素朴に述べるならば、ここには、「コントロール不可能なもの」の前で身を固くし、自分を閉じるのではなく、それに身を委ね、自分を開く態度がみられる。そして、この態度は、それをポジティブに評価し、セミナーでのそれは不十分である、と非難する。セミナーを「市民社会」に位置づけられないものとして非難・追放するのではなく、そこに存在してよいといったん位置づけたうえで、効果が少ない、価格に見合っていないと非難するのだ。では、セミナーは「市民社会」のどこに位置づけられるのか。――「過小な効果」論は、それを価格のついた商品の置かれる場所、つまり「公共空間」に位置づける。とすれば、この記事を書いた人々、そしてそれを妥当だと受け止める人々は、これまで述べてきた「市民社会」の二空間編成、その「コントロール不可能なもの」の配置や処理の技法にとってかわる、新しい技法の方向を指さしているようにも思われる。

これまでの「市民社会」の編成は、「コントロール不可能なもの」を「私秘空間」に閉じ込めることを前提にしていた。しかし、このように「公共空間」を前に身構え、そこに「コントロール不可能性」が溢れるのを恐れて「コントロールできる私の身体」へと縮小された空間に閉じこもるのではなく、「コントロール不可能な私」を溢れ出させうる空間を、「公共空間」に分類される場所であれどこであれ貪欲に確保することも可能であるはずだ。「公共空間」が「コントロールされたふるまい」だけの、「コントロール不可能なもの」を溢れさせられない空間だとするのは、ひとつの選択肢にすぎない。私たちはそれと違う「社会空間」をつくる技法を知っている。それをこれまで「公共空間」とされてきた空間に拡張していこう。——このもうひとつの態度が、「過小な効果」論の前提となっているようである。

「市民社会」の二空間を区切り・繋ぐのではなく、「コントロール不可能なもの」が配置される空間をそのまま拡張していって、全社会を覆うようにしてしまう。——こうした技法の可能性を孕む記事を書きえたのが女性記者だったのは、まったくの偶然ではないように私は思う。おおざっぱにいえば、男性たちは、「家族」と外の空間を明確に分離し、「コントロール不可能なもの」を外に持ち出すことをしない技法をとってきた。それは、ある意味で「公共空間」を特権化したうえで独占する男性の戦略であったともいえるだろう。しかし、女性たちは、そのような戦略をそのままとる必要はない。あるときには、そこに「私秘空間」にあるとされたスタイルを持ち出して、男性たちが身体やまなざしをコントロールしている空間で、それをコントロールせずにふるまうこともできる。男たちがつくりあげた「市民社会」を編成する境界の壁——これを境にふたつの空間は逆接する——を、この身体たちは壁の存在さえ気づかずに乗り越える——ふたつの空間を順接させる——かもしれない。そして、これは、じつはなんの問題もないことなのだ。「公共空間」がコントロールされた身体の空間である、というのは、これまで「市民社会」と呼んできた、（エリアスが指摘するように）歴史的に特殊な社会の編成様式なのだから。そして、それは、ふたつの空間を行き来しながらその分離を維持してきた男性たちによって支配された、社会の編成様式であったかもしれないものなのだから[10]。

しかしながら、拙速な一般化は慎まなければならない。このふたつの様式が、女性と男性のもつ技法と一対一で対応するというには、ここで根拠とするデータは明らかに少なすぎる。次のことだけを確認しておこう。一方で、従来の「市民社会」の編成とそこでの「コントロール不可能なもの」の配置に強迫的にしがみつく人々が、現在の社会には存在する。「過剰な効果」論が雑誌記事に書かれ、社会的に流通することは、その存在を示すものだ。他方に、「市民社会」のこれまでの空間編成を組み替え「コントロール不可能なもの」の境界越えをさせる人々も、私たちの社会には存在する。「過小な効果」論がある人々によって書かれ、ある人々によって受容されてもいるのだ。私たちの社会は、ひとつではない技法――「コントロール不可能なもの」と向かい合い、それを社会に配置するための――をもった人々が共存する空間である。そして、その技法は、ある変容を経験しつつある。

【3】

この文章は、社会的に妥当する「語彙」から現在の社会を描くことを意図して書かれた。

それはたかだか「自己啓発セミナー」についての雑誌記事というデータに基づくものにすぎない。しかし、これによって、私たちのもつある技法と「社会」を編成する様式を検討するための、いくつかの問いの方向ぐらいは示せたのではないかと思う。

それは、第一に、現在の「私」をつくる技法が、「コントロール不可能性」を基軸としたものか、「コントロール可能性」を中心にしたものか、という問いである。あるいは、ひとりの人が採用する技法のセットが、このふたつの極のどこに位置するのか、ふたつの極をどのように往復運動しているのか、という問いを私たちは問わなければならない。

第二に、現在の社会の空間編成が、「コントロール不可能なもの」をどこで処理しているのか、という問いである。ここで述べた「市民社会」の二空間編成のように、それをどこかに閉じ込めるのか、空間の境界が変動しつつあるのか。また、コントロールする領域が私の「身体」のすぐそばまで迫っているのか、コントロールしないでよい領域が広がるような社会なのか。

そして、第三に、こうした技法や「社会」の編成についての異なる態度を、どの人々がどのように採用しているのか、という問いである。ここでは「女」と「男」の技法の違いを十分な根拠のないまま示唆したが、年齢・世代や階級・階層などによって、そうした技法がどう分布しているのか、が問われねばならない。そして、この問いは、その変化の方向も指し示すものとなるだろう。

こうした問いに対する答えを、より多くのデータを集めて描いていくことが、私自身のこれからの課題である。そして、この問いが、この文章を書いている「私」、この文章を読んでいるそれぞれの「私」が持つ技法に立ち戻って、それをていねいに記すことから始めなければ有効に答えることができないものであることは、いうまでもない。

注

（1）この表は、大宅壮一文庫において「心理一般」の項から検索したのち、その内容に本論でいう「自己啓発セミナー」が登場するもののみをあげた。なお、この調査研究は財団法人日本証券奨学財団からの助成金（一九九三〜一九九四年）によるものであり、六名からなる研究会を組織して行った。日本証券奨学財団および浅野智彦氏ほかの研究会メンバーに感謝申し上げる。

（2）私自身、ふたつのセミナー（Be You と iBD）の第一のコースに参加したことがあり、この文章の内容にはそこでの経験や観察が反映されている。ただし、第二・第三のコースには参加したことがないので、セミナーを直接論ずるだけの十分なデータをもっているとはいえない。また、このテーマについては、芳賀学氏との議論から多くを得ている。謝意を表したい。

（3）この記事は、一九八〇年代後半以降の記事とまったく異なる語彙を持っていて興味深い。この記事では、「現代の親子の疎外状況」、「日本の社会の人間疎外」が問題にされる。これに対し、残りの記事はすべて「日本の社会」ではなく「セミナー」を問題視するのだ。

（4）「コントロール不可能なもの」という概念は、本書・第1章でも展開したものである。

（5）この、「ふたつの私」については、本書・第4章で別の形で論じたことと重なる。

（6) セミナーでじっさいに行われていることは一様ではない。たとえば、注(2)で述べたふたつのセミナーでは、どちらも「あなたはそんなふうにしている」と気づかせるプログラムが組まれるが、そのうえで、一方は「それではだめだ、もっとほんとうのあなたにならなければ」と煽り、他方は「それがあなたです、あなたらしいですね」と鎮めるという、対照的な技法をとっていた。

（7）通常「市民社会」とは「市民革命」によって西欧に生まれた「市民（ブルジョワ）階級」を担い手とする社会を意味するが、それは、ここでいう「市民＝礼儀正しい（civil）」身体に支えられていた。たとえば、D・ウートラムによれば、フランス革命において革命の担い手であるブルジョワはそうした身体にこだわった（Outram［1989=1993］）。本書・第4章4節も参照。

（8）セミナーのなかでお互い「ただの他者」として出会う親密な状態から、外での職業や家族などの属性を知った瞬間に決定的な疎遠さへと移行してしまう感覚を、私は経験したことがある。

（9）あるセミナーのトレーナーにインタビューしたところ（一九九一年）、「社会にどう着地するかがセミナーの最大の問題で、まだその方法は開発されていない」という、じつに率直な回答を得たことがある。

（10）たとえば注（7）で見たウートラムは、革命で女性に「公共性や威厳とは無縁の存在」（Outram［1989=1993:143］）が割り当てられた、という。このことは、女性の「公共空間」からの排除ともそこからの自由とも評価できる。今後の変容が女性の（従来の男性的な）「公共空間」化か、それとも「公共空間」の女性化か、という問題もさらなる検討が必要である。

参考文献
Elias, N., 1939, *Über den Prozess der Zivilisation*, Verlag Haus zum Falken. =1977, 78（波田節夫他訳）『文明化の過程（上・下）』法政大学出版局
——1969, *Die höfische Gesellschaft*, Luchterhand. =1981（波田節夫他訳）『宮廷社会』法政大学出版局
二澤雅喜 1990『人格改造——都市に増殖する闇のネットワーク「自己開発セミナー」潜入体験記』宝島社
Giddens, A., 1992, *The Transformation of Intimacy : Sexuality, Love and Eroticism in Modern Societies*, Polity Press. =1995（松尾精文・松川昭子訳）『親密性の変容——近代社会におけるセクシュアリティ、愛情、エロティシズム』而立書房
Goffman, E., 1963, *Behavior in Public Places : Notes on the Social Organization of Gatherings*, Free Press. =1980（丸木恵祐・本名信行訳）『集まりの構造——新しい日常行動論を求めて』誠信書房
芳賀学 1991「アイデンティティ喪失者は「本当の自分」を探せるか——新新宗教と自己啓発セミナーのメカニズム」『アクロス』一九九一年十一月号、パルコ出版
芳賀学・弓山達也 1994『祈る ふれあう 感じる——自分探しのオデッセー』IPC
橋爪大三郎 1990「性愛のポリティクス」 松浦寿輝他 1990『現代哲学の冒険4 エロス』岩波書店
石川准 1992『アイデンティティ・ゲーム——存在証明の社会学』新評論
Mills, C. W.（Horowitz, I. L., ed.）, 1963, *Power, Politics and People: The Collected Essays of C. Wright Mills*, Oxford University Press. =1971（青井和夫・本間康平監訳）『権力・政治・民衆』みすず書房

Outram, D., 1989, *The Body and the French Revolution : Sex, Class and Political Culture*, Yale University Press.=1993（高木勇夫訳）『フランス革命と身体——性差・階級・政治文化』平凡社
Weber, M., 1920-21, *Gesammelte Aufsätze zur Religionssoziologie*, J. C. B. Mohr. =1972（大塚久雄・生松敬三訳）『宗教社会学論選』みすず書房
山田昌弘 1994『近代家族のゆくえ——家族と愛情のパラドックス』新曜社

第6章

理解の過少・理解の過剰

——他者といる技法のために——

1　はじめに

他者と共存することはいかにして可能になるのだろうか？　この文章は、他者と共存しうる場所――ふつう「社会」と呼ばれる――をどのように作るのかについて考察することを、最終的な課題とする。しかし、これは、社会学のすべての論考の課題だといってもいいだろう。この大きすぎる課題を考えるために、この小さな文章では、「理解」ということがらに限定して、かなりおおざっぱな検討を試みてみたい。

いうまでもなく、「理解」は、他者と共存するためのひとつの有力な「技法」である。私たちは、これをよく知っており、じっさいにいつも行っている。また、それと関係するある苦しさも知っている。私たちは、よく「私のことを理解してくれない！」と嘆いたり、「私はあの人を理解できない！」と叫んだりする。わかってくれないこととわからないこと、このふたつは、他者といるときによく起こる問題である。そして、わかられたいこと、わかりたいことが、私たちがしばしば望むことである。いや、それ以外にも、さまざまな問題や望みがあるかもしれない。どうか、いま、「理解」あるいは「わかる」ということをめぐって生じる問題と望みを、思いつくままに列挙してほしい。

この文章は、いまのあなたのカタログになにかを付け加えるかもしれないし、ほとんどなにも付け加えられず、常識をなぞるだけかもしれない。しかし、最終的に、ごく基本的なことをいくつか確認できればよいと思う。「理解」という技法はどのようなものであるのか。他者と共存する技法、「社会」という場所はどのようにして可能になるのか。

以下で述べることは、ほとんど私の頭のなかで考えたことだけだ。ただ、議論を出発させるために、「理解」についてある社会学者がいったことをまず参照しておきたい。すなわち、アルフレッド・シュッツの「理解」についての図式を、その後の考察を進める土台として描こうと思う。ここには「理解」のもつあるふたつの側面を明確に示す構図が含まれている（2節。だからこれは、シュッツ理論の検討といった性格の文章ではないことを断っておきたい）。その後、「理解」という技法について（3・4節）と他者といる技法一般について（5節）、おおまかな議論をしていくことになる。

では、まずシュッツによる「理解」の構図をなぞって、出発点を定めることにしよう。

2 「理解」の構図

【1】

他者を「理解」する、というのはいかなる事態なのだろうか。私たちは、ふだん、ある意味でこれをやすやすとなしとげる。しかし、先にも述べたように、ふだん、これをすることの困難さに私たちは苦しむ。そして、単純にいうなら、シュッツの「理解」についての議論も、このふたつの側面を、はっきりと示している。

彼の「社会的世界」——他者といる場所——の描写は、彼がいう「われわれ関係」、つまり、私とある他者が時間と空間を共有している「対面状況」から始まる。ここでは、私は他者を「直接体験」において経験する。「言葉」以前、「意味」以前の水準（「前述語的」水準）で「生命と意識をもった人間としての他者の自己」が純粋に体験される、というのだ。たとえば（少し不思議な例だが）、ある人と私が飛んでいる鳥を隣に座っていっしょに眺めている場合（Schutz [1976=1991:47-53]）。あるいは、何人かで楽器を弾いたり、合唱する場合。この場合「生ける現在を共に生き、この共に生きることを「われわれ」として経験」している、とシュッツはいう（Schutz [1976=1991:240-241]）。

こうした「われわれ関係」にいる他者は、「私の前に全身的に立ち現れて」いる。私は、その他者の「身体」を前にして、「相手の動きや身振りや顔の表情を目にし……発話の抑揚やリズムを耳にする」。それらすべてが、私にとって「彼の意識生がそれを通して私の前に生けるものとして姿を現してくる、まとまりをもった具体的な徴候の領野」となる。つまり、私には、その「徴候」(「身体」)を通して「他者の意識生」(「こころ」)が「根源呈示」されることになるのである(Schutz [1976=1991:47-54])。

しかし、こうした「われわれ関係」は稀である。同じ鳥を見て同じ時を過ごす関係、同じ音楽を介して「チューン・イン」している関係から、多くの場合、私たちは別の人間＝「他者」として向きあう関係へと移行する。そのとき、私は他者を「間接呈示」によって「理解」することになる、とシュッツはいう。私自身の経験や「われわれ関係」の相手の他者の経験は私に対して「根源呈示」されるのだが、向きあった他者について私に与えられるものはずっと限定されていて、「「他者の身体」という物理的対象と、この身体に生じる諸事象、および彼の身体の諸々の動き」、「とりわけ最も広い意味での言語的表現」だけである(Schutz [1973=1985:146-147])。こうした他者を前に私たちはこう問う、目の前の身体の動きや言語を仮に私がしたとすれば、それは私にとってなにを「意味」するのか。私のもつ「意味連関」はすでに「根源呈示」でわかっている。「身体」「言語」と「意味」「動機」との対応関係を私自身の例から類推して、私は他者の身体の動きと言語が表す

「意味」を「理解」する。つまり、「自己解釈」を「他者理解」にあてはめて他者の「精神的自我」を把握する、これがシュッツのいう「間接呈示」である（Schütz [1932=1982:154]）。

こうした「間接呈示」は、どれだけ他者についての「徴候」があるかによって段階的に変化する。全身で出会われる状況から、ある「類型」（たとえば「郵便配達人」とか「日本人」とか「男」といった）としてしか出会えない状況に移っていくとき、私は、そうした「類型」についての「自己解釈」を「他者理解」にあてはめて類推していくことになる。いや、そもそも「理解」は「類型」によっているといったほうがよいだろう。この「身体」の動きや「言葉」がどんな「意識生」を表すのかを、私は「自己解釈」に基づいてある「類型」に形づくる。その「類型」を、げんに見えるある他者の「徴候」にあてはめて（「間接呈示」）その意味を「理解」する。——シュッツによれば、このようにして「理解」は成立するのである。

【2】

以上のようなシュッツが描く「理解」の構図——もしかしたら私の紹介がおおざっぱすぎることもあって退屈なものだったかもしれないが——、これは私には、「理解」をめぐる、次のようなふたつの位相を明確に示す議論を導くように思われる。

シュッツは、まず、こんなことをいう。「他者の心を対象とする認識は原則的にいって常に疑わしく、自己の体験に向けられる内在的認識作用の原則的な明白さとは対照をなしている」(Schütz [1932=1982:146])。端的にいって、他者のこころの認識＝「理解」は疑わしい、というのだ。彼はこうもいう。「共在者たちの純粋なわれわれ関係にある場合を除いて、われわれは、独自な生活史的状況にある他の人の個人としての独自性を把握することは、決してできないといえるだろう。他者は、せいぜい部分的自我として、常識的な思考の構成概念のなかに姿を現わすにすぎない」(Schutz [1973=1983:67])。

つまり、結局のところ私は「類型」＝「常識的な思考の構成概念」によって間接呈示的に類推して他者を「理解」するだけだ、だとすれば、それは「独自性」を欠いた「部分的」なものにすぎない、というのだ。いや、つづけて彼はこういう、「その他者が純粋なわれわれ関係をとり結ぶ場合でさえも、彼は自らのパーソナリティの一部でもってその関係に参与しうるにすぎないのである」(Schutz [1973=1983:67])。ともに時を経る「われわれ関係」でも私は他者のすべてを把握しているわけでなく、そこから示される彼の「こころ」をすべて理解しているわけでもない。「コミュニケーションが完全に成功裡に行われるということは、達成不可能である。依然として、私の可能な経験を超越している他者の私的生という接近不可能な領帯が残されているのである」(Schutz [1973=1985:160])。

しかし――「理解」のもうひとつの局面は、これときれいに対立する――、シュッツはこうもいう、「要するに、われわれは何の不都合なく他の人々に対処しているのである」(Schutz [1973=1983:84])。コミュニケーションの不可能性を論じる先の引用の次に、彼はこう述べる。「だが、日常生活の常識的実践においては、ほとんどすべての適切で有用な目的のために、われわれがわれわれの仲間とコミュニケーションをうち立てることができ、また彼らに対処していくことができるといった程度において、右で述べた問題は解決されているのである」(Schutz [1973=1985:160])。コミュニケーションは原則的には不可能である。しかし実践的には不都合がない。つまり、彼は「理解」がどうしようもなく困難であることと、それがやすやすと過ぎていくことというふたつの側面を抜き出しているのだ。

——さて、では、このふたつの側面の間を埋めるのはなんなのだろうか。

シュッツは、実践の場、あるいは常識的な思考において、この間は「ふたつの根本的な理念化」によって「乗り越えられる」という。ひとつは、「立場の交換可能性」の理念化、すなわち、私と他者が位置を交換すれば同じ類型によって世界を同じように見るだろうということをお互いに想定しあっていること。もうひとつは、「レリヴァンスの相応性」の理念化、すなわち、生活史上の相違があるにしろ、実践上の目的を遂行するには十分なくらい同じ、選定と解釈の基準(この基準が「レリヴァンス」である)を私と他者が共有しているとお互いに想定しあっていること(Schutz [1973=1983:59-60])。これは、たんに「反証が挙げられるまで」の「主観的な見込み」にすぎないのだが(Schutz [1973=1983:85])、「立場を入れ換えれば、私と他者は同じだ」という「見込み」をもちつづけることによって、私たちは他者とコミュニケーションしている、と彼は指摘するのである。

「自然的態度のエポケー」というシュッツの用語を思い出してもよい。自然的態度＝日常生活において、私たちは多くの「いつでも疑うことができる」ことがらを、「にもかかわらず疑問視しない」で「自明視」している（Schutz [1973=1983:54]）。エポケー＝疑念の停止（Schutz [1973=1985:160]）、これこそが、いや、これだけが、私たちの他者「理解」を支えているともいえる。「他者は理解できるはずだ」――「なぜ？」――「だって彼は私と同じはずだもの」、この思い込みだけが、つねに「理解」をすりぬけるはずの他者の「こころ」を「理解」できたことにし、そうした「理解」が積み重なって、シュッツが描く私たちの「社会的世界」は構築されていくのである。

【3】

シュッツの描く「社会的世界」は、こうして、「希望と怖れ」（Schutz [1973=1983:85]）に満ちたものである。なぜなら、他者を「理解する」可能性は、思い込みに根拠をもつにすぎないのであって、私たちはつねに「思い切ってやってみる」とか「危険を冒す」ことをしなければならないのだから（Schutz [1973=1983:85]）。

とすれば、私たちは宙づりである。「希望」と「怖れ」はつねに拮抗するはずであって、「理解」へと進むか、それが閉ざされるかはまったく未確定なのだから。――しかし、ひとこと断っておくと、どうやらシュッツが描く「日常生活者」たちは、希望に満ちている。疑念を切り捨て、円滑に「理解」に満ちた日常生活を営んでいるようなのだ。

このことは、シュッツによれば、「同質」な人々の世界に近づくほど妥当する。「コミュニケーションが成功裡になされるのは、実質的に類似のレリヴァンスの体系を共有する人びとや諸社会集団や諸国家などの間でのみ可能なのである」。そして、「レリヴァンスの体系が全く異なっていれば、談話世界の構築は完全に不可能となる」（Schutz [1973=1985:156]）。私たちと他者の関係は、いつも「同質」と「異質」のあいだのどこかにある。しかし、シュッツは、エポケーによって人々は同質性を最大限にすると見込んでよい、それによって「社会」は作られていくだろう、と考えているようだ。

たとえば彼が「異邦人」を論ずるときを考えてみてもいい。自分が属していた（同質性に囲まれた）集団から、別の（自分が異質である）集団に移動する人は、当然、手持ちのレリヴァンスが通用しない「危機」に直面する（Schutz [1976=1991:139]）。ここでは、同質的な集団とは違って、理解は「一歩一歩確認していかなければならない」（Schutz [1976=1991:146]）ものとなり、世界は「冒険の領野」（Schutz [1976=1991:148]）となる。しかし、シュッツが描くのは、ここから「内集団にしだいに適応していく」（Schutz

[1976=1991:150]）方向だけである。「ある集団に接近しているよそ者は、無関心な傍観者からその接近する集団の将来の一員になろうとしてまさに自分自身を変容しつつあるのである」（Schutz [1976=1991:140]）。異邦人はその集団の「文化の型」「解釈図式」をまさに一歩一歩確認し、「あたりまえ」（Schutz [1976=1991:150]）のものにしていく。

この構図のはじめには「希望と怖れ」があり、そこからはどちらへも進みうるはずであった。なのに、シュッツは「希望」と「同質性」へだけ歩を進める。これは興味深いことがらだが、ここでは次のことだけを確認しておこう。他者を「理解」することはある原理的な困難さをもつ。と同時に、ある思い込みによって、日常的・実践的にはやすやすと達成されつづけるように見える。――この構図と、シュッツの道具立てをまず頭に入れておこう。そのうえで「理解」という技法をめぐる、別のある考察を始めることにしよう。

3 理解の「過少」

【1】

冒頭に尋ねた、次の問いに戻って話を始めることにしよう。「理解」ということがらと関係する問題にどのようなものがあるだろうか。それをカタログにしてほしい。――そのひとつは、他者を「理解」できないこと、あるいは他者から「理解」されないことによる苦しみである。シュッツのいう「怖れ」もこの苦しみを指しているだろう。まず、この――もしかしたらありふれた――事態を、この節でしっかりと検討しておきたい。

シュッツの構図を復習しよう。私たちは私自身の「意識生」には「根源呈示」によって向きあう。しかし、他者についてはほとんどの場合「間接呈示」、つまり自己経験に由来する「類型」によって「理解」することしかできない。その「類型」は、そしてそれによる「理解」は、つねに他者の「意識生」そのものと比べれば「部分的」である。

こんなふうにいってもいいだろう。他者は、いつも「理解」では到達できない「過剰さ」をもっている。つまり、「理解」はいつも他者に対して「過少」である。私たちは、そのことをいつも知っていて、自分の他者への「理解」が過少であることに悩んでいる。そしてまた（どちらが先かわからないが）、自分に対する他者の「理解」が過少であることに、いつも敏感である。――「理解の過少」。他者を理解できないことの苦しみ、他者から理解されないことの苦しみ。シュッツの構図は、この苦しみを的確に指摘する。

さて、この苦しみについて、もう少し描いておこう、それも、シュッツの構図を使って。「理解の過少」という問題とかかわる、ふたつほどの問題を、以下論じることにしたい。そして、そのことが、この次の考察（4節）を展開する参照点となるのである。

【2】

じつは、「われわれ関係」以降一連のシュッツの描写に、私はある不思議さを感じる。「われわれ関係」とは、私と他者が「身体」として直接出会う場面であった。シュッツは、そこで「意識生」が「根源呈示」されることと、そこから他者の「意識生」の「理解」へと移行することについて論じている。しかし、「身体」として直接出会うということは、次のような可能性に私が（あるいは他者が）さらされる、ということでもある。シュッツが想定する、飛んでいる鳥を私の隣で眺めている他者。しかし、彼（女）は、次の瞬間、私の方に向き直り、私になぐりかかってくるかもしれない。あるいはナイフや銃で私に襲いかかってくるかもしれない。「身体」として直接に出会うということは——確かにそこから全面的な徴候を通した「理解」が始まる可能性が開けてもいるが——、他者の「暴力」に私の身体をさらす可能性が開かれる、ということでもある。また、私の方から「身体」として存在する他者に暴力を振るうことができる、ということでもある。「身体」として出会うということは、「理解」＝「わかりあう」関係をつくる最大限の可能性を開くことであるが、そこでは「暴力」＝「なぐりあう」関係の可能性も最大限に開かれる。どうやらシュッツはこのもうひとつの可能性をそれほど考えていない。「理解」

において、他者の「身体」とは（シュッツの表現でいえば）他者の「意識生」を読み取る「徴候の領野」として取り扱われる。つまり、ここで照準されるのは他者の「意識生」、そこに存在する「意味」であって、「身体」はそれを読み取るべきシンボルや記号にすぎない。これに対して、「暴力」においては「身体」こそが直接照準される。それは、なにかを「間接呈示」する記号などではなくて、まさに直接に「暴力」という働きが目指すべき対象として存在する。そこでは「身体」の記号性ではなく物質性がきわだつ。「理解」においては「身体」と出会っていてもそれを突き抜けて「意識生」つまり「こころ」のなかの「意味」と出会うことが目指されるが、「暴力」においては他者の「こころ」や「意味」は照準されず、この層に目を向けないことが「暴力」の本質である。

「暴力」と対照的な位置に、「身体」に照準するもうひとつの関係があることを急いで注意してもよいだろう。飛んでいる鳥を私の隣で見ている他者は、次の瞬間、私の方に向き直り、私の手を優しく（あるいは強く）握りしめるかもしれない。あるいは私を抱きしめ、その抱擁は長く続き、そして、他者と私はお互いの身体を慈しみあうかもしれない。ここにも、「身体」に「身体」として、その物質性において出会い、「身体」を通してなにかに照準するのではなく「身体」に直接照準する関係、すなわち「性愛」という関係がある。これもまた、「身体」として出会わないかぎり不可能なかかわりであり、「身体」として出会うということは、いつでも「性愛」の可能性に開かれていること、自らの「身体」が他者に性的に利用される可能性にさらされていることを意味する。もちろん、これは「暴力」とはずいぶんと異なる関係だ。おそらく、「性愛」の関係の前には「理解」——お互いの「こころ」に照準する——があり、その「理解」の果てにその成功の結果としてこれが生じるように思われ、「暴力」には「理解」がまったくかかわらないか、「理解」（への努力）の果てにその失敗の結果としてこれが生じるように思われる。しかし、原則的には、どちらも「理解」とは独立して（「理解」なしの「性愛」はいくらでも生じうる）、他者の「身体」と出会う技法として成立しうるものであり、「こころ」に照準し「身体」を記号として把握する「理解」とは別ものであることは、まちがいない。

ここで強調したいことは、「理解」は、「暴力」や「性愛」という「身体」そのものに照準する技法に取り囲まれている、ということだ。「理解」という「身体」を記号ととらえ「こころ」に照準する技法は、「身体」に照準する技法を放棄するところにはじめて成立する。いいかえれば、いま「理解」という技法をとっているとしても、それがいつ「暴力」や「性愛」という「身体」に照準する技法に転換するかわからない。「理解」は、「暴力」や「性愛」に流れ込まないようにする、ある独特の構え《ヽヽ》によって支えられており、それを忘れるならば、やすやすと「身体」そのものに照準する技法に引き戻されてしまう。「理解」はそうした可能性にさらされながら、あやうく保たれているものなのだ。

そして、このことが、「理解されない」ことの苦しみ、「理解の過少」の苦しみの、第一の重要な事例である。たとえば、私の「こころ」を「理解」して関係を結んでほしいのに、それをある段階で（あるいは、はじめから）放棄した他者は、私の「身体」に「暴力」によって働きかけ、いうことをきかせようとする。これは、私に、強い悲しみや怒りを引き起こすだろう。もちろん、逆に、「こころ」を「理解」しようとしてどうにも他者に到達できず、いらだってその「身体」へ「暴力」を振るってしまうとき、ある人々はある喜びを感じるかもしれないが、多くの人々は自分の惨めさを強く感じることだろう。

あるいは、私は「理解」を求めているのに、他者が私を「性愛」の対象としてしまうことがある。それには、「こころ」に照準する「理解」の場面から、じっさいに「身体」に触れる「性愛」の場面へと、片方の意に反して移行するという場合もあるだろう（「理解」の果てにあるのではない「性愛」は「暴力」と結びつく場合が多い）。また、じっさいに接触はしないものの、ある瞬間まで他者が私を見るまなざしが「こころ」に照準し「身体」はその記号であったのに、ある瞬間から「身体」をまさに「身体」として照準するものにすりかわる、ということもある。他者が勝手にこうしたスイッチの切り替えをするとき、それに気づいた人は、「こころ」を「理解」されるべき場面で自分の「身体」が照準されていることを、屈辱感と怒りをもって経験する（「身体」に照準するべき場面――性愛の空間――にこのような視線が存在したとしても、こうした感情は生じないだろう）。「理解」が存在するべき場所での「理解の過少」＝「身体」に照準する技法は、私たちに大きな苦痛を呼び起こす。「理解」のスイッチをオンにしておいてほしいのに、他者がそのスイッチをオフにしてしまうとき、私たちは「理解の過少」の苦しみに出会うことになるのである。(1)

【3】

もうひとつの「理解の過少」について次に論じよう。シュッツによれば、「身体」という「最大限の徴候」によって他者と出会う場面から離れていくとき、私たちは「類型」によって他者を「理解」する、ということだった。「身体」がこの動きをしている、これはこの「類型」にあてはまり、彼の「こころ」にある「意味」はこうだろう。たとえば、あの人は郵便配達人の制服を着ている、「郵便配達人」という「類型」はこういう行動をするだろう。私たちは、精疎さまざまな「類型」によって他者を「理解」する。

しかし、シュッツがいうように、これは「類型」でしかない。私が他者を「理解」するために開発して在庫している「類型」と、他者の「こころ」でじっさいに起こっていることそれ自体は、その精密さにおいていつもずれる可能性をもつ。おおまかにいって、「類型」のほうが粗くて、他者の「こころ」で起こることを描ききれないことのほうが多く、先に述べたように、ここに「理解の過少」が原理的に生じることになる。

こうした現象がくっきりと現れるのが、「差別」ということがらであろう。――この私が、いま、「こころ」のなかでなにかを考えている。しかし、この私という固有性、いま考えていることの固有性を、それに対応できる繊細な「類型」によって「理解」するのではなく、彼は「黒人」である、彼女は「女性」である、というようなはるかにおおざっぱな「類型」によって「理解」してしまうとき、固有性において自分を「理解」されることを望む人々にとって大きな苦痛が生じる。たとえば、ある「能力」がいま問題になっていて、それを「この人」が持っているかどうかを「理解」するのではなく、「女性」は、「黒人」は、「障害者」は、その能力を持っていない、とはるかにおおざっぱな「類型」で「理解」されるとき、そこには「理解の過少」としての「差別」が生じる。そこでは、もうそれ以上繊細な、固有性に到達するような「類型」を開発し、それによって「理解」しようという試みがなされなくなっているのだ。もっと「私」に、あるいは「いま」の固有性に到達する「類型」によって「理解」してほしい、しかし、それが怠られ「理解」がそれ以上進まないとき、それをされた人々は「差別」を感じとり、苦痛と怒りを感じることになる。

「差別」する側は、これを意図的に行う場合も、結果としてそうなる場合もある。あるおおざっぱな「類型」によってひとしなみに「理解」できたことにすることは、自分が属する別の「類型」全員が一挙に有利になる結果を生むことがあり、それゆえそのような「理解」をすすんで選び取るという場合。できるだけ固有性に即して「理解」を組み立てようとするが、手持ちの「類型」が他者の生きる現実とあまりに距離があって、いつまでもそこに到達できず（もちろんすべての「理解」はそう運命づけられているのだが）、結局他者があまりにもおおざっぱだと感じるような「類型」による「理解」に着地せざるをえないという場合。いずれにせよ――「悪意」があろうがなかろうが――、その「理解の過少」が他者を傷つけることがあるとすれば（つまり「理解」する側の「類型」が、相手に苦痛を感じさせるほど繊細さに欠けるならば）、そこに「差別」があるといってよかろう。

以上、「理解の過少」とそれによる苦しみについて、シュッツの構図をもとに述べてきた。「暴力」とは、そもそも「理解」という技法の外側にあり、私たちはその「理解のなさ」に苦しめられる。「差別」とは、「理解」の内側に位置づけられるが、その「理解のおおざっぱさ」が苦しみを生む。そのとき、私たちは次のことを望むだろう。「暴力」ではなく、私の「こころ」に照準する「理解」をしてほしい。「差別」ではなく、私の固有性に到達できるもっと繊細な「理解」をしてほしい。あるいは、他者をそのように「理解」できれば、「暴力」を振るってしまったり、「差別」をしてしまったりする私の惨めさは、小さくなることだろう。――私を「もっと理解してほしい」、他者を「もっと理解したい」。「暴力」や「差別」が「理解の過少」をその本質にもつとすれば、望まれることは、「理解の過少」を解消すること、「より多くの理解」を求めることである。

この見解は、おそらく正しいといっていい。そして、その正しさをだれしも知っている。

しかしながら、私にはこの見解は、「理解」という技法のひとつの側面しか反映していないような気がする。あるいは、この見解に引き寄せられるとき、私たちは「理解」というもののもつ別の苦しみを、意図しないまま生み出してしまうような気がする。

では、それはどんな苦しみであり、「理解」のもうひとつの側面とはなんなのだろうか。次節では、「暴力」や「差別」についてもう一度触れながら、これを考えてみよう。

4 理解の「過剰」

【1】

ここで、前節とは逆のことを想像してみよう。完全に他者の「こころ」が「理解」できたとしたら、どうなるだろう。完全に私の「こころ」が他者によって「理解」されたとしたら、なにが起きるのだろう。――もちろん、これはありえない想定である。シュッツによれば、「理解」に対してつねに他者は「過剰」であり、「理解」はつねに他者より「過少」である。しかし、このありえない想定をしてみることは、「理解」という技法のもつもうひとつの――もしかしたら、あまりいわれないかもしれない――側面を描き出すために、重要な試みであるような気が私はする。あるいは、「理解」について私たちが日頃もっている前提・思い込みを明確にするためにも、この想定は役立つようにも思われる。

他者が完全に私を「理解」するという事態。私が完全に他者を「理解」するという事態。――まず、前者について考えよう。

想像していただきたい。これは、あなたの「身体」という「徴候」やあなたの「言葉」が、あなたの「こころ」をすべて他者に伝えてしまうという事態である。あるいは、他者のもつ繊細な「類型」創出機能は、あなたのどんな動きであってもそれが「間接呈示」する「意味」を完全に読み取ってしまう。これが、他者に完全に「理解」されるという事態だ。「理解の過少」の苦しみにおいて望まれたのは、私が他者に「理解」されることであった。しかし、それが完全に達成されたとき、そこにはほとんど絶望的な苦痛しかないことを、だれもが認めることだろう。「私」のすべてが、他者にわかってしまう！ 考えていることのすべてが「理解」されてしまう！ なんという恐怖だろう。私は必死に、私の「こころ」を隠すことを――つまり、「理解」されないこと、少なく「理解」されることを――求めるに違いない（さっきまで「理解」されないことを嘆いていたのに）。しかし、他者の「理解」能力は、あなたが隠そうとしていることまでも含めて、あなたの「こころ」をさらに詳しく「理解」していく。「完全な理解」とはこのようなものだ。

完全に理解されてしまうことの苦しみ。――しかし、奇妙な気もする。どうして望まれていたはずの「理解」が、苦痛を生んでしまうのか。ごく簡単にいうなら、まず、ここに「自由」はない。なにもかも「理解」されてしまうとき、私たちは「こころ」を自由に働かせることはできないだろう。むしろ、私たちの「自由」は、他者に「理解」されないことを条件にするようだ。もちろん、他者に「理解」されることと両立する「自由」もある。しかし、両立しない「自由」もたくさんある。たとえば、「まちがえる自由」。他者に「こころ」をすべて「理解」されるとき、私たちは決して「まちがえる」ことはできない。しかし、「理解」されない領域があるとき、私たちは「こころのなか」でいくらも「まちがえる」ことができる。「まちがえる」ことが、私たちにたくさんの「自由」を、可能性を与えてくれる。完全に理解されてしまうとき、私たちはその可能性をもちえない。

また、完全に理解されてしまうとき、「私」など存在しない。「私」のこころのすみずみまで他者によって「理解」されるとき、「私」のなかに「私だけ」の場所などどこにもないことになる。あるいは、「私」のなかにあるものはすべて他者に「理解されてしまう」程度のものでしかない。どこに「私」固有のものがあるというのだろう。私は、他者の「理解」によって、どんどん蒸発していってしまう。逆にいえば、他者に「理解」されない場所をもつことによって、「私」は「私」でありはじめる。こう考えると、「私」が「私」であることを支えるのは、他者に「理解」されるようにする仕組みよりも、「理解」されないようにする仕組みであるとさえ思われる。ある若者が「だれもわかってくれない」と嘆きのため息をつくとき、そこに「私」が——他者が「わからない」領域が——存在することを確認して、彼（女）は安堵のため息をついてもいるのだ。

確認しておくが、ここで述べているのは、私が完全に「理解」される、というありえない事態である。しかし、「わかられたくないのにわかられてしまう」ことなら日常いくらでも存在する。「わかられたい」「理解されたい」水準を、他者の「理解」が踏み越えてしまうことはよく起きることだ。「理解」とは、「わかられたい」水準まで「わかってくれない」苦しみと同様に、その水準以上に「わかられすぎる」苦しみをも生むものである。おそらく「理解」とはそういうものだ。いつでも「過少」になるか「過剰」になるかしてしまう。「わかられたいちょうどよいほどわかられる」こと、「望みどおり理解される」ことを望むこと、この希有を望むことを、厳しいこころをもった人々はふつう「甘え」と呼ぶのである。

私たちは「こころが透明であること」を夢想する。私のこころをすべて他者にわかってもらえたらどんなに幸せだろう！　しかし、「こころが透明」であり、すべてが他者にわかられてしまうとき——考えてみれば、なんと当然なことだろう——、「私」の「自由」はなくなり、「私」は「私」である歯止めを失う。「理解」とは、このような「わかられてしまう苦しみ」を、つまり「理解の過剰」の苦しみをつねに胚胎するものである。

【2】

この「わかられてしまうことの苦しみ」の対にあるのが、「わかってしまうことの苦しみ」である。「わかりたくない」のに他者のこころが「わかってしまう」ことのもつ激しい苦しみ。このことについても、考えておかなければならない。

いま、「私」の「こころが透明であること」について少し書いた。では、「他者」の「こころが透明」であったら？　つまり、私が他者のこころを完全に「理解」する、という事態が――繰り返すが、ありえない想定なのだが――起こったら？　このとき、私は、おそらくほとんど生きていくことができないだろう。私は自分の「意識生」を（シュッツの用語を使えば）「根源呈示」によってかなりなすみずみまで（もちろんすべてでは絶対にないが）知っている。それと限りなく同じほど、おそろしく繊細な「間接呈示」を可能にする「類型」を道具に、私がある他者の「意識生」を「理解」するとしたら。あるいは他者Aも、他者Bも、他者Cも、他者……も、私がその「こころ」を同じように完全に「理解」するとしたら。そのとき、私のこころは、もうそうした他者の「透明なこころ」であふれかえってしまう。私が私である場所を、他者といるかぎり、私はきっともちえない。

想像してもらいたい。「他者」のこころのなかで呟かれるありとあらゆる呟きを、自分のそれを聴くのと同じ精度で聴いてしまったら。「私」は、いたたまれなくなってしまうだろう。おそらくもう他者を愛することができなくなってしまうだろう。愛することができる他者は、そのこころの呟きのすべてを聴いて、それでもなおその存在を受け入れることができるほんの少数の人だけになる。現実の私たちは、そのような精度ある「理解」をもっておらず、おそらくだからずっと多くの人を愛することができる。他者を完全に「理解」できないということが、私たちが多くの人を愛することができる仕組みなのである。

こういってもいいように思われる。「社会」のなかに、完全に他者を「理解」してしまう人がいたとしたら、その人はきっと生きていけない。その「理解」をどこかで止めることで、つまり、人を「理解」できないことで、私たちはなんとか他者とともに生きていられる。かりに「社会」が完全に他者を「理解」してしまう人ばかりで成り立っているとしたら、もうその社会は存在しえないだろう。「こころ」がすべて透明だったら、「社会」はけっして成立しない。「こころ」が不透明であることが、「私」を可能にするとともに、「社会」を可能にもしているのだ。すべての人の「こころ」が透明な社会。それはすぐに崩壊してしまうか、「人間」とは呼べないほどけがれのないこころをもった人々が作る社会なのであろう。(2)

前項では、他者に「わかられてしまう」ことの苦しみを指摘し、他者に「わかられない」ことが「私」を守るための大切な仕組みだと述べた。そしてここでは、他者を「わかってしまう」ことの苦しみを論じ、他者が「わからない」ことが「私」と「社会」をようやく可能にしているということを述べた。私たちは「理解の過少」にも苦しむ。しかし、完全な「理解」や「理解の過剰」にも、それに劣らない苦しみを感じ、「より少ない理解」を、「わかられすぎないこと」「わかりすぎないこと」を望みもする。――このことについて、もう少し考えておこう。前節で述べた、「暴力」と「差別」について、その「理解の過剰」とのかかわりを、急いで論じてみようと思うのだ。

【3】

まず、「差別」について考えてみよう。前節で述べたように、よりおおざっぱな「類型」による「理解」――すなわち「理解の過少」――が「差別」の本質のひとつだとすれば、それがより繊細になり、「黒人」や「女性」という「類型」ではなく、その人固有、その場面固有の「こころ」を「理解」できるようになれば「差別」は起こらなくなるに違いない(ただ、固有のある人が嫌いで、その人を排除したり傷つけたりすることはいくらでも起こるし、それは「差別」とは別の問題である)。だから、完全に他者を「理解」することが実現したとしたら、「差別」は存在しようがないようにも思われる。

しかし、ていねいに考えよう。あなたが、より繊細な「理解」を身につけた人であるとする。あなたの前に「差別」を受ける「類型」に属する人がいたとして、あなたはもちろんその人をそうしたおおざっぱな「類型」では決して「理解」せず、その人固有の「こころ」を「理解」するだろう。また、その人があなたほどの繊細さをもたないだれかに「差別」され、傷ついていることをあなたは「理解」し、そうすることはいけないと強く思うだろう。

しかし、あなたはだれの「こころ」をも完全に「理解」してしまう人である。たとえば、あなたの前に、繊細さに欠ける「類型」によって人を「理解」する人、つまり、他の人々にある種の「差別」をする人がいるときにも、あなたは、その人の「こころ」を完全に「理解してしまう」(理解などしたくなくても)。あなたは、彼がなぜそうした「差別」をするのかわかってしまう。その「差別」によってようやく彼が生きているということ、それを指摘されたら彼は深く傷つくだろうことを、あなたは「理解」してしまう。

また、次のようなこともあなたは「理解」してしまう。この「差別」をする人に、あなたは「差別」をしていると指摘したり、彼が「差別」する人々が「差別」されるべき属性など持っていないと指摘したりすると、彼はきっとあなたを含めたそれを指摘する人々に向き直って、その人々への「差別」を——おそらく別の理由を見つけて——始めるだろう、ということを。少なくとも、これまでのあなたと彼の関係は壊れて、あなたは彼に深く傷つけられるだろう、ということを。——これを「理解」してしまうとき、あなたはどうするだろうか?

もしあなたがもう少し「理解できない」人であれば、もっと簡単に行動できただろう。たとえば、「被差別者」の「こころ」だけが敏感に理解でき、「差別者」の「こころ」には鈍感であるならば（たとえば、彼らを「差別者」というじつにおおざっぱな「類型」で「理解」し、それ以上繊細には「理解」しないとするならば）、あなたは「差別」にはっきりと反対することができるだろう。しかし、あなたはすべての人の「こころ」を公平な繊細さで「理解」してしまう、「被差別者」のこころも、「差別者」のこころも。

とすれば、「差別」に反対することができるには、「理解」とは別のこと、むしろ「理解をやめること」が必要だ。「被差別者」のこころと同様に「差別者」のこころもわかってしまわないように、「理解してしまうこと」を断ち切らなければならない。逆にいえば、他者を「理解してしまうこと」が、「差別」をつづけさせる力をもつ。こうすればこの人がこう思い、この人がこう傷つき、それによって私がこう傷つき……、と無限に連鎖していくあなたの繊細な「理解」、とくに「差別」に反対することが自分に対する「差別」を生むということの「理解」は、「差別」を変えない方向を人に選ばせる。これは、いま「差別」されている人々についても同じだ。彼らが、「差別」する人々のこころを「理解してしまう」とき、自分がなにをしたら彼らからより直接的な苦しみを与えられるかわかってしまう。そして、それでもなお差別の連鎖から抜け出そうとすることもあるが、自らを差別の連鎖のなかに閉じ込めるような「自己規制」をしてしまうこともある。

繰り返すが、前節で述べたように、「差別」は、その本質に「理解の過少」を抱えている。しかしながら、他者を完全に「理解してしまう」とき、いわば「差別の連鎖」を断ち切ることができなくなってしまう。「差別」は「理解の過剰」によってつづいていくのだ。そして、この「理解の過剰」を契機として、もしかしたらそれを契機としてのみ、「差別」は社会全体を巻き込んだ、解決困難な問題になるようにも思われる。ここで望まれることは、「理解」を断ち切ることなのである。

「暴力」についても、以上と同じことを述べなければならない。「暴力」はそれを振るおうとする人が他者を「理解すること」によってはばまれる、こう前節で述べた。「身体」に照準するのではなく「こころ」に照準して他者とつきあうとき、おそらく「暴力」は防ぎうるだろう。しかし、完全に他者を「理解」してしまうとするならば、私たちは（「差別」をする者と同様）「暴力」をもつ者の「こころ」も「わかってしまう」。これは、すぐにわかるように、「暴力」がもっとも効率よく働きうる状況を生むことになる。

もし私たちが他者（「暴力」を振るうかもしれない他者）を「理解」できないなら、私たちはその他者の意思に頓着せずふるまうことができるだろう。他者が私に及ぼす「力」はそれだけ小さくなる。もちろん、そうして私がしたことが他者の意思とは異なるとき、最終的な場面で意思を貫徹したい他者が私に「暴力」を振るう、という事態は起こりうる。こうした「理解の過少」に覆われた場面では、そのような顕在的な「暴力」——直接他者の「身体」から私の「身体」に加えられる——が登場することになるだろう。

これに対して、他者の「こころ」を「わかってしまう」私は、その他者の意思にむしろずっと強く縛られる。私は、なにもいわれなくても、「暴力」を直接振るわれなくても、それを見せつけられるということがなくてさえ、他者の意思のとおりに行動してしまったりする。それをしないと、他者が私に「暴力」を振るうだろう、あるいは、それをしないと他者が彼自身に「暴力」を振るうだろう（「自傷の暴力」もテロリズムである）、ということまで私は「理解」する（してしまう）。じっさいにそうなるかどうかはわからない。しかし、それが起こる前に、私はそうなる（だろう・かもしれない）ことを「理解」し、自らすすんでそのあるかどうかわからない「暴力」に自分の意思で屈してしまう。「暴力」を直接振るわなくても、顕在化させなくても、それを「理解してしまう」人が、いわば自らに暴力を振るってくれる。——ここには、「理解の過剰」がある。そして、この「理解の過剰」は、「暴力」をみごとに作動させる仕組みとして、働いてしまうのだ。

だから、もっとも効率的な「暴力」は、暴力の存在を「わかってしまうようにさせよう」とする。「暴力」によって人にいうことをきかせるために決定的に必要なことは、それを「理解」させる機構を制作するということ、「理解」を強制することだ。「理解」は「暴力」を不可能にする鍵であると前節で述べたが、同時に「暴力」を有効に作動させるためのもっとも重要な手段のひとつでもあるのだ。私たちは、「わかりたくないほど」に

「暴力」を、あるいは他者の意思を「わかりすぎてしまう」ことがある。そのとき、私たちはこう感じる。もし、この暴力が、他者の意思がこれほど「わからなければ」私はもっと自由にふるまえるのに。「理解しすぎてしまう」この回路を断ち切れたら、いうことをきくことを拒否できる可能性が生まれるのに。――ここでも望まれることは「理解を断ち切ること」である。「理解しすぎてしまう」こと、「理解の過剰」が、「暴力」を私たちのもとに招き寄せてしまう。「より少なく理解すること」が、望まれることなのである。

「理解の過少」の苦しみを論じた前節とは逆に、この節では「理解の過剰」が生む苦しみを論じてきた。「わかられてしまう」ことの苦しみと「わかってしまう」ことの苦しみ。「わかってしまう」ことによって連鎖的に作動する「差別」や「暴力」の仕組み。簡単にいって、「理解」はただ私たちの苦しみを和らげるものではない。むしろ、もっとも厳しい苦しみを生み、それはまさに「理解を断ち切ること」によってしか解決されないものであったりもする。――いかがだろうか。私は、このもうひとつの苦しみの存在を、「差別」や「暴力」が「理解」と結びつく仕組みの存在を、強く感じる（とくに、現在の「日本社会」のなかに生きていて）。そして、「理解」についての考察は、このことを扱わなければまったく不十分であると、私は（「日本社会」のなかで）感じるのである。

5 他者といる技法のために

【1】

ふたたびこの文章の冒頭に戻ろう。そこで、私はあなたに、「理解」をめぐる問題と望みを思いつくだけ列挙してほしいといった。――さて、そのときのあなたのカタログに、前節で述べた「理解の過剰」という問題、「より少ない理解」への望みは、書き込まれていただろうか。もし書かれていないという人がいれば尋ねたい、いったいどうして、あなたがこれに気づかないことが起きたのだろうか。

私はこんなふうに感じもする。どうやら私たちは「理解」のすばらしさはよく知っているが、「理解」が生む苦しみは（感じていても）あまり論じないのではないか。「理解の過少」という事態には敏感だが、「理解の過剰」という事態にはひどく鈍感なのではないか。人がわかりすぎてしまったり、わかられすぎて苦しんでいるときにも、もっとわからなければ、もっとわかられなければと思い込み、かえって「理解の過剰」の苦しみを増幅するということが頻繁にあるのではないか。そして、「理解」を断ち切って別の技法を探すことをあまりせず、「理解」の技法が有効でない場面においてもこの技法を使用しているのではないだろうか。

最終節では、次のことから考え始めることにする。「理解の過剰」「理解の苦しみ」に、私たちはどうして鈍感なのか？　そこから、「理解」という技法が有効でない場面でも使用されることについて、さらに、「理解」とは別の「他者といる技法」について、少しだけ（ふたたびシュッツの議論を利用しながら）考えを進めておきたいと思う。

まず、「理解の過剰」への鈍感さの理由について、二種類の説明を述べておくことにしよう。

第一の説明。この鈍感さは、私たちの「理解の過少」への記憶に由来する。おそらく私たちはすべて「理解の過少」の苦しみを知っており、「より多くの理解」を望むということを経験している。とくに鮮烈な苦しみ――「暴力」や「差別」の苦しみ――を含め、私たちはそれをよく記憶しているのだ。この地点から出発するとき、「理解する」「理解される」ことは望ましいことでしかなく、「理解」が苦しみの原因であることや、そもそも「理解の過剰」という事態が存在することなど、想像もできない。なにかしら私の（あるいは他者の）なかに苦しみがある。なぜだろう。（あのときと同じく）きっと「理解」が足りないからだ。「理解」をすれば、きっとこの苦しみは癒されるにちがいない。――じつはその苦しみが「理解の過剰」によって起こっているのに、なお「理解の過少」に苦しんでいたときと同じ考え方に引き戻されてしまい、「理解」を逆に求めてしまう。

しかし、この経験的な第一の説明よりも、より原理的な第二の説明をむしろ強調しておきたい。それは、これまで繰り返し述べてきた、とても簡単なことだ。シュッツによれば、私たちは原理的につねに「理解の過少」の状態にいる。私たちが「類型」によって他者を「理解」するかぎり、他者は「完全な理解」をすり抜け、「完全な理解」と比べて「理解」はいつも「過少」である。そして、それは私たちが「理解の過剰」に苦しむときでも同じなのだ。「わかりすぎ」「わかられすぎる」ことに苦しむときも、その「理解」は「完全な理解」と比べれば「過少」である。私たちは「理解の過剰」の状況でも「理解の過少」を発見してしまい（それは苦しみの原因ではないのに）、「より多くの理解」を求めてしまう。

ここには「理解」をめぐるふたつの異なる基準がある。ひとつは「完全な理解」という、原理的な基準である。ここから見れば現実に存在するすべての「理解」は「過少」である。もうひとつは、それよりも「理解」が「過少」でも「過剰」でも苦しみを感じる、ある実践的な基準――「適切な理解」とでも呼ぼう――である。そして、このふたつの基準はまったく異なる。前節で述べたように、私たちは、「完全な理解」のなかでは生きていけないのだ。ところが、私たちはときに、「完全な理解」が「適切な理解」であると取り違える。「完全な理解」が達成されたら（それは原理的に絶対に経験できないから確かめようがないのだが）どれだけすばらしいだろう、と思い込む。しかし、これは取り違えである。原理的な「完全な理解」を誤って実践的な「適切な理解」とするとき、私たちはいつも「理解の過少」だけを発見し、「理解の過剰」は絶対に発見できないことになる。

私は、「理解の過少」の苦しみと「理解の過剰」のそれをしっかりと区別しなければならないと考える。また、「完全な理解」という基準と「適切な理解」という基準が異なることを明確に自覚しなければならないと考える。これができないとき、私たちは、それでは解決できなかったりかえって苦しみを増す問題までも「より多くの理解」という技法で解決できると思い込み、それを使用してしまう。——しかしながら、さらに考察を進めよう。次項では、いま述べた「完全な理解」を「適切な理解」と取り違える場合、そこでなにが起きるのかを考えることで、「他者という技法」についての、より一般的な考察へとつなげていこうと思う。

【2】

私たちが「他者」と出会う場面を思い出してみよう。仮に私が「完全な理解」こそ「適切な理解」だと思っている人だとしたら、そこでどんなことが起きるだろうか。

まず、私は他者を「理解」しようとし、手持ちの「類型」を適用しようとする。もちろんその「類型」は他者そのものに比べて「過少」であり、私は「より多くの理解」を求めて「類型」をより繊細にするため努力するだろう。私はそれを何度も繰り返し——その結果「完全な理解」に達せられればよいが、現実にはそれはありえない――、次のような地点に達する。原理的には「理解は過少」であるが実践的には気にならない地点、つまり「理解」と「他者」の差分を「わかりあうはずだ」＝「同じはずだ」という「理念化」＝思い込みによって乗り越えられる地点。――いや、これは、「完全な理解」＝「適切な理解」とする人だけでなく、シュッツのいう通り、私たちが通常とる「理解」の技法であった。

ところが、次のような場合はどうすればよいだろうか。私は「類型」を繊細にする努力を重ね、「理解」に対する「他者」の差分を減らそうとする。だが、いくらそれを繰り返してもいま述べた地点に達しない。つまり、差はあるが「わかりあうはず」と思い込める地点に到達できない。日常の「理解」を可能にする「理念化」を作動させるには、「わからなさ」が大きすぎる。――考えてみれば、そんな「他者」はいくらもいるはずだ。私たちはそうした「他者」と「社会」を作らなければならない場面にいくらも出会うはずだ。「完全な理解」＝「適切な理解」と考える人々は、それでもなお、こうしつづけるだろう。このような「理解の過少」は、まったく「適切」ではない。なんとか「完全な理解」に近づけなければならない。もっともっと「より多くの理解」を！――しかし、もうそれが一歩も進まない点に達することはありうる。このとき、それでもなお「理解」という技法を採用する人々は、たとえば、次のようなことをするかもしれない。

第一。いまの状態は、通常の「わかるはず」の理念化を作動できるはるか手前にいる。しかし、それを作動させてしまおう。彼らは「理解できる」はずなのだ。「同じ」はずなのだ。そうではないところ、それはもう見ないで、存在しないことにしてしまおう。「理解できる」領域に切り縮めた彼らと、つきあっていくことにしよう。——「わかる」ところとだけつきあうこと。よく考えれば、これはじつは「差別」という現象に近い。手持ちのおおざっぱな「類型」で「理解」できるようにし、ひとしなみに他者を扱う。そのように「わかられてしまう」ことは、他者に怒りと悲しみを生む。

第二。私たちは、ここまで彼らを「理解」しようと努力してきた。しかし、どうにも彼らが「わからない」。これほど努力しても、「理解」する能力を繊細に作動させても「わからない」とすれば、私たちが彼らと「いっしょにいる」ことはできないだろう。私たちは、彼らと「いっしょにいる」ことをやめよう。「わからない」のだから、他に方法はない。——「わからない」ところとつきあわないこと。いうまでもなく、そのひとつの形態が「暴力」である。「わからない」人を前に、私たちは「いっしょにいられない」と感じる。そして、ただ別れていくだけのこともあるが、「なぐりあい」を始めることもある。

もしかしたら、そのようなところに着地せず、もっと「理解」のために努力しつづけるべきだ、と感じておられる読者がいるかもしれない。もちろん、そうしつづけられる状況があることは確かだ。しかし、私はこう考える。私たちが出会う「他者」は、つねに、私たちの「理解」の技法がたどり着けない領域をもっている。どうしても、「理解」という技法では、「いっしょにいられる」水準まで「わからない」ような「他者」は、存在する。そのとき、なお「理解」という技法を使用することは、なにも生まない。むしろ、いま述べたふたつの地点に、「理解」の努力に疲れた私たちを着地させてしまう。「理解」に囚われることは、私たちに「理解」以外の技法を、さまざまな「他者といる技法」の回路を開くことを閉ざしてしまう。それ以外の技法を開いておけば、このような着地点に着地しなくてすむのに、「理解」に囚われるとそれができなくなってしまう。

　私たちがよく知っているのは、「わかりあう」から「いっしょにいられる」という状態だ。だから、「わかりあえない」とき、「いっしょにいる」ために「もっとわかりあおう」とする。それは、おそらく「社会」という領域のある部分では、必要なことだし大切な成果を生むだろう。しかし、この技法しかもたないとき、「わかりあえない」と私たちは「いっしょにいられなく」なってしまう。おそらくもうひとつの技法があるのだ。「わかりあえない」とき「もっとわかりあおう」とするのではなく、「わかりあえない」けれど、「いっしょにいる」ための技法、「わかりあえない」ままでひとつの「社会」を作っていく技法。私は、「他者」といること、「社会」を形成することの少なくともある領域において、このような技法を探すことが必要だと思う。「わかりあわない」と「いっしょにいられない」、「社会」がつくれない、という技法は、私たちの「社会」の可能性を大きく限定する。

ことなのだ。「理解」は「他者」との「共存」のためのひとつの技法でしかなく、このふたつは別のことなのだ。私たちはときに、他者との「共存」よりも「理解」のほうを目的として設定してしまう。しかし、「理解」できない他者と「社会」を作る場面はあり、そのとき「理解」に囚われることは、私たちを「共存」できなくさせてしまう。私たちは「理解」を断ち切り、それ以外の「共存」のための技法を開発し始めなければならない。

ひとこと付言しておこう。いま「完全な理解」と「適切な理解」の取り違えということから考察を出発させたが、このふたつが一致する地点がひとつだけ存在するように思われる。「完全な理解」が「わかられすぎる」「わかりすぎる」という苦しみを生まず、むしろ心地よく感じられる地点。これまで原理的に達成不可能だと述べつづけた「完全な理解」が、唯一達成可能な地点。——それはすなわち、私と他者がまったく「同じ人」である、という地点、まったく「同質」な人々が「社会」というものを形成する、という地点である。

シュッツはこう述べていた。「コミュニケーションが成功裡になされるのは、実質的に類似のレリヴァンスの体系を共有する人びと……の間でのみ可能なのである」。完全に一致した「類型」を共有する人々の間でのみ「完全な理解」は達成可能である。そして、この地点においてだけ、「完全な理解」が「理解の過剰」として感じられずにすむ。まったく私と「同じ他者」を「完全に理解してしまう」としても、そこに発見されるものは私と同じ「こころ」であり、私はいたたまれなくなるどころかなつかしい心地がするであろう。まったく私と同じ他者に「完全に理解されてしまう」としても、もともと同じ他者に「私」が奪われるようには感じず、むしろ「私たち」がここにいる、という感じがするだろう。「完全に同じ人々」は「わかりあって」おり、そうすることは「適切」なのである。とすれば、「完全な理解」を「適切な理解」だと取り違えるのは、私と他者が「完全に同じ」であることがもっとも適切だ、と前提しているということではないだろうか。「社会」とは「同質」な人々同士が作るのが適切なのだ、とどこかで考えているということではないだろうか。「完全な理解」が達成可能だと考えることは、「完全な同質さ」が実現可能だと考え、それを「社会」の達成すべきモデルだとする前提をもっているということではないだろうか。

　少し乱暴な言い方だが、「理解」とは、私とあなたの「同じさ」につきあい、それを広げていく技法である。それをていねいに行っていくことは、私たちに大きな可能性を開き、「社会」という領域をゆたかに形成していく。しかし、私とあなたの「違い」につきあうことは、どうやらそれとは別の技法が必要である。シュッツの描く「異邦人」は、ひとつの「社会」を作るために「同じさ」のほうに歩み寄っていった。そのような「社会」のつくり方もある。しかし、「異邦人」が「異邦人」のままで、「他者」が「他者」のままで、ひとつの「社会」を作るというつくり方もある。そのように「他者」としての「他者」といるためには、「理解」とは異なる技法が、どうしてもあるところから必要になるように、私は思う。

【3】

「理解」とは別の技法、「わかりあえない」まま「いっしょにいる」ための技法。――では、それはどんな技法なのだろうか。残念ながら、いま私にいえることはほんのわずかなことしかない。しかし、さいごに、不十分でもそれを考えておきたいと思う。

抽象的にいえば、こうだろう。私が他者と出会うとき、その間には乗り越えられない「差分」が存在する。シュッツのいう「理解」の構図は、その差分を、「わかりあえるはず」＝「同じはず」という「理念化」、いやフィクションでやすやすと乗り越えていく、というものだった。「理解」とは、いわば「他者はわかるはず」という想定をもちつづけて他者といることを模索する技法である。それには多くのことができるが、埋められない「わからなさ」が残るとき、それに対処できず、「いっしょにいられない」事態を生む。

これに対し、その「差分」や「わからなさ」にこそつきあう、という技法があるように思う。「理解」はそれに直接はつきあわない。それを「わかろう」とする。「なくそう」とする。しかし、他者に「わからない」差分があるのを前提に、それがありつづけてなおどうすれば「いっしょにいられる」かを考えることもできる。いわば「他者はわからない」という想定を出発点として、他者といることを模索する技法である。「他者はわかるはず」と思うと「いっしょにいられる」領域は限定されるが、「わからない」のが当然と考えるならば、私たちはずっと多くの場合「いっしょにいること」ができるように思う。

具体的に私にいえるのはごく素朴なことにすぎない。そのひとつは、ありふれているが、「話しあう」ということである。「話しあう」ということを始めるのは、しかし、とても難しい。なぜなら、それを始める地点は、「私はあなたのことがわからない！」と宣言する地点だからだ。いま「理解がない場所」にお互いがいることをはっきりと認めることなしに、「話しあう」ということは始まらないだろう。「完全な理解」が達成された「同じ人々」の間、私たちは「わかりあっている」という想定がある場所では、きっと「話しあう」ことは必要ないし、そのための技法を開発することはできない。少し詳しくいうと、「話しあう」ということは、次のふたつからなりたつ。ひとつは、「尋ねる」「質問する」ということ。これは、いうまでもなく「わからない」とき、その「わからなさ」につきあっていこうとするときにのみ、開かれる。もうひとつは、「答える」「説明する」ということ。これも、相手が私を「わかっていない」と感じるときにしか、始まらないことだ。「話しあう」こと。「質問しあい」「説明しあう」こと。——これは、じつに居心地の悪い時間を私たちに開いてしまう。もう一度いうが、このことは「わからない！」と相手にはっきり伝えることからしか始まらず、ひとつひとつ「質問し」「説明する」ことは双方にこころの負担をかけることだし、「わかりあっていない」ことを自覚しながらいっしょにいる時間をずいぶん長く共有することになる。しかし、この「話しあう」技法を身につけているとき、人は「わかりあわない」ときにも「いっしょにいる」ことができる。

いいかえれば、ここで考えている技法は、この「わかりあわない」時間の過ごし方についての技法である。考えてみれば、「理解」においてもこのような時間があったはずだ。「わからない」他者、それを前にして「類型」を探して解釈していき、届かない距離を「理念化」で埋めていく。しかし、それは、私のなかで多くの場合ほとんど瞬時に行われる。そうした時間があまりに長いと、私たちは居心地が悪くなる。しかし、その時間を私のなかの瞬時の時間から、私と他者の間にあるより長い時間に引き延ばしてしまい、あるいは、それが他者といる時間のほとんどを覆ってしまっても過ごせるようにしてしまえば、私たちは、「わかりあわない」状態でも「いっしょにいられる」。「他者といる」ことが、私のなかでそうした時間がすんだあとの「わかりあった」時間であると思えば、この時間は居心地が悪いが、「わかりあわない」時間が「他者といる」ということだと思ってしまえば、これはそう苦痛ではないかもしれない。いや、そこにはいつも私の「理解」を越えた、予想もつかない「他者」がいる。「わかりあわない」ということは、そのような「他者」を「他者」のまま発見する回路を開いているということだ。それは居心地が悪いが、でもたくさんの発見や驚きがある。「わかりあう」世界には、安心や居心地のよさはあるが、そのようなものはない。もしかしたら、「わかりあわない」から「いっしょにいる」という時間がよろこびに満ちたものでありうることを、私たちは、すでによく知っているのかもしれない。

私たちは「わかりあおう」とするがゆえに、ときどき少し急ぎすぎてしまう。しかし、「わからない」時間をできるだけ引き延ばして、その居心地の悪さのなかに少しでも長くいられるようにしよう。その間に、「わかりあう」ことが自然に開かれる場合も、「話しあう」ことを意識的に開く場合も、「わかりあわないまま」ただいっしょにいるだけという場合もあるだろう。しかし、「わかる」ことを急ぎすぎ、その時間を稼げないと、私たちは多くの可能性を閉ざしてしまう。私たちは「わかる」ことにすぐに着地したがる。しかし、より困難で大切なのは、「わかる」ための技法よりも「わからないでいられる」ようにする技法であるように私は思う。繰り返すが、これをもたないとき、「わからない」とすぐに「なぐりあう」＝「暴力」を振るうことをしてしまったり、すぐに「わかろう」として乱暴な「類型」に他者をひきつけるような「理解」に着地する＝「差別」することをしてしまったりする。しかし、「わからないでいる」のが常態であり、そこにゆっくりといられるのなら、私たちは「なぐりあう」ことも「差別」することもずっとしなくてすむだろう。

シュッツは、私たちの「社会」が「希望と怖れ」に満ちていることを指摘した。彼が描く人々は、そこから「希望」の方に、「理解」という技法によって「わかりあう」世界を構築する方向に、歩んでいく。それはすばらしい世界であり、私たちの「社会」はそのような技法である部分が形成されている。しかし、私たちは「社会」のすべてを、「他者」といる場所のすべてを、そのような技法で形成することはできない。そのことをはっきり知るとき、私たちは少し「理解」という技法から自由になることができるように思う。そして、「理解」以外の技法を、「わからない」・「他者」のままの「他者」といっしょにいる技法を、探ることができるように私は思う。「理解」という技法をあるときには断ち切って、「わからない」他者とともに「社会」を作ること。それは、「希望と怖れ」がどちらも開かれている世界にそのままいつづけることを選び取る、ということだ。もちろん、「希望」の領域に歩み入ることができれば、私たちはとても幸せだ。しかし、そうできない「他者」といる場所もある。そのとき、「希望」だけを求める技法は、この世界が「怖れ」だけしかないのではないかと絶望してしまい、そこで「社会」を作る努力を放棄してしまう。だが、「希望と怖れ」がともにありつづける世界に、居心地の悪いしかし可能性が開かれた世界に、他者といつづけることが私たちにはできる。そのための技法はある。そして、もしかしたら、私たちは「理解」の技法を開くことには熱心だったが、このもうひとつの技法を意識的に開発することは怠ってきたかもしれない。だとしたら、それをしよう。

私がいま考えつくことはここで述べたわずかなことだけれど、私たちは、そうした「わからない他者」と「いっしょにいる」技法を、ていねいに考えていかなければならない。

*

さいしょにはただふたりでいる世界がある。たとえば、ふたりでいっしょに鳥を見ているような。それが、よく似たふたりの場合も、まったく違うふたりの場合もあるだろう。そこから、わかりあう方向や愛しあう方向に進むこともある。また、わかりあえず、愛しあえないから、いっしょにいられなくなったり、なぐりあう方向に進むこともある。しかし、わかりあえず、愛しあえないときも、なぐりあわずに、ただいっしょにいることもできる。質問しあい、説明しあい、話しあうこともできる。そうしたやり方をできるだけ開いておこう。わかりあうこととなぐりあうこととの往復ではなく、同じだからわかりあう、違うからなぐりあうのではもちろんなくて、よく似た他者とも違う他者ともいっしょにいる技法を(もちろんわかりあうことも含めて．でもわかりあうことに囚われずに)開けるだけ開いておこう。そこにはたくさんの居心地が悪い世界があるかもしれないが、どうやらそもそも他者といるということはそういうことなのだ。そして、それができることは、他者といるということを、もっとずっとゆたかなものにしてくれるように、私は思う。

注

（1）第5章・5節【2】と同じく、この項も、橋爪［1995］など、橋爪大三郎氏が明晰に展開する「性空間論」に、重要な示唆を受けている。

（2）この項を書くとき私の念頭にあったのは、筒井康隆の小説『家族八景』などの「七瀬三部作」と、ヴィム・ヴェンダースの映画『ベルリン・天使の詩』である。前者の主人公・火田七瀬は、人のこころを完全に読むエスパーであるが、それを武器にするとともにそれに苦しみを感じ、「私」であるためには「掛け金をおろして」人のこころを読めない状態に自分を置かなければならない。後者に登場する天使ダミエルは、人間のこころの声をすみずみまで聴くことができるが、その能力をもたない人間になることを望み、声が聴けなくなったあとはじめて、ひとりの女性と愛しあう。このとき、内面の声だけではモノトーンだった世界の表面が、美しい色を帯びて輝き始める。

参考文献

橋爪大三郎 1995『性愛論』岩波書店

Schütz, A., 1932, *Der sinnhafte Aufbau der sozialen Welt: Eine Einleitung in der verstehende Soziologie*, Springer.=1982（佐藤嘉一訳）『社会的世界の意味構成』木鐸社

Schutz, A., 1973, *Collected Papers I: The Problem of Social Reality*, Martinus Nijhoff.=1983,1985（渡部光他訳）『アルフレッド・シュッツ著作集 第1巻 社会的現実の問題〔I〕』『第2巻 社会的現実の問題〔II〕』マルジュ社

——1976, *Collected Papers II : Studies in Social Theory*, Martinus Nijhoff.=1991（渡部光他訳）『アルフレッド・シュッツ著作集　第3巻　社会理論の研究』マルジュ社

あとがき

論文を書くとき、書くべきことはすでにそれぞれの人のなかにある。研究とは、書くべきことを探すためにするのではなく、その人がすでにもっている書くべきことを精確に言葉にし、人に伝えられるようにするためのものである。そして、もっとも難しく修練の必要なのも、じつは、書くべきことを身につけることではなく、それを精確に伝える言葉を身につけるという作業なのだ。――ある社会学者が、八年ほど前のある機会にこんなふうに話しているのを聞いたことがある。

この言葉は、私のなかでそれ以来反芻されてきた。だから、もうそのときの言葉どおりではない形で、私のなかに存在しているのかもしれない。ただ、この言葉は、私をとても楽にしてくれた。私は、単純に、私が書けることだけを書こうと思った。少なくとも書けないことを書こうとしなくていいのだと思った。そして、少しずつ、私のなかにある書くべきことが、少しは人に伝わる（と私には思われる）言葉になるようになってきた。

そのような意味で――というより、どのような意味でも――、この本に書かれたことは、すべて私自身である。ここにある文章は、すべて私の自画像である。私という人は、思いやりをもちながらかげぐちをいい、優しい私でありつづけようとして人を傷つけ傷つき、きちんとした人であるために努力しつづけ、人をわからなくてはいけない、人にわかってもらいたいと思って、そのことで少し苦しくなる。私は、いつもこのようなことをしている。そして、そうしたやり方のすばらしさと苦しさを、私はいつも感じている。

おそらく、こうしたことを多くの人もしているのだろうと私は思う。ただ、こうしたことは、あまり言葉にしていわれないのかもしれない。それを書く言葉を、私は「社会学」という、言葉による道具を身につけることを通して、私なりに手に入れてきた。こうしたことを言葉にすることによって、私は以前よりずいぶん自由になってきたように感じる。そして、それを人に伝え人といっしょに考えることに新しいよろこびを感じるようになってきたし、その人たちが自分の言葉を話しだすのを聞いて、こうしたことを人に伝えるのは相手にとってもなにかしら意味をもつかもしれないという気がするようになってきた。

このような過程のなかで考えたことや書いたことを新しく書いたり書き直したりして集めたのが、この本である。序章にも書いたように、これをお読みになったみなさんが、それぞれの生きている場所で考えるための言葉を——その場所はすべて違うから、ふさわしい言葉も違うはずだが——探すてがかりにしていただければ、私はとても幸せに思う。

＊

この本に集められた文章は独立して書かれたものであり、初出は以下のとおりである。
序　章　書き下ろし。
第1章　「「思いやり」と「かげぐち」の体系としての社会――存在証明の形式社会学」(『社会学評論』45巻1号、一九九四年)。ほぼそのまま収録した。
第2章　書き下ろし。ただし、「リアリティ・コントロールと「主体」形成――H・S・サリヴァン、R・D・レインを中心に」(庄司興吉・矢澤修次郎編『知とモダニティの社会学』東京大学出版会、一九九四年)の一部を利用した。
第3章　「メディアがつくるイメージ――外国人は「どのようなひと」なのか」(町村敬志編『「国際化」の風景――メディアからみた日本社会の変容』「国際化とメディア」研究会報告書・筑波大学社会科学系、一九九〇年)。導入部と結論部を中心に加筆した。
第4章　書き下ろし。ただし、一九九七年度千葉大学文学部公開講座「心の病と社会の病」における講義「リスペクタビリティの病――きちんとすることをめぐって」(一九九七年十月十一日)の報告原稿をもとに、加筆した。
第5章　「非難の語彙、あるいは市民社会の境界――「自己啓発セミナー」にかんする雑誌記事の分析」(奥村隆編『メディアのなかのアイデンティティ・ゲーム――雑誌はいかに〈私〉をつくってきたか』日本証券奨学財団研究調査助成成果報告書、一九九四年)。全体を大幅に圧縮し、一部加筆した。

第6章　書き下ろし。

この本をまとめるきっかけを作って下さったのは、日本評論社の横山伸さんである。横山さんは、二年ほど前に出版をすすめるお手紙を下さり、この六月に方針が決まって以降の半年間てきぱきと私を前に進ませて下さった。また、林克行さんは、心理学書のベテラン編集者としての目から、社会学者が書こうとするこの本に的確なアドバイスを下さった。おふたりに深く感謝申し上げます。

＊

この本は、私にとってははじめての単著である。何人かの方に謝意を伝えるために紙幅を使うことを、読者にはお許しいただきたい。

これまで社会学にかかわる多くの方々にお世話になってきた。ただ、ここではおふたりの方に、とくにお名前を記してお礼申し上げたい。おひとりは庄司興吉先生。学部・大学院在学時に私を指導して下さった庄司先生は、先生とは違う方向、違う方向へと研究を進めようとする私を、そのままそうさせて下さった。ゆっくりとしか進めない私のことを、ある時期までは厳しくある時期からはゆるやかに、先生は待っていて下さったように思う。

いま教師になって、指導する学生を待つことがいかに難しくいかに大切であるかを痛感する。そのことだけでも感謝しきれない気持ちです。ありがとうございました。

もうおひとりは大澤真幸さん。大学院の先輩の大澤さんとは、東京大学の助手として半年間、さらに千葉大学で五年間、同じ職場に勤務することになった。この間、多くの仕事をごいっしょするなかで、私は、研究者（とくに社会学の研究者）とはなにをするものなのかを大澤さんから学ばせていただいたと思っている。この「あとがき」のさいしょの言葉は、助手時代にある会合で大澤さんが話されたことである。そうしたひとつひとつに、この場を借りてお礼を申し上げます。

ここでは個々のお名前を記すことはできないが、大学院生・助手時代に東京大学の「社会学Aコース」でお世話になった先生方、大学院の先輩や仲間たちに感謝申し上げたい。そこで私は、対象を分析するために自分独自の言葉をもつことの大切さをたたきこまれ、研究者としての土台にあたるものを鍛えられたのだと思う。また、この六年間在任している千葉大学文学部の、社会学研究室のスタッフをはじめとする同僚の先生方、学生・院生のみなさんに多くの感謝をしなければならない。研究室・学科（行動科学科）・学部、どのレベルをとっても教育に熱心なこの職場に赴任したことで、私は人にきちんと伝わる言葉をもつことの大切さを痛感し、具体的にどうすればよいかを学生や院生のみなさんに教わってきたように思う。こうしたすべてのみなさんに、お礼を申し上げます。

それから、わたくしごとで恐縮なのだが、父・奥村勝、母・奥村和子に感謝の言葉を記すことをお許しいただきたい。高校生のときあるきっかけで社会学という学問をやろうと考えるようになった私に、「技術系のサラリーマンの息子がそんなことで食べていけるか」と諭しながら、そのあとの長い時間を支えてくれた父と母に、こころからお礼を申し上げます。この本は、どうやらそういう息子だから書かなければならなかったし、書くことができたもののように、私は思っています。ありがとうございました。

さいごに、さらにわたくしごとですが、妻・奥村良子にも感謝の言葉を。彼女は、ひとりでいると自分だけの世界に閉じていってしまう私を、もっと開かれた世界に連れ出してくれた。この人といっしょにいて、たくさんのことを話しあうことがなければ、この本に書かれたアイデアのほとんどは生まれなかったでしょう。いくら言葉にしても足りないけれど、ほんとうにありがとう。

一九九七年十二月

奥村　隆

ちくま学芸文庫版あとがき

筑摩書房編集部・守屋佳奈子さんから、『他者といる技法』をちくま学芸文庫で再刊しませんか、というご連絡をいただいたのは、二〇二三年七月のことだった。二十五年も前に出た本なので、少し戸惑ったが、素直にとてもうれしくありがたいお話だと思い、すぐにお願いしたいというお返事をした。ただ、読むと迷うような気がして、本を読み返しはしなかった。

校正ゲラが届き、久しぶりに集中して読んでみると、やはりいろいろな感想が浮かんだ。この本の出発点である第1章の「思いやりとかげぐちの体系としての社会」の原稿を書いたのは一九九三年で、ちょうど三十年前、そのとき私は三十代前半だったが、いまは六十歳を超えている。まず感じたのは、力が入りすぎていたり、もって回った表現が多かったりして、文章が下手だということで、それに手を入れようとすると、まるで駆け出しの若手研究者の原稿に老先生がダメ出しするようなことになり、よくないなと思った。あの頃どうしてこんなことを考えていたのだろう、とも思ったが、いまも同じようなことを考えていて人間あんまり変わらないものだな、と思いもし、一九八〇年代、九〇年代を対象にしていていまの時代と合わないと思う箇所もあったが、内容はそのままにするのがよいと思った。ただ、表現としてあまりにもくどいと感じる箇所は修正し、「精神分裂病」を「統合失調症」に改めるなどの用語の変更と、書誌情報の追加・修正のみ行うことにした。

この本に集めた文章を書いたとき、私は千葉大学文学部の社会学講座に在籍していた。ほんとうに幸せな場所だった。一九九三〜四年頃は、同じ研究室に大澤真幸さん、長谷正人さん、立岩真也さん、奥村がいて、一歳ずつ違う四人のことを、教務補佐の佐竹公子さんは「だんご四兄弟」と呼んでいた。シニアスタッフの鈴木春男先生、天野正子先生、犬塚先先生、尾形隆彰先生は、危なっかしいなと思われていたと思うが、この四人を自由にさせてくださった。ここで私は、ふだんの授業や校務、雑談のなかからたくさんのことを学んだ。だから、この本に書いたようなことを考え、文章にすることができたのだと思う。「あとがき」の原稿を日本評論社の横山伸さんに送ったあと、一九九八年一月から、私は国際文化会館の新渡戸フェローとしてイギリス・レスター大学での在外研究に出かけた。滞在当初の時期に宿舎で校正をして、ロンドン・ロードの郵便局から日本に送ったのをよく覚えている。二年近くの滞在中に、大澤さん、長谷さんの他大学への転出が決まり（すでに天野先生と立岩さんは異動されていた)、私も二〇〇三年三月に十一年間勤めた千葉大を離れることになった。その後、立教大学に十四年在籍し、二〇一七年四月からは関西学院大学で教えているが、千葉大で学んだことがこれまでの私を支えていることは間違いない。このことを、この再刊を機に、心から感謝したいと思う。

今回読み直して、私のその後の仕事の多くがこの本の延長上にあることを改めて感じた。いくつか(くどくならない範囲で)紹介しておきたい。

まず、本書の直接の延長上にあるものとして、

「社会を剝ぎ取られた地点——「無媒介性の夢」をめぐるノート」、『社会学評論』52巻4号、二〇〇二年(『社会はどこにあるか——根源性の社会学』ミネルヴァ書房、二〇一七年に収録)。

「教育というコミュニケーション」、長谷正人・奥村隆編『コミュニケーションの社会学』有斐閣、二〇〇九年。

『反コミュニケーション』弘文堂、二〇一三年。

本書に何回か登場したノルベルト・エリアス(私のレスターでの研究テーマ)については、

『エリアス・暴力への問い』勁草書房、二〇〇一年。

マックス・ヴェーバー、アルフレッド・シュッツ、アーヴィング・ゴフマン、ピエー

ル・ブルデュー（そして、本書では触れていないがコミュニケーションを考えるのに重要なゲオルク・ジンメル）などの社会学者については、

『社会学の歴史Ｉ――社会という謎の系譜』有斐閣、二〇一四年。

『社会学の歴史Ⅱ――他者への想像力のために』有斐閣、二〇二三年。

「思いやり」や「同情」といったテーマとかなり遠くでつながるのが、

『慈悲のポリティクス――モーツァルトのオペラにおいて、誰が誰を赦すのか』岩波書店、二〇二二年。

こうやって書きながら、二十五年もたって、本書が再刊される幸せを、深く感じる。

守屋さんと「解説」をどなたにお願いするかを相談するとき、ぼんやりと社会学以外の方にお願いできれば、と考えていた。相談の直前に読んだ『言葉の展望台』（講談社）が素晴らしく、守屋さんに三木那由他さんはどうでしょう、と提案すると、それは素敵です！とご同意いただき、依頼してくださった。現在の三木さんが、ちょうどこの本を書いた頃の私と同年代である、ということもお願いした理由のひとつだった。お忙しいなか、一面識もない社会学者の勝手な希望に快く応えてくださった三木那由他さんに、厚くお礼を申し上げます。刊行までのすべてを進めてくださった守屋佳奈子さん、ほんとうにありがとうございました。

じつは、この「あとがき」は、解説の原稿を読むときっと恥ずかしくなってしまうので、届く前に書いている。どんな解説をいただけるかどきどきする。この本を手に取ってくださったみなさんとともに、三木さんの解説を楽しみに拝読したいと思う。

二〇二三年十二月八日

奥村　隆

解説　理解できないあなたの隣にいるために

三木那由他

この社会において、私たちはすでに他者とともにあり、それゆえに他者といるためのさまざまな「技法」を用いて暮らしている。ではその技法とはどういったものなのか？　本書『他者といる技法』は、私たちが他者といるために用いるさまざまな技法を、ひとつの大きな枠組みのもとで体系的に論じている。

本書は全体の導入となる序章に加えて、六つの章から成っている。各章はそれぞれ独立に読むこともできるが、それとともにひとつのアイデアがすべての章を貫いている。それはすなわち「〈承認と葛藤の体系としての社会〉」（五四頁）である。この社会観がもっとも詳しく説明されている第一章をもとに、ここで簡単に整理してみよう。

奥村はR・D・レインなどを参照しながら、ひとはその存在証明を他者からの承認を通して得ている、という見方を提示する。子どもがいて初めて親となれるように、私たちの存在のありかたは他者との関係のもとで初めて規定される。それゆえ私たちは自らの存在証明のために他者を必要としており、それゆえに社会を形成している。

だがその一方で、奥村は他者からの承認を求めるのとは相反する力を社会に見出す。他者からの承認に自らの存在証明を求めるとき、他者は「主体」となり、私はその主体にとっての客体となり得る。他者からの承認を必要とするまさにそのときに、私たちはいわばその他者に主体性を譲渡せざるを得ないのである。だが、主体的で自由な他者は、それゆえに私への承認を拒絶しかねない存在となる。

こうして、私たちは一種の板挟み状態に置かれる。私たちは他者の承認によってしか存在証明を得られない。しかしそのために他者の承認を求めるということは、他者に主体性を譲渡し、存在証明を危うくすることでもあり得る。承認してほしいが承認の力を与え過ぎたくはない。この一見すると相矛盾するようなふたつの力の押し引きを、奥村はこの社会の基本的な形態だと見ている。

では、奥村の言う「他者といる技法」とは何か？　それは、この〈承認と葛藤の体系としての社会〉において、存在証明を危うくしすぎないようにしつつ他者からの承認をうまく得るために私たちが利用しているノウハウである。私たちは承認と葛藤というふたつの力が押し合いへし合いしている現実において、自分たちの存在証明が破綻してしまわないよう、日々さまざまな技法を利用しているのだ。

本書の各章は、この基本的な枠組みを前提に、それぞれ異なる技法を論じるものとなっている。第一章では、「思いやり」と「かげぐち」という対照的な実践が、相互承認を保証するために承認のハードルを下げるための技法としての思いやりと、ハードルが下がることで存在証明の価値が希薄化したことへの対処の技法としてのかげぐちとして、いわばひとつの現象の表と裏の関係にあると論じられる。第二章では、家族という小さな単位の共同体における相互の承認と葛藤のダイナミクスをもとに、子の存在証明を危うくするダブル・バインドが親の存在証明の安定化の技法として生じる仕組みを論じている。

「外国人」と呼ばれる人々へのメディアの目線をこの観点のもとでの異なる技法の現れとして論じる第三章は、本書のなかでもとりわけ重要だろう。私が異質な他者と出会うとき、私は自分がその他者にとって主体となるのか客体になるのかわからない「宙づりの状況」に置かれる(一三二―三頁)。この宙づりは私の存在証明を危うくさせる「コワイ」経験であるがゆえに、私はその他者の主体性をコワイものとして経験する。このコワサは他者が私に対して主体となっているがゆえであり、コワイ他者に対処するためには、相互承認の体系からこの他者を排除し、その主体性を機能不全に陥らせなければならない。こうして異質な他者の排除が生じる。

だが問題はそれだけではない。排除が起こらない場合でも、私たちは異質な他者の主体性を停止させ、自らの存在証明を安定させるべくいくつかの技法を用いる。例えば、他者を「キタナイ」存在と見なし、ひたすらネガティブに評価・記述される客体へと落とし込むことで、自らの主体としての位置づけを安定させることもある。また他方で、異質な他者を「カワイソウ」などと同情的に捉える一見すると当たり障りのなさそうな態度も、ポジティブな評価・記述を利用しているとはいえ、その他者を客体へと押し込み、主体としての力を失わせる技法となっている。こうして奥村は、「外国人」のように異質な他者と見なされた者たちへの、「コワイ」、「キタナイ」、「カワイソウ」という異なる表象の仕方が、同じメカニズムのもとで生じる三種の技法であると示すのである。

第四章は中間階級特有の行動様式を同じ枠組みで論じている。上品なレストランで自分がその場に適したマナーを身につけていることにまったく疑いを抱かず、それゆえに他者の視線によって存在証明が揺らぐ可能性の低い支配階級、その場に適したマナーに従う必要性を感じず、それゆえに逆説的に存在証明が揺らぎにくい庶民階級。それらとは異なり、中間階級の人々はその場に適したマナーを身につけていないという自覚を持ちながらも、また周囲の他者の視線のもとで「リスペクタブル」な存在としての承認を得たいと望み、そのギャップのなかで達成し得ない努力をせざるを得ない。この章では、そのために使われる技法として感情の管理が取り上げられている。

第五章のテーマは自己啓発セミナーである。私たちの社会においては、それぞれが相手から見てコントロール不可能な主体として現れるのを抑制し、コントロール可能な他者として互いに出会うことが求められる。だが私たちは、抑えられない激しい情動を溢れさせ、そのコントロール不可能性のもとで（多くの場合は親密な）他者と互いを承認し、存在を確かめる技法も身につけているらしい。奥村は、そうした本来なら恋人や親友などとの限られた空間でのみ用いられる技法を、グラウンドルールの設定などによっていわば疑似的にコントロール可能なコントロール不可能性を現出させることで使用可能にした空間として、自己啓発セミナーを捉える。メディアが自己啓発セミナーに向ける非難の声は、そしてそのうちに見出される顕著なジェンダー差は、そうした空間や技法への人々の距離感を反映する。

以上の五章は、すべて私たちが現にどのように他者といるための技法を用いているかを記述する内容となっている。すなわちそれは、私たちが身につけるべき望ましい技法ではなく、私たちが現に身につけ、意識しているか否かを問わず日常的に用いている技法なのである。だが、こうした記述的な研究は、それとともにいまだ実現されざる、あるべき技法への指針を、私たちに示してもくれる。第六章では、あるべき技法として、理解し得ない他者とともにいるための技法が構想される。

私たちの多くは、他者を理解したいと望み、他者から理解されたいと望む。だが、他者への完全な理解、他者からの完全な理解なるものは原理的に不可能だ。それゆえ、私たちは他者の理解を少しでも増やそうと、「類型」を用いるが、それは同時に他者をその類型にはめ込まれた客体とすることでもある。そしていずれにせよ、類型もまた他者への完全な理解を与えることはなく、類型からはみ出す理解不可能な領域をまるで存在しないかのように扱ってその他者とともにいるか、あるいは理解を諦めてその他者から離れるかするしかなくなるだろう。理解が足りない状態は、その主体性がポジティブに現れたままの他者とともにあることを困難にする。他者は客体になってそこに居続けるか、望ましくない主体として排除されるかになってしまう。だが理解が完璧であれば、私たちは主体としての他者とともにいられるのだろうか？　そうではない、と奥村は論じる。完全な理解は、今度は私の自由を不可能にし、私の存在を成り立ちがたくするのである。奥村は、理解できない他者と一緒にいる技法、「理解」とは異なるかたちで他者とともにいるための技法が必要なのだと語る。

思うに私たちは、この社会において、実はそんなに互いの内面までわからないまま、それでもコミュニケーションを通じてどうにかともに「やっていく」ようにしている。『話し手の意味の心理性と公共性』（勁草書房、二〇一九年）という本で論じたことだが、コミュニケーションは互いの心理の開陳や心のなかのメッセージの交換ではなく、これから先どのように行動をしていくか、どのように行動していくべきだと互いに見なすのかの擦り合わせの契機であることをその本質としている、と私は考えている。私たちはコミュニケーションを通じて今後の行動のための相互的な規範をかたちづくり、その規範に従う者としての存在証明を得るとともに、その相互的な規範の相互性ゆえに、相手に自らの主体性を委譲してもいる。社会が承認と葛藤の体系であるとすれば、コミュニケーションはそうした承認と葛藤が具体的に経験される現場なのではないだろうか。

だとすれば、異質な他者の異質さ、圧倒的な他者性はコミュニケーションの破綻の瞬間に出会われるのかもしれない。例えば、ずっとともに過ごしてきた幼馴染が「私は同性愛者だ」と告げる。将来どんな男性と結婚したいか、どの男の子と交際したいかといったことを何度も何度も話してきた目の前の女の子が、突如として異質な存在になる。それは私たちが作り続けてきた行動指針から逸脱した発言であり、私の存在証明のよりどころのひとつとなっていたその子との相互的な規範に、その子はいま主体的に抵抗している。その子は私には理解できない会話へと、理解できない行動へと踏み出そうとしている。こうした場面で、これまで安定していたコミュニケーションは破綻し、幼馴染は異質な他者として現れ、私は自分が安住していた規範を失い、もはや自由な言動ができないと感じ、これからの行動指針をどうしたらいいのか、それをどちらがどう決めたらいいのかわからず、気まずく沈黙したり、余計なこと（例えば「そうなんだ。恋愛に性別は関係ないものね」のような偏った発言）をしたりするだろう。

私は、この瞬間にこそ、理解できない他者とやっていくための希望が賭けられているように思える。先ほどの例での異性愛者である「私」にとって、その瞬間は自らのセクシュアリティの「当たり前さ」を揺るがされ、存在証明を危うくするものと経験されるかもしれない。その存在証明を安定させるために、幼馴染を客体に落とし込み、同性愛者へのステレオタイプで彩りたくなるかもしれない。幼馴染を「気持ち悪い」(「キタナイ」)主体として排除し、交流を断とうとするかもしれない。でも、そうではなく、もしその異質な他者として現れた幼馴染と、それでもともにいたいと願ったら?

奥村が論じるように、理解は常に足りない。「私」は、初めは幼馴染を理解しようと本を読んだり映画を見たりするかもしれない。しかしそれで幼馴染そのひとには達することはない。「私」が幼馴染の前で同性愛への「理解」や「寛容さ」を示そうとするたびに、幼馴染は気まずそうに黙り込む。会話に沈黙が占める比率が増え、いたたまれなくなる。

それでもともにいたかったら?

「私」はどこかで自らを幼馴染に委ね、わからないままに幼馴染の「やっていきかた」と調和する「やっていきかた」を探っていくかもしれない。異性愛者である「私」には本当には理解し得ない異質な他者かもしれない幼馴染と、理解し得ないまま、それでも誰よりもともにやっていける者として。私は決意を持って主体性をこれまで以上に委譲することで、新たな存在となった私として、幼馴染の隣にいられるようになるかもしれないのだ。

その技法はきっと、とてもゆっくりと、何度も失敗を重ね、互いに繰り返し我慢をしたり、衝突をしたりしながら獲得されていく。だがそれでも、そこにこそ希望があるのだと思う。

私たちは「わかりあおう」とするがゆえに、ときどき少し急ぎすぎてしまう。しかし、「わからない」時間をできるだけ引き延ばして、その居心地の悪さのなかに少しでも長くいられるようにしよう。（二九六頁）

コミュニケーションが気まずく中断されるとき、理解していたはずの、私と同じような存在だったはずの相手が異質な他者として現れ、これまでのやりかたが宙づりにされるとき、その居心地の悪さこそが、その相手と本当にともにいられるようになるための大事な出発点なのだ。

（みき・なゆた　大阪大学大学院人文学研究科講師）

本書は、一九九八年に日本評論社より刊行された。

江戸料理読本　松下幸子

江戸時代に刊行された二百余冊の料理書の内容と特徴、レシピを紹介。素材を生かし小技をきかせた江戸料理の世界をこの一冊で味わい尽くす。（福田浩）

萬葉集に歴史を読む　森浩一

古の人びとの愛や憎しみ、執念や悲哀。萬葉集には、数々の人間ドラマと歴史の激動が刻まれている。考古学者が大胆に読む、躍動感あふれる萬葉の世界。

ヴェニスの商人の資本論　岩井克人

〈資本主義〉のシステムやその根底にある〈貨幣〉の逆説とは何か。その怪物めいた謎をめぐって、明断な論理と軽妙な洒脱さで展開する諸考察。

現代思想の教科書　石田英敬

今日我々を取りまく〈知〉は、4つの「ポスト状況」から発生した。言語、メディア、国家等、最重要論点のすべてを一から読む！　決定版入門書。

記号論講義　石田英敬

モノやメディアが現代人に押しつけてくる記号の嵐。それに飲み込まれず日常を生き抜くには？　東京大学の講義をもとにした記号論の教科書決定版！

プラグマティズムの思想　魚津郁夫

アメリカ思想の多元主義的な伝統は、九・一一事件以降変貌してしまったのか。「独立宣言」から現代のローティまで、その思想の展開をたどる。

増補 女性解放という思想　江原由美子

「女性解放」はなぜ難しいのか。リブ運動への揶揄を論じた「からかいの政治学」など、運動・理論における対立や批判から、その困難さを示す論考集。

増補 虚構の時代の果て　大澤真幸

オウム事件は、社会の断末魔の叫びだった。衝撃的事件から時代の転換点を読み解き、現代社会と対峙する意欲的論考。（見田宗介）

言葉と戦車を見すえて　加藤周一　小森陽一／成田龍一編

知の巨人・加藤周一が、日本と世界の情勢について、何を考え何を発言しつづけてきたのかが俯瞰できる論考群を一冊に集成。（小森／成田）

敗戦後論　加藤典洋

なぜ今も「戦後」は終わらないのか。敗戦がもたらした「ねじれ」を、どう克服すべきなのか。戦後問題の核心を問い抜いた基本書。（内田樹＋伊東祐吏）

柄谷行人講演集成1985-1988
言葉と悲劇　柄谷行人

シェイクスピアからウィトゲンシュタインへ、西田幾多郎からスピノザへ。その横断的な議論は批評の可能性そのものを顕示する。計14本の講演を収録。

柄谷行人講演集成1995-2015
思想的地震　柄谷行人

根底的破壊の後に立ち上がる強靭な言葉と思想――。この20年間の代表的講演を著者自身が精選した待望の講演集。学芸文庫オリジナル。

増補
広告都市・東京　北田暁大

都市そのものを広告化してきた80年代消費社会。その戦略と、90年代のメディアの構造転換は現代を生きる我々に何をもたらしたか、鋭く切り込む。

インテリジェンス　小谷賢

スパイの歴史、各国情報機関の組織や課題から、情報との付き合い方まで――豊富な事例を通して「情報」のすべてがわかるインテリジェンスの教科書。

良い死／唯の生　立岩真也

安楽死・尊厳死を「良い死」とする思考を批判的に検討し、誰でも「生きたいなら生きられる社会」へと変革するには何が必要かを論じる。（大谷いづみ）

20世紀思想を読み解く　塚原史

「自由な個人」から「全体主義的な群衆」へ。人間という存在が劇的に変質した世紀の思想を、無意味・未開・狂気等キーワードごとに解読する。

緑の資本論　中沢新一

『資本論』の核心である価値形態論を一神教的に再構築することで、自壊する資本主義からの脱出の道を考察した、画期的論考。（矢田部和彦）

反＝日本語論　蓮實重彥

仏文学者の著者、フランス語を母国語とする夫人、日仏両語で育つ令息。三人が遭う言語的葛藤から見えてくるものとは？（シャンタル蓮實）

橋爪大三郎の政治・経済学講義　橋爪大三郎
政治は、経済は、どう動くのか。この時代を生きるために、日本と世界の現実を見定める目を養い、考える材料を蓄え、構想する力を培う基礎講座！

学習の生態学　福島真人
現場での試行錯誤を許す「実験的領域」はいかに成立するか。救命病棟、原子力発電所、学校等、組織での学習を解く理論的枠組みを示す。（熊谷晋一郎）

フラジャイル　松岡正剛
なぜ、弱さは強さよりも深いのか？　薄弱・断片・あやうさ・境界・異端……といった感覚に光をあて、「弱さ」のもつ新しい意味を探る。（高橋睦郎）

言葉とは何か　丸山圭三郎
言語学・記号学についての優れた入門書。ソシュール研究の泰斗が、平易な語り口で言葉の謎に迫る。術語・人物解説、図書案内付き。（中尾浩）

戦争体験　安田武
わかりやすい伝承は何を忘却するか。戦後における戦争体験の一般化を忌避し、矛盾に満ちた自らの体験の「語りがたさ」を直視する。（福間良明）

〈ひと〉の現象学　鷲田清一
知覚、理性、道徳等。ひとをめぐる出来事は、哲学の主題と常に伴走する。ヘーゲル的綜合を目指すのでなく、問いに向きあいゆるやかにトレースする。

階級とは何か　スティーヴン・エジェル　橋本健二訳
マルクスとウェーバーから、現代における展開まで。階級理論の基礎を、社会移動・経済的不平等・政治にも目配りしつつ総覧する、類書のない入門書。

モダニティと自己アイデンティティ　アンソニー・ギデンズ　秋吉美都／安藤太郎／筒井淳也訳
常に新たな情報に開かれ、継続的変化が前提となる後期近代で、自己はどのような可能性と苦難を抱えるか。独自の理論的枠組を作り上げた近代的自己論。

ありえないことが現実になるとき　ジャン＝ピエール・デュピュイ　桑田光平／本田貴久訳
なぜ最悪の事態を想定せず、大惨事は繰り返すのか。経済か予防かの不毛な対立はいかに退けられるか。認識の根源を問い、抜本的転換を迫る警世の書。

〈ほんもの〉という倫理
チャールズ・テイラー
田中智彦訳
個人主義や道具的理性がもたらす不安に抗するには「〈ほんもの〉という倫理」の回復こそが必要だ。現代を代表する政治哲学者の名講義。（宇野重規）

政治宣伝
ジャン＝マリー・ドムナック
小出峻訳
レーニン、ヒトラーの時代を経て、宣伝は今どのような役割を果たすか。五つの定則を示し、デモクラシーに対するその功罪を見据える。（川口茂雄）

空間の詩学
ガストン・バシュラール
岩村行雄訳
家、宇宙、貝殻など、さまざまな空間が喚起する詩的イメージ。新たなる想像力の現象学を提唱し、人間の夢想に迫るバシュラール詩学の頂点。

リキッド・モダニティを読みとく
ジグムント・バウマン
酒井邦秀訳
変わらぬ確かなものなどもはや何一つない現代世界。社会学の泰斗が身近な出来事や世相から〈液状化〉の具体相に迫る真摯で痛切な論考。文庫オリジナル。

社会学の考え方〔第2版〕
ジグムント・バウマン／ティム・メイ
奥井智之訳
日常世界はどのように構成されているのか。日々変化する現代社会をどう読み解くべきか。読者を〈社会学的思考〉の実践へと導く最高の入門書。新訳。

コミュニティ
ジグムント・バウマン
奥井智之訳
グローバル化し個別化する世界のなかで、コミュニティはいかなる様相を呈しているか。安全をとるか、自由をとるか。代表的社会学者が根源から問う。

近代とホロコースト〔完全版〕
ジグムント・バウマン
森田典正訳
近代文明はホロコーストの必要条件であった――。社会学の視点から、ホロコーストを現代社会の本質に深く根ざしたものとして捉えたバウマンの主著。

フーコー文学講義
ミシェル・フーコー
柵瀬宏平訳
シェイクスピア、サド、アルトー、レリス……。フーコーが文学と取り結んでいた複雑で、批判的で、戦略的な関係とは何か。未発表の記録、本邦初訳。

ウンコな議論
ハリー・G・フランクファート
山形浩生訳／解説
ごまかし、でまかせ、いいのがれ。なぜ世の中、こんなものがみちるのか。道徳哲学の泰斗がその正体とカラクリを解く。爆笑必至の訳者解説を付す。

21世紀を生きるための 社会学の教科書
ケン・プラマー
赤川学監訳

パンデミック、経済格差、気候変動など現代世界が直面する諸課題を視野に収めつつ社会学の新しい知見を解説。社会学の可能性を論じた最良の入門書。

世界リスク社会論
ウルリッヒ・ベック
島村賢一訳

迫りくるリスクは我々から何を奪い、何をもたらすのか。『危険社会』の著者が、近代社会の根本原理をくつがえすリスクの本質と可能性に迫る。

民主主義の革命
エルネスト・ラクラウ／シャンタル・ムフ
西永亮／千葉眞訳

グラムシ、デリダらの思想を摂取し、根源的で複数的なデモクラシーへ向けて、新たなヘゲモニー概念を提示した、ポスト・マルクス主義の代表作。

鏡の背面
コンラート・ローレンツ
谷口茂訳

人間の認識システムはどのように進化してきたのか、そしてその特徴とは。ノーベル賞受賞の動物行動学者が試みた抱括的知識による壮大な総合人間哲学。

ミメーシス（上）
E・アウエルバッハ
篠田一士／川村二郎訳

西洋文学史より具体的なテクストを選び、文体美学を分析・批評しながら、現実描写を追求する。全20章の前半のホメーロスよりラ・サールまで。

ミメーシス（下）
E・アウエルバッハ
篠田一士／川村二郎訳

ヨーロッパ文学における現実描写の流れをすばらしい切れ味の文体分析により追求した画期的文学論。全20章の後半、ラブレーよりV・ウルフまで。

人間の条件
ハンナ・アレント
志水速雄訳

人間の活動的生活を《労働》《仕事》《活動》の三側面から考察し、《労働》優位の近代世界を思想史的に批判したアレントの主著。（阿部齊）

革命について
ハンナ・アレント
志水速雄訳

《自由の創設》をキイ概念としてアメリカとヨーロッパの二つの革命を比較・考察し、その最良の精神を二〇世紀の惨状から救い出す。（川崎修）

暗い時代の人々
ハンナ・アレント
阿部齊訳

自由が著しく損なわれた時代を自らの意思に従い行動し、生きた人々。政治・芸術・哲学への鋭い示唆を含み描かれる普遍的人間論。（村井洋）

人智学・心智学・霊智学　ルドルフ・シュタイナー　高橋巖訳
身体・魂・霊に対応する三つの学が、霊視霊聴を通じた存在の成就への道を語りかける。人智学協会の創設へ向け最も注目された時期の率直な声。

ジンメル・コレクション　ゲオルク・ジンメル　北川東子編訳　鈴木直訳
都会、女性、モード、貨幣をはじめ、取っ手や橋・扉にまで哲学的思索を向けた「エッセーの思想家」の姿を一望する新編・新訳のアンソロジー。

私たちはどう生きるべきか　ピーター・シンガー　山内友三郎監訳
社会の10%の人が倫理的に生きれば、政府が行う社会変革よりもずっと大きな力となる——環境・動物保護の第一人者が、現代に生きる意味を鋭く問う。

自然権と歴史　レオ・シュトラウス　塚崎智／石崎嘉彦訳
自然権の否定こそが現代の深刻なニヒリズムをもたらした。古代ギリシアから近代に至る思想史を大胆に読み直し、自然権論の復権をはかる20世紀の名著。

生活世界の構造　アルフレッド・シュッツ／トーマス・ルックマン　那須壽監訳
「事象そのものへ」という現象学の理念を社会学研究で実践し、日常を生きる「普通の人びと」の視点から日常生活世界の「自明性」を究明した名著。

死と後世　サミュエル・シェフラー　森村進訳
われわれの死後も人類が存続するであろうこと、それは想像以上に人の生を支えている。二つのシナリオをもとに倫理の根源に迫った講義。本邦初訳。

哲学ファンタジー　レイモンド・スマリヤン　高橋昌一郎訳
論理学の鬼才が、軽妙な語り口ながら、切れ味抜群の思考法で哲学から倫理学まで広く論じた対話篇。哲学することの魅力を堪能しつつ、思考を鍛える！

ハーバート・スペンサー　コレクション　ハーバート・スペンサー　森村進編訳
自由はどこまで守られるべきか。リバタリアニズムの源流となった思想家の理論の核が凝縮された論考を精選し、平明な訳で送る。文庫オリジナル編訳。

ナショナリズムとは何か　アントニー・D・スミス　庄司信訳
ナショナリズムは創られたものか、それとも自然なものか。この矛盾に満ちた心性の正体を、世界的権威が徹底的に解説する。最良の入門書、本邦初訳。

分析哲学を知るための 哲学の小さな学校
ジョン・パスモア
大島保彦／高橋久一郎訳
数々の名テキストで哲学ファンを魅了してきた分析哲学界の重鎮が、現代哲学を総ざらい！ 思考や議論の技を磨きつつ、哲学史を学べる便利な一冊。

表現と介入
イアン・ハッキング
渡辺博訳
科学にとって「在る」とは何か？ 科学は真理を捉えられるのか？ 現代哲学の鬼才が20世紀を揺るがした問いの数々に鋭く切り込む！ （戸田山和久）

社会学への招待
ピーター・L・バーガー
水野節夫／村山研一訳
社会学とは、「当たり前」とされてきた物事をあえて疑い、その背後に隠された謎を探求しようとする営みである。長年親しまれてきた大定番の入門書。

聖なる天蓋
ピーター・L・バーガー
薗田稔訳
全ての社会は自らを究極的に審級する象徴の体系、「聖なる天蓋」をもつ。宗教について理論・歴史の両面から新たな理解をもたらした古典的名著。

人知原理論
ジョージ・バークリー
宮武昭訳
「物質」なるものなど存在しない――。バークリーの思想的核心が、平明このうえない訳文と懇切丁寧な注釈により明らかとなる。主著、待望の新訳。

ポストモダニティの条件
デヴィッド・ハーヴェイ
吉原直樹監訳
和泉浩／大塚彩美訳
モダンとポストモダンを分かつものは何か。近代世界の諸事象を探査し、その核心を「時間と空間の圧縮」に見いだしたハーヴェイの主著。改訳決定版。

ビギナーズ倫理学
デイヴ・ロビンソン文
クリス・ギャラット画
鬼澤忍訳
正義とは何か？ なぜ善良な人間であるべきか？ 倫理学の重要論点を見事に整理した、道徳的カオスの中を生き抜くためのビジュアル・ブック。

宗教の哲学
ジョン・ヒック
間瀬啓允／稲垣久和訳
古今東西の宗教の多様性と普遍性は、究極的実在に対する様々に異なるアプローチであり応答である。「宗教的多元主義」の立場から行う哲学的考察。

自我論集
ジークムント・フロイト
竹田青嗣編
中山元訳
フロイト心理学の中心、「自我」理論の展開をたどる新編・新訳のアンソロジー。「快感原則の彼岸」「自我とエス」など八本の主要論文を収録。

明かしえぬ共同体
モーリス・ブランショ
西谷修 訳

G・バタイユが孤独な内的体験のうちに失うという形で見出した〈共同体〉。そして、M・デュラスが描いた奇妙な男女の不可能な愛の〈共同体〉。

フーコー・コレクション
（全6巻＋ガイドブック）
ミシェル・フーコー
小林康夫／石田英敬／松浦寿輝編

20世紀最大の思想家フーコーの活動を網羅した『ミシェル・フーコー思考集成』。その多岐にわたる思考のエッセンスをテーマ別に集約する。

フーコー・コレクション1
狂気・理性
ミシェル・フーコー
小林康夫／石田英敬／松浦寿輝編

第1巻は、西欧の理性がいかに狂気を切りわけてきたかという最初期の問題系をテーマとする諸論考。〝心理学者〟としての顔に迫る。（小林康夫）

フーコー・コレクション2
文学・侵犯
ミシェル・フーコー
小林康夫／石田英敬／松浦寿輝編

狂気と表裏をなす「不在」の経験として、文学がフーコーによって読み解かれる。人間の境界＝極限を、その言語活動に探る文学論。（小林康夫）

フーコー・コレクション3
言説・表象
ミシェル・フーコー
小林康夫／石田英敬／松浦寿輝編

ディスクール分析を通しフーコー思想の重要概念も精緻化されていく。『言葉と物』から『知の考古学』へ研ぎ澄まされる方法論。（松浦寿輝）

フーコー・コレクション4
権力・監禁
ミシェル・フーコー
小林康夫／石田英敬／松浦寿輝編

政治への参加とともに、フーコーの主題として「権力」の問題が急浮上する。規律社会に張り巡らされた巧妙なるメカニズムを解明する。（松浦寿輝）

フーコー・コレクション5
性・真理
ミシェル・フーコー
小林康夫／石田英敬／松浦寿輝編

どのようにして、人間の真理が〈性〉にあるとされてきたのか。欲望的主体の系譜を遡り、「自己の技法」の主題へと繋がる論考群。（石田英敬）

フーコー・コレクション6
生政治・統治
ミシェル・フーコー
小林康夫／石田英敬／松浦寿輝編

西洋近代の政治機構を、領土・人口・治安など、権力論から再定義する。近年明らかにされてきたフーコー最晩年の問題群を読む。（石田英敬）

フーコー・コレクション
フーコー・ガイドブック
ミシェル・フーコー
小林康夫／石田英敬／松浦寿輝編

20世紀の知の巨人フーコーは何を考えたのか。主要著作の内容紹介・本人による講義要旨・詳細な年譜で、その思考の全貌を一冊に完全集約！

象徴交換と死
J・ボードリヤール
今村仁司／塚原史訳
すべてがシミュレーションと化した高度資本主義像を鮮やかに提示し、〈死の象徴交換〉による、その内部からの〈反乱〉を説く、ポストモダンの代表作。

経済の文明史
カール・ポランニー
玉野井芳郎ほか訳
市場経済社会は人類史上極めて特殊な制度的所産である――非市場社会の考察を通じて経済人類学に大転換をもたらした古典的名著。（佐藤光）

暗黙知の次元
マイケル・ポランニー
高橋勇夫訳
非言語的で包括的なもうひとつの知。創造的な科学活動にとって重要な〈暗黙知〉の構造を明らかにしつつ、人間と科学の本質に迫る。新訳。

現代という時代の気質
エリック・ホッファー
柄谷行人訳
群れず、熱狂に翻弄されることなく、しかし自分自身の内にこもることなしに、人々と歩み、権力と向きあっていく姿勢を、省察の人・ホッファーに学ぶ。

リヴァイアサン（上）
トマス・ホッブズ
加藤節訳
各人の各人に対する戦いから脱し、平和と安全を確立すべく政治的共同体は生まれた。その仕組みを分析した不朽の古典を明晰な新訳でおくる。全二巻。

リヴァイアサン（下）
トマス・ホッブズ
加藤節訳
キリスト教徒の政治的共同体における本質と諸権利、そして「暗黒の支配者たち」を論じて大著は完結する。近代政治哲学の歩みはここから始まった。

知恵の樹
H・マトゥラーナ／F・バレーラ
管啓次郎訳
生命を制御対象ではなく自律主体とし、自己創出を良き環と捉え直した新しい生物学。現代思想に影響を与えたオートポイエーシス理論の入門書。

社会学的想像力
C・ライト・ミルズ
伊奈正人／中村好孝訳
なぜ社会学を学ぶのか。抽象的な理論や微細な調査に明け暮れる現状を批判し、個人と社会を架橋する学という原点から問い直す重要古典、待望の新訳。

パワー・エリート
C・ライト・ミルズ
鵜飼信成／綿貫譲治訳
エリート層に権力が集中し、相互連結しつつ大衆社会を支配する構図を詳細に分析。世界中で読まれる階級論・格差論の古典的必読書。（伊奈正人）

分裂病と他者　木村敏

分裂病者の「他者」問題を徹底して掘り下げた木村精神病理学の画期的論考。「あいだ＝いま」を見つめ開かれる「臨床哲学」の地平。（坂部恵）

新編 分裂病の現象学　木村敏

分裂病を人間存在の根底に内在する自己分裂に根差すものと捉え、現象学的病理学からその自己意識や時間体験に迫る、木村哲学の原型。（内海健）

近代日本思想選 西田幾多郎　小林敏明編

近代日本を代表する哲学者の重要論考を精選。理論的変遷を追跡できる形で全体像を提示する。『日本文化の問題』と未完の論考「生命」は文庫初収録。

近代日本思想選 九鬼周造　田中久文編

日本哲学史において特異な位置を占める九鬼周造。時間論、「いき」の美学、偶然性の哲学など、その思考の多面性が厳選された論考から浮かび上がる。

近代日本思想選 三木清　森一郎編

人間、死、歴史、世代、技術……。これらのテーマに対し三木はどう応えたか。哲学の可能性を追究した〈活動的生の哲学者〉の姿がいま立ち現れる。

近代日本思想選 福沢諭吉　宇野重規編

近代日本の代表的思想家であり体現者であった福沢諭吉。その思想の今日的意義を明らかにすべく清新な観点から重要論考を精選。文庫初収録作品多数。

増補改訂 剣の精神誌　甲野善紀

千回を超す試合に一度も敗れなかった江戸中期の天才剣客真里谷円四郎。その剣技の成立過程に焦点を当て、日本の「武」の精神文化の深奥を探る。

増補 民族という虚構　小坂井敏晶

〈民族〉は、いかなる構造と機能を持つのか。血縁・文化連続性・記憶の再検証によって我々の常識を覆し、開かれた共同体概念の構築を試みた画期的論考。

増補 責任という虚構　小坂井敏晶

ホロコースト・死刑・冤罪の分析から現れる責任の論理構造とは何か。そして人間の根源的姿とは。補考「近代の原罪」を付した決定版。（尾崎一郎）

モーセと一神教　ジークムント・フロイト　渡辺哲夫訳

ファシズム台頭期、フロイトはユダヤ民族の文化基盤ユダヤ教に対峙する。自身の精神分析理論を揺るがしかねなかった最晩年の挑戦の書物。

悪について　エーリッヒ・フロム　渡会圭子訳

私たちはなぜ生を軽んじ、自由を放棄し、進んで悪に身をゆだねてしまうのか。人間の本性を克明に描き出した不朽の名著、待望の新訳。（出口剛司）

ラカン入門　向井雅明

複雑怪奇きわまりないラカン理論。だが、概念や理論の歴史的変遷を丹念にたどれば、その全貌を明快に理解できる。『ラカン対ラカン』増補改訂版。

引き裂かれた自己　R・D・レイン　天野衛訳

統合失調症とは、苛酷な現実から自己を守ろうとする決死の努力である。患者の世界に寄り添い、反精神医学の旗手となったレインの主著、改訳版。

素読のすすめ　安達忠夫

素読とは、古典を繰り返し音読すること。内容の理解は考えない。言葉の響きやリズムによって感性を耕し、学びの基礎となる行為を平明に解説する。

言葉をおぼえるしくみ　今井むつみ　針生悦子

認知心理学最新の研究を通し、こどもが言葉や概念を覚えていく仕組みを徹底的に解明。さらにその仕組みを応用した外国語学習法を提案する。

ハマータウンの野郎ども　ポール・ウィリス　熊沢誠／山田潤訳

イギリス中等学校〝就職組〟の闊達でしたたかな反抗ぶりに根底的な批判を読みとり、教育の社会秩序再生産機能を徹底分析する。（乾彰夫）

着眼と考え方　現代文解釈の基礎〔新訂版〕　遠藤嘉基　渡辺実

書かれた言葉の何に注目し、拾い上げ、結びつけ、考えていけばよいのか――59の文章を実際に読み解きながら解説した、至高の現代文教本。（読書猿）

着眼と考え方　現代文解釈の方法〔新訂版〕　遠藤嘉基　渡辺実

伝説の参考書『現代文解釈の基礎』の姉妹編、待望の復刊！　70の文章を読解し、言葉を「考える」ための、一生モノの力を手に入れよう。（読書猿）

国家と市場
スーザン・ストレンジ
西川潤／佐藤元彦訳

国際関係を「構造的権力」という概念で読み解いた歴史的名著。経済のグローバル化で秩序が揺らぐ今、持つべき視点がここにある。（鈴木一人）

私の憲法勉強
中野好夫

戦後、改憲論が盛んになった頃、一人の英文学者が日本国憲法をめぐる事実を調べ直し、進行する事態に警鐘を鳴らした。今こそその声に耳を傾けたい。

法の原理
トマス・ホッブズ
高野清弘訳

ホッブズ最初の政治理論書。十七世紀イングランドの政治闘争を背景に、人間本性の分析を経て、安全と平和をもたらす政治体が考察される。（加藤節）

タイムバインド
A・R・ホックシールド
坂口緑／中野聡子／両角道代訳

仕事と家庭のバランスは、時間をうまくやりくりしても問題は解決しない。これらがどう離れがたいものなのかを明らかにした社会学の名著。（筒井淳也）

戦略の形成（上）
ウィリアムソン・マーレー／マクレガー・ノックス／アルヴィン・バーンスタイン編著
石津朋之／永末聡監訳
歴史と戦争研究会訳

戦略の本質とは！ 統治者や国家が戦略を形成する際の錯綜した過程と決定要因を歴史的に検証・考察した事例研究。上巻はアテネから第一次大戦まで。

戦略の形成（下）
ウィリアムソン・マーレー／マクレガー・ノックス／アルヴィン・バーンスタイン編著
石津朋之／永末聡監訳
歴史と戦争研究会訳

戦略には論理的な原理は存在しない！ 敵・味方の相互作用であり、それゆえ認識や感覚の問題である。下巻はナチス・ドイツから大戦後のアメリカまで。

アメリカ様
宮武外骨

占領という外圧によりもたらされた主体性のない言論の自由の脆弱さを、体を張って明らかにした、ジャーナリズムの記念碑的名著。（西谷修／吉野孝雄）

組織の限界
ケネス・J・アロー
村上泰亮訳

現実の経済において、個人より重要な役割を果たす組織。その経済学的分析はいかに可能か。ノーベル賞経済学者による不朽の組織論講義！（坂井豊貴）

資本主義から市民主義へ
岩井克人
聞き手＝三浦雅士

来るべき市民主義とは何か。貨幣論に始まり、資本主義論、法人論、信任論、市民社会論、人間論まで、多方面にわたる岩井理論がこれ一冊でわかる！

ちくま学芸文庫

他者《たしゃ》といる技法《ぎほう》

コミュニケーションの社会学《しゃかいがく》

二〇二四年二月十日　第一刷発行
二〇二四年九月十日　第四刷発行

著者　奥村隆（おくむら・たかし）

発行者　増田健史

発行所　株式会社　筑摩書房
東京都台東区蔵前二―五―三　〒一一一―八七五五
電話番号　〇三―五六八七―二六〇一（代表）

装幀者　安野光雅
印刷所　中央精版印刷株式会社
製本所　中央精版印刷株式会社

ISBN978-4-480-51222-2 C0130